기드온

제프 루카스 지음 | 임신희 옮김

기드온 : 미약한 자를 들어 쓰시는 하나님의 능력

초판 1쇄 인쇄 / 2008년 2월 1일
초판 1쇄 발행 / 2008년 2월 6일

지은이 / 제프 루카스
펴낸이 / 박종태
펴낸곳 / 엔크리스토
옮긴이 / 임신희
관리 / 이태경 신주철 맹정애 강지선 박재영
마케팅 / 정문구 강한덕 이동석

출판등록 / 2004년 12월 8일 (제2004-116호)
주소 / 경기도 고양시 일산구 백석동 1309-1 효성레제스 오피스텔 1117호
전화 / 031-907-0696 팩스 / 031-905-3927
이메일 / visionbooks@hanmail.net

값 11,000원
잘못된 책은 바꾸어 드립니다.
공급처 / 비전북 031-907-3927

미약한 자를 들어 쓰시는 하나님의 능력

GIDEON

Copyright ⓒ 2004 Jeff Lucas
Originally published in English under the title GIDEON
published by Authentic Media,
9 Holdom Ave., Bletchley, Milton Keynes,
MK1 1QR, England
All rights reserved.

Translated and used by Permission of Authentic Media
through the arrangement of Winfried Bluth, Seoul, Korea.

Korean Copyright ⓒ 2008 By Enchristo Publishing, Seoul, Korea

이 책의 한국어판 저작권은 Winfried Bluth를 통해 Authentic Media와의
독점 계약으로 엔크리스토에 있습니다.
저작권법에 의해 한국 내에서 보호를 받는 저작물이므로
무단전재와 무단복제를 금합니다.

헌사

1985년 8월 1일에 태어나 1998년 7월 15일까지
이 세상에서 살다가
지금은 하나님과 춤을 추고 있을
조리 글렌 폴스(Jory Glenn Pauls)를 기억하며
이 책을 바칩니다.

010 들어가는 글

019 01 _ 약속의 땅에서 약속을 잊다

059 02 _ 고단한 그늘 아래 찾아온 그 누군가

085 03 _ 아, 하나님이시다

119 04 _ 동반자로 부르시다

163 05 _ 분명한 신앙의 자세를 회복하다

197 06 _ 하나님의 옷

219 07 _ 적을수록 좋다

237 08 _ 어둠 속에서 춤을

255 09 _ 뜻밖의 비판

279 10 _ 길에서 벗어나다

"기드온 … 그들은 믿음으로
나라들을 이기기도 하며"

_ 히브리서 11:32-33

사사들은 각자 자신의 이름에 걸맞는 삶을 살았다.
그들은 마음을 지켜 우상 숭배에 빠지지 않았으며
하나님에게서 돌아서지도 않았다.
그들을 기억하는 자에게 복이 있기를!
땅에 누워 있는 그들의 뼈가 되살아나며,
영예를 얻었던 그들의 이름이
그 아들들로 인해 다시 살아나기를!

_ 벤 시락 집회서 46:11

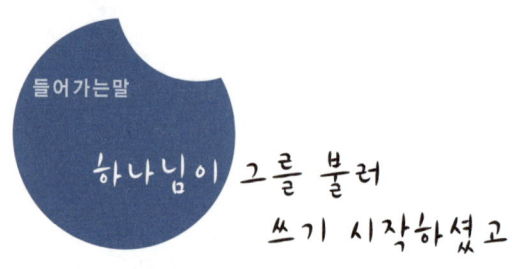

들어가는 말
하나님이 그를 불러 쓰기 시작하셨고

하나님은 엄청난 사역을 일으키기 위해 준비된 영웅을 부르시지 않는다. 자신은 적임자가 아니라고 항의하며 몸을 떠는 인간을 하나님은 용감한 영혼으로 바꾸어 쓰신다. 평범한 사람을 들어 세상을 변화시킬 사람으로 바꾸시는 것이다.

기드온도 그런 인물이었다. 그는 영웅이었지만, 처음부터 이 일을 선뜻 받아들인 것은 아니었다. 그는 완전하지 않은 영웅이었다. 성경이, 장막을 걷어내고 그 유명한 포도주 틀에서 숨은 채 겁에 질린 나약한 한 사람을 보여줄 때 비로소 우리는 그를 처음 만나게 된다. 상상의 카메라에 앵글을 맞춰 그 장면을 순간 포착해보자. 기드온은 어른들로부터 전능하신 하나님에 대해 수없이 들었지만, 그 모든 권능의 사건들을 한낱 과거지사로만 여겼을 것이다. 역사 속의 하나님을 찬미하는 아무리 위대한 서사시라

해도 우리를 만족시킬 수는 없다. 우리는 여전히 여기, 그리고 지금 하나님이 나타나시기를 원한다. 하나님이 계시지 않는다면, 우리가 지금 서 있는 이 모래 위에 하나님의 발자국이 하나도 보이지 않는다면, 그리고 부는 바람에 하나님의 어떤 음성도 실려오지 않는다면 지난 영광의 날들에 관한 이야기들은 힘이 되기는커녕, 오히려 우리를 조롱하는 소리로 들릴 수 있다.

선조의 입에서 어린아이의 입으로 전해내려오는 이스라엘 민요는 어제의 크신 하나님을 노래한다. 노래 속에는 기드온의 조상들을 위해 홍해를 향해 호령하시는 하나님이 계시지만, 그 파도는 이미 흩어진 지 오래다. 거세게 출렁거리던 바다의 수면은 이제 거울처럼 잔잔하다. 하나님은 어디로 가버리셨을까?

기드온은 좁은 포도주 틀에서 무겁고 차갑기만 한 현실에 갇혀 있다. 숨 돌릴 만한 여유도 없이 7년이라는 오랜 시간에 걸쳐 계속된 민족적 재난으로 이제 아무런 희망도 기대할 수 없었다. 그는 절망했다. 머릿속에 하나님에 관한 지식은 많았으나 하나님이 직접 그 삶에 개입하신 기억은 전혀 없었다. 나는 이 불행한 기드온을 생각할 때마다 마치 모든 일들의 허망함에 짓눌린 사람처럼 등이 굽은 채 땀을 흘리는 모습을 상상하게 된다.

그리고 애니 딜라드(Annie Dillard)의 소설 「삶(The Living)」에서 읽었던 글귀 하나가 떠오른다.

> 묘지에서 휴는 고집 센 룰루와 유약한 버트와 함께 있었다. 그리고 눈색스 부부는 목사 옆에 서 있었다. 장례식이 시작되기에 앞서 그들은 아버지를 애도하며 대성통곡을 했다 …
> 마침내 넙데데한 얼굴을 가진 노벨 토즈가 성경을 읽고 기도하기 시작했다. "사망아 네가 쏘는 것이 어디 있느냐?" … 휴는 생각했다. '물어보니 하는 말이지만, 천지 사방에 널린 게 죽음 아니겠소?'

이 이야기에 나오는 휴처럼 기드온 역시 돌보시는 하나님의 존재 자체를 비웃는 듯 절망감에 시달리고 있었다. 그는 단순히 탈곡을 하기 위해 포도주 틀의 벽에 갇혀 있었던 것이 아니다. 그를 진짜 가둔 것은 소망 없음이라는 더 단단하고 두터운 벽이었다.

스스로 영적으로나 정서적으로 뭔가 잘못되어 있다는 것을 깨달은 하나님의 자녀는 비단 기드온만이 아니다.

위대한 엘리야를 기억해보라. 그는 온 이스라엘 앞에서 기도의 응답으로 순식간에 불이 하늘에서 떨어지는 이적을 보았으며 또 거기서 하나님의 기운이 느껴지는 바람을 체감했다. 그러나 얼마 후, 하늘의 불을 호출했던 바로 그 사람은 시내산 기슭의 동굴 안에 잔뜩 움츠린 은둔자가 되어 있었다. 온 나라를 뒤흔들던, 사람들의 눈에는 보이지 않는 빛을 보았던 선지자가 두려움과 의기소침함이라는 두터운 구름에 눈이 가려졌던 것이다. 지진과 바람, 심지어는 불조차도 이 겁에 질린 자를 조금도 움직이게 하지 못했다. 다시 한 번 쓰임 받기 위해 떨치고 일어서도록 그를 불렀던 것은 하나님의 속삭임이었다.

엘리야와 기드온은 모두 어딘가에 매여 있었다. 그들의 몸은 동굴 혹은 포도주 틀에서 나오지 못한 채 두려움에 떨었으며, 그것은 마음의 감옥이 그들을 단단히 가두었기 때문이다.

성경은 기드온의 적이자 엘리야의 적이며 또 우리의 적이기도 한 사탄이 바로 그 동굴과 포도주 틀을 만들어낸 탁월한 건축가이자 실무 담당자라는 것을 분명히 밝히고 있다. 사탄은 우리의 내면과 감정에 어두운 동굴을 파놓고 우리가 영원히 그곳에서 주어진 날들을 낭비하기를 바란다. 사탄의 바람대로 거기에 주저앉아 낙담하며 지내는 우리는 이따금 하나님이 도우실지 모른다는 실낱 같은 희망을 꿈꾸기도 하지만 어느새 다시 어둠 속에 몸을 낮춰 웅크리기 일쑤다.

이와 같은 감옥들은 수없이 많다. 수많은 그리스도인들이 초기 도덕성과 정통 신학을 가지고 있는 것처럼 보이지만 실제로는 상당히 자포자기한 존재로 살고 있다. 복음은 그들에게 그다지 좋은 소식이 아니다. '풍성한 삶'에 대한 믿음은 전혀 현실적이지 못하다는 이유로 비웃음을 불러올 뿐이다. 나는 그런 감정이 어떤 것인지 잘 안다. 나 또한 수없이 많은 날들을 그런 식으로 두려운 침체에 빠져 지냈으며, 지금도 감정적이고 영적인 포도주 틀에서 벗어나야 하는 여러 영역들을 가지고 있다. 자유는 진실에서 시작된다. 이제 시간을 내서 사사기 6-8장을 읽어보라. 나와 함께 기드온이 살던 과거의 세상으로 돌아가는 특별한 여행에 도움이 될 것이다.

일부 독자들은 기드온 이야기를 재구성하는 과정에서 개인적인 상상력이 동원된 것을 보며 마음이 불편할 수도 있다. 곧이어 나는 성경에서 구체적으로 언급한 적 없는 전투 장면을 묘사하게 될 것이다. 성경은 그 당시에 전쟁이 있었다는 사실을 이미 알려 주고 있지만, 여기에 펼쳐지는 역사적 묘사는 내 연구의 결과물이며, 세세한 이야기는 내 상상력의 소산이다. 그러므로 이야기를 보다 '생생하게' 하려는 마음에서 상상력의 잉크를 적시는 행위는 '성경에 무언가를 덧붙이는' 죄가 되지는 않을 것이다.

이 책을 읽어가다보면 내가 경험한 개인적인 이야기와 더불어 독창적인 이야기 서술을 통한 성경 해석을 발견하게 될 것이다. 하지만 오직 성경 본문과 역사적 정통성에 일치하는 범위 안에서만 상상력을 발휘했다는 사실을 밝히고 싶다. 그러므로 2장에서 기드온의 집을 묘사한 부분은 성경이 그의 집을 그토록 자세히 그리고 있어서가 아니라, 그 당시의 건축 양식에 대해 광범위하게 연구한 결과로 얻은 것이다.

미드라쉼(Midrashim)이라는 교수법이 이런 나의 작업에 힘을 실어주었다. 그것은 랍비들이 그 기억도 나지 않는 오랜 옛날부터 사용하던 방법으로 '… 을 찾아가다' 그리고 '질문하다' 라는 뜻을 가진다. 옛날 랍비들은 성경의 이야기를 검토하면서 바로 그 시대, 그들의 삶에서 의미를 발견하려고 노력했으며, 때로는 좀더 자세한 설명과 응용을 위해 '빈 곳을 메우는' 방식으로 다른 이야기들을 발전시키기도 했다. 그 이야기들을 모은 것이 민족적 전통의 형태로 전해내려와 회당에서 설교할 때 사용되곤 했다. 랍비들은 이 '빈 곳을 메우는' 방식을 통해 하나님의 본성과 창조에 대한 깊은 이해에 한 걸음 더 다가갔으며, 더불어 비옥한 상상력이라는 선물을 받았음을 보여준다. 그들은 옛 이야기를 가지고 '그걸 이렇게 본다면'이라고 말하면서 옛것을 새것으로 만드는, 동시대적인 유추를 해내곤 했다.

물론 예수님도 다양하고 비유적인 교수 방식을 통해 아주 효과적으로 유추라는 도구를 사용하셨다. 유대인의 전통에서 '이야기하기'는 오랫동안 핵심적인 자리를 차지하고 있었다. 이 특별한 유대식의 성경 해석 방법으로 나는 상상하고, 파고들고, 꿈꾸고 그리고 기드온의 세계와 나 자신의 세계를 자유롭게 넘나들 수 있었다. 어제의 이야기가 오늘까지 남아 있도록 가능하게 만드는 방법이 바로 미드라쉼이다.

독자들은 더러 내 해석에 동의하지 않을 수도 있다. 그렇다면 자유롭게 그렇게 하라. 미드라쉼은 성경에 대한 하나의 해석만이 옳다고 주장하지 않는다. 미드라쉼을 자주 사용하는 누군가는 이렇게 말했다. "미드라쉼에서는 성경의 어떤 본문에 대해 다양한 랍비들의 여러 이야기와 해석들이 차례로 소개된다. 이 이야기를 집성한 이들 가운데 어느 누구도 어떤 것이 올바른 해석인지 결정을 내려야 한다고 생각하지 않았다." ■

기드온의 세계로 들어가면서 당신은 어쩌면 어떤 점에는 동의

■ Michael E. Williams, *The Storyteller's Companion to the Bible Vol. 3*, Abingdon Press, 1993, p. 17-19

한다는 의미로 고개를 끄덕이다가도, 또 어떤 부분에서는 강한 부정의 뜻으로 고개를 가로저을지도 모르겠다. 그래도 괜찮다. 이 이야기가 '당신'이 사는 그곳에서 타당성과 감동을 가져오도록 응용하기 위해서는 그저 하나님에게 맡겨드리는 것이 좋겠다.

내가 탐색하고자 하는 예언적 주제는 단순하다. 기드온은 몸을 움츠려 숨었지만 하나님이 그를 불러 쓰기 시작하셨고, 기드온은 그곳에서 벗어나 밖으로 뛰쳐나왔다는 것이다. 적어도 잠시 동안은. 기드온을 따라 우리도 어둡고 축축한 포도주 틀에서 벗어나 밝은 햇빛 속으로 나아가 신선한 자유의 공기를 마실 수 있도록 하나님에게 도움을 청하자.

제프 루카스

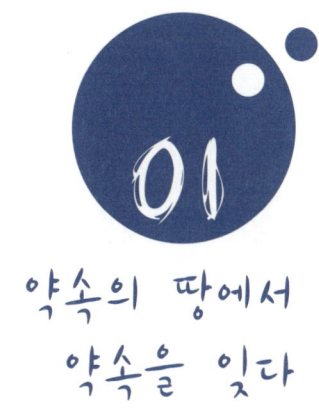

약속의 땅에서 약속을 잇다

어쩌면 진짜 불행은 도덕적으로 실패한 우리의 무능력이 아니라 하나님에게서 도망치려는 우리의 습성일 것이다. '우리 맘은 연약하여 범죄하기 쉬우니'라며 개탄하는 찬송가 가사가 그것을 말해준다. 아버지의 포옹에서 멀어질수록 돼지 밥을 먹을 확률은 높아진다. 우리가 하나님과의 친밀함을 잃어버릴 때 죄는 뿌리를 내리기 시작한다. 남는 것은 생명없는 율법과 규정들뿐이며 정작 그것들을 지키며 살고자 하는 불같은 심령이나 열정은 없다. 우리의 노력으로 겨우 헛된 길을 가까스로 피한다 해도 우리는 결국 바리새인이나 그리스도 없는 그리스도인이나 율법적인 도덕주의자 그 이상 아무것도 될 수 없다.

이스라엘 자손이 또 여호와의 목전에 악을 행하였으므로
여호와께서 칠 년 동안 그들을 미디안의 손에 넘겨주시니(삿 6:1).

맑은 웃음소리를 다시 듣게 되어 좋았다.
엉덩이에 손을 얹은 아낙이 굽은 등을 더욱 둥글게 말았다. 못이 박힌 손바닥으로 축축한 이마를 쓸어 땀을 닦아내고는 분주한 주변을 돌아보았다. 고개를 숙인 밀은 따사로운 시로코 바람(북아프리카에서 남유럽으로 몰아치는 열풍 - 역자 주)에 가볍게 흔들리고, 추수하는 일꾼들은 황금빛으로 익어간 물결들 사이에서 바삐 움직이며 이야기를 나누고 있었다. 여인은 멀리 있는 그들의 대화를 알

알들 수는 없었지만 그 편안한 웃음소리에서 모든 것을 짐작했다. 희망이 높이 걸려 있었다. 들판을 가득 메운 곡식들이 수확을 백 배로 늘려줄 것이다. 작렬하는 태양을 피해 실눈을 뜬 그녀는 자기도 모르게 그들처럼 웃고 있었다. 우박과 이슬 그리고 '늦은 비'라고 알려진 4월의 예기치 못한 비를 이기고 살아남은 곡식들이 더없이 사랑스러웠다.

추수기는 미소의 계절이었다. 그녀는 수백 개의 청동 낫이 곡식들 사이를 훑고 지나가며 내는 쉭쉭거리는 풍요의 소리를 음미했다. 추수 작업의 리듬감 있는 멜로디는 겨울 동안 주렸던 아이들의 배를 채워줄 음식이었으며 귀에는 즐거운 음악이었다.

그런데 갑자기 알 수 없는 다급한 느낌이 밀려왔다. 그것은 그저 그녀의 생각에 불과한 것이었을까? 아니면 공기 중에 널려 있는 막연한 불안감이었을까? 오늘은 왠지 모든 사람들의 움직임이 좀더 바빠 보였다. 곡식을 베는 사람들은 잰 동작으로 밀의 허리를 잘랐고, 그 옆에 서 있던 또 다른 사람들은 재빠르게 앞으로 나와 방금 떨어진 대들을 단으로 묶었다. 그 다음에는 그 단을 모아 낟가리로 만들어 곧바로 이동할 수 있도록 준비했다. 평화로운 때라면 듬직한 황소가 끄는 커다란 바퀴 달린 마차가 그 곡식들을 마을의 타작마당으로 옮겨갔을 터였다. 하지만 지금은 달랐다. 이들의 웃음소리에서 느껴지는 이 다급한 불안감은 무엇일까? 혹시 전쟁의 소문이라도 들은 것이 아닐까?

그녀는 저 멀리 들판을 다시 훑어보았다. 구석구석 일꾼들로 가득했다. 들판 한쪽에 추수하지 않은 곡식을 남겨두어 가난한 사람과 이방인들과 배고픈 이들이 주울 수 있도록 했다는 고대의 관습이 생각났다. 여호와가 이 관습을 율법으로 명령하셨다고 했는데. 하지만 지금은 좀더 현대화되고 계몽된 시대였다. 여호와는 여러 다양한 신들 중에서 선택할 수 있는 하나의 신에 불과했으며, 이제는 그 옛날의 관습을 따르지 않는 농부들이 많았다. 일꾼들은 들판을 샅샅이 탐욕스럽게 헤쳐가고 있었다. 그녀는 일꾼들의 빠른 손놀림 사이로 아들을 찾아보았다. 그들은 저기 어딘가에서 수없이 계속되는 낫질로 탄탄해진 붉은 어깨를 드러내고 있을 것이다. 그들의 몸은 이미 남자가 다 되어 있었다. 그 아이들, 그녀의 아들들은 어디에 있는 것일까?

어느새 다급해진 그녀의 눈은 곧 두 아들을 찾아냈다. 이상했다. 작은 녀석이 갑자기 낫을 든 손을 아래로 늘어뜨린 채 동쪽 지평선을 유심히 바라보고 있는 것이 아닌가. 다른 일꾼들 역시 멀리 있는 무언가를 향해 손가락을 가리키고 있었다. 목소리는 심하게 흔들렸고 얼굴에는 당황한 기색이 역력했다. 여인도 그들이 고개를 치켜든 방향을 따라 저 먼 곳으로 시선을 옮겼다. 그녀의 눈에는 아무것도 보이지 않았다. 하지만 절망으로 내달리는

기드온

그녀의 마음은 이미 알고 있었다.

마침내 올 것이 오고야 말았다는 것을. 저 멀리 무엇이 오고 있는지 그들은 모두 알아챘던 것이다.

평화가 지속되던 그 여러 달 동안 그들은 이제 약탈자들이 지난 6년 간 유지했던 전략을 바꾸었으며, 죽음을 부르는 무력 충돌도 끝이 났다고 스스로 달랬다. 밤이면 밤마다 미디안 사람들의 공격이 끝났음을 축하하며 독한 포도주를 가득 채운 잔을 치켜들었다. 확실히 악몽은 끝났다. 집단 성폭행과 무자비한 살인, 농작물 약탈은 분명 끝이 났다. 어쩌면 그것은 약초와 알코올이 섞인 독한 칵테일이 만들어준 확신이었겠지만, 그래도 그들은 감히 다시 희망을 꿈꾸고 있었다.

그들은 심지어 낙타를 타고 저 평원을 넘어 몰아닥치는 그 검은 남자들에 대해 한두 마디 농담을 할 정도가 되었다. 거나하게 도는 술기운이 자신들의 영혼에 깊이 뿌리박힌 두려움을 쫓아내 줄 것이라고 믿고 싶었다. 미디안 사람들은 낙타를 길들여 타고 다니는 역사상 최초의 전사들이었으며, 그들은 그 낙타를 전투용 군마처럼 사용했다. 그들은 얼마나 무섭고 흉측한 괴물들인가. 낙타에 한 번 물리기만 해도 치명적인 상처가 남았고, 그 상처는 어김없이 곪았다.

아마 신들은 그 망할 동물에게 역병을 심어두었을지도 모른다.

이제 그들은 다시 평화와 번영을 누리며 살 수 있었다. 약속의 땅은 다시 한 번 더 약속의 땅이 되었다. 그들은 한 잔 더 마셨고, 밝은 내일을 위해 희망에 찬 건배를 했다.

하지만 마음 깊은 곳에서는 모두 진실을 알고 있었다. 미디안 사람들은 그저 시간을 벌고 있을 따름이라는 것을. 그들은 히브리 농부들이 힘든 일을 다 마치도록, 추수가 다 끝나도록 끈기있게 기다리고 있는 것뿐이었다. 그리고 증오로 가득한 이를 악물고 지평선 너머에서 떼지어 몰려왔다. 가늘게 치켜 뜬 그들의 눈은 탐욕에 젖어 있었다. 그들은 해마다 그랬던 것처럼 히브리 사람들을 죽이기 위해, 불구로 만들기 위해, 약탈하기 위해 다시 진군해온 것이다. 하지만 그 무엇보다 거침없이 진군하는 그 전사들의 모습은 겁 많은 히브리인들에게 모멸감을 주기에 충분했다.

그 전사들을 보기도 전에 이미 여인은 발끝에서부터 그들을 느끼고 있었다. 그것은 마치 땅 속에서, 저항할 수 없을 만큼 깊은 그곳에서 솟구쳐 올라오는 지진 같았다. 이제 발 디딘 지면은 진동하기 시작했다. 그들이 오고 있었던 것이다.

오후의 맑은 하늘 가득히, 먼지 구름이 부풀어오르고 있었다. 여인의 목에서는 두려움 가득한 비명이 터져나왔다. 그녀는 몸을 돌려 서쪽으로 뛰기 시작했다. 하지만 그것이 허망한 시도라는 걸 모를 리 없었다. 그 순간, 그녀는 남자의 몸을 가졌지만 아직은 소년인 아들들이 생각났다.

용사들의 자취는 사라지고

그들로부터 3킬로미터 정도 떨어진 곳에 있던 베두인 대장은 더럽기 짝이 없는 검은 머리칼을 뒤로 쓸어넘기며 마귀 같은 쩌렁쩌렁한 목소리로 전투 명령을 내리고 있었다. 하지만 평원을 가로지르며 달려오는 엄청난 낙타의 발굽소리 앞에서 그 호령소리는 거의 들리지 않았다. 무섭게 생긴 낙타들이 내달릴 때마다 엄청난 모래 구름이 피어올랐다. 베두인 대장은 마치 사막의 개미들이 혼비백산해서 뿔뿔이 흩어지는 것처럼 사방팔방으로 달아나는 히브리 사람들을 검은 눈으로 노려보았다. "흠, 아주 볼 만하군!" 그의 전신에서 뜨거운 피가 용솟음쳤다. 베두인 대장에게서는 독한 힘과 탐욕이 꿈틀댔다.

이 순간을 만끽하라. 대장이 팔을 들어올리자 군사들은 순식간에 거친 숨을 몰아쉬는 낙타들을 멈추게 했다. 낙타의 입에서는 여전히 하얀 김과 악취가 쏟아졌다. 힝힝거리는 콧방귀소리와 앞으로 더 나가지 못하고 성급하게 제자리걸음만 계속하는 답답한 발굽소리가 들려왔다. 대장은 먼저 저 멀리 희미하게 보이는 히브리인들을 응시했다. 히브리인들은 겁에 질린 채 마지막 남은 몇 분까지 죽어라 도망치는 겁쟁이들이었다. 그는 그 꼬락서니를 형제들과 나누기 위해 눈을 돌렸고, 그의 부하들은 일제히 승리에 목마른 불꽃 같은 함성을 질러댔다. 이들이 바로 '동방의 아이들(Bene Qedem)'이었다.

사나운 유목 민족이었던 그들의 고향은 북시리아 사막이었다. 대장은 왼쪽을 바라보았다. 거기에는 일명 '미디안의 공포'라고 불리는 전사 부대가 그의 명령을 기다리고 있었다. 그들은 상상할 수 없을 정도로 지독한 성 도착증 환자들이었으며, 실제로 미디안 사람들은 타락한 욕망으로 종교를 만들었다. 그들은 이스라엘의 숙적이었다. 수백 년 전, 질투심이 불타올랐던 요셉의 형들은 때마침 그곳을 지나던 미디안 상인들에게 동생 요셉을 20세겔에 팔아넘겼다(창 37:28). 그후 역사에서 모세는 십보라라는 미디안 여인과 혼인했고, 십보라의 아버지인 이드로는 미디안 제사장에게서 조언을 얻기도 했다(출 18:24).

히브리인들은 언제나 미디안 사람들을 오염되고 타락한 백성이라고 생각했다. 모세 자신도 미디안 부족의 왕들이었던 에위와 레겜과 수르와 후르와 레바에게 결정적인 타격을 가한 적이 있었다(민 31:8). 모세는 미디안 사람들의 도시와 촌락을 남김없이 불태우고 모든 남자와 아이들, 그리고 여자들을 대량 학살했다. 단지 32,000명의 처녀들만은 살려두었다. 그런 연유로 히브리인들에 대한 증오심은 미디안 역사 내내 사라지지 않았다. 복수는 달콤했다.

그때, 오른쪽 편대에는 아말렉 사람들이 낙타를 세워두고 있었다. 그들 역시 이스라엘과 역사적으로 적대 관계에 있었다. 수년 전 이스라엘은 아말렉 사람들과의 피비린내 나는 전투에서 피의 세례를 받았었다(출 17:8). 고대의 영웅 여호수아가 그 위대한 살육을 지휘한 장본인이었다. 르비딤 계곡에는 아말렉의 피가 강이 되어 흘렀고, 모세는 하나님의 이름으로 아말렉 사람들에게 영원한 저주를 퍼부었다. 그로 인해 그들은 이스라엘에 앙갚음만 할 수 있다면 어떠한 기회도 놓치지 않았다. 이제 곧 모세의 후손들은 한시라도 빨리 죽는 자비를 베풀어달라고 애걸하며 울부짖게 될 것이다.

전사들은 앞으로 나가라는 명령이 떨어지기만을 기다리며 대장을 쳐다보았다. 전사들의 피가 끓어오르고 있었지만 대장은 서두르지 않았다. 히브리인들이 도망가도록 몇 분 더 시간을 주자. 그 뒤를 사냥하는 재미는 얼마나 황홀한가. 기습이 너무 쉽게 끝나면 재미없지 않는가.

그리 멀지 않은 과거에, 옛 히브리인들도 한때는 그들과 대적할 만한 힘을 가지고 있었다. 그들이라고 언제나 저렇게 자신 앞에서 도망가기에 바쁜 겁쟁이들이 아니었다. 대장의 청년 시절, 그는 적들이 다가오는 소리에 바들바들 떨었던 기억이 아직도 선명하다. 과거의 잔학무도한 적들과 그들이 만들어낸 피의 강물에 대한 이야기는 귀에 못이 박히도록 들었다.

70년이라는 오랜 세월 동안 히브리인들은 '사사'라고 하는 강하고 탁월한 지도자들을 가지고 있었다.

그들은 겁낼 만한 투사들이었을 뿐만 아니라 심지어는 적들에게조차 존경을 얻고 있었다.

그 가운데 옷니엘이라고 하는 남자는 약 100여 년 전 사람이었다. 구산 리다사임(두 배로 사악한 구산)이라는 이름을 가진 한 전제 도시의 용감한 왕은 북편 시리아를 성공적으로 정벌하고 8년 동안 많은 히브리인들을 노예로 삼고 있었다. 그때 전설적인 영웅 옷니엘(강한 자)은 이 검은 침략자를 내쫓고, 이스라엘 토착민들에게 수십 년 동안 지속되는 평화를 가져다주었다.

다른 히브리인의 이름도 이 땅에서는 전설이 되었다. 에훗은 용감하고 양날 칼을 잘 쓰는 왼손잡이였다. 강심장을 가진 그 사나이는 영혼까지 웃을 수 있었던 남자였다. 에훗이 몸이 비대했던 왕 에글론에게 어떻게 하나님의 메시지를 선포했는지에 대해 들었던 이후 세대들은 환성을 지르곤 했다. 그는 칼로 에글론의 큰 배를 어찌나 깊이 찔렀던지 칼이 배를 관통하여 등 뒤로 나와

몸 속 기름이 칼자루를 덮을 정도였다. 에훗은 왕을 지키던 군사들이 왕이 문을 잠그고 용변을 보고 있으니 방해해서는 안 된다고 믿게 만들고는 자신은 유유히 문으로 빠져나올 정도로 담력이 컸다.

히브리 역사에는 주목할 만한 다른 적들도 있었다. 그 가운데 한 사람을 들자면 갈릴리의 베나닷이라는 도시의 왕으로 삼갈이라는 자가 있었다. 그는 삼엄한 경비와 탁월한 무기의 장벽을 뚫고 블레셋을 공격하여 600명이나 되는 적들을 소탕했다. 그것도 겨우 황소를 모는 농기구를 비장의 무기로 삼아서!

그 다음으로는 심지어 동방(The Qedem)의 사람들도 두려워했다던 사사 드보라가 있었다. 에브라임 출신의 이 대단한 여인과 그녀의 동료 바락은 불과 25년 전에 히브리인들을 이끌고 기손강에서 대승을 거두었다. 야빈은 가나안의 왕으로 약 20년 간이나 히브리인들을 두려워 떨게 만들었다. 그는 시스라 장군이 이끄는 큰 군대를 가지고 있었는데, 시스라는 유명한 전사였을 뿐만 아니라 큰 군대를 지휘하며 900대의 철전차를 자랑했다. 히브리인들은 그를 두려워했다. 아버지 세대들은 그의 고함소리는 도시의 벽을 무너지게 하고 맹수들도 겁에 질려 꼼짝 못하게 만들었다고 회상했다. 그의 거대한 전차를 끄는 데만 900필의 말이 필요했으며, 그가 수영을 하면 그의 수염에 물고기가 걸려서 배고픈 사냥꾼 부대들을 전부 먹일 정도라고 했다. 그는 겨우 나이 서른에 온 세상에 이름을 떨친 정복자가 되었다.

그 압제의 세월에 시달리면서도 하나님이 자신을 돕고 계신다는 확신을 가졌던 드보라는 바락에게 겨우 10,000명의 군대를 이끌고 시스라와 싸우라는 전투 명령을 내렸다. 바락은 그 명령을 수용하면서 드보라도 그 전투에 동행해줄 것을 요구했다. 끔찍한 전투가 벌어지는 동안 천둥 번개를 동반한 폭우가 쏟아져 기손 강은 범람했고, 그 유명한 전차들도 진흙탕에서는 속수무책이었다. 이스라엘은 야빈의 전 군대를 단 하루 만에 전멸시키는 쾌거를 이루었다. 시스라 장군마저도 목숨을 부지하지 못했다.

전쟁터에서 도망치던 시스라는 야엘의 장막에 숨어들어 쉴 수 있을 것이라고 생각했다. 겐 여인인 야엘은 그에게 염소젖과 포도주를 먹게 하고 담요를 덮어주고는 주변에 향기로운 장미를 놓아 자는 동안 망을 봐주겠다며 그를 안심시켰다. 그러나 야엘은 그가 잠에 곯아떨어지기를 기다렸다가 무거운 망치를 휘둘러 그의 머리에 말뚝을 박아버렸다.

♣♣♣

대장은 땅에 침을 뱉었다. 경멸하는 빛이 역력했다. 히브리인들이 싸울 가치가 있을 때가 있었다. 하지만 그날들은 이제 영원히 오지 않을 것이다. 지금은 그들로부터 아무런 도전도 없었다. 그들은 그저 땅에 묻을 가치밖에 없는 구더기들일 뿐이다. 그러니 이제 저들을 태워버리자. 불로 까맣게 그을려 쪼그라들게 해서 오래오래 고통을 느끼며 죽어가게 하자.

그가 팔을 높이 들어올렸다. 이 정도 지체한 것으로 충분했다. 그는 타고 있던 육중한 군마의 옆구리를 힘차게 걷어차며 부하들에게 전진하라는 신호를 보냈다. 여자를 찾는 데 혈안이 되어 들판으로 내달을 그들을 향해서.

하나님에 대한 추억마저 잊다

약속의 땅에 어떻게 문제가 있단 말인가? 답은 의외로 간단하다. 일단 그 땅으로 이민을 간 다음에, 맨 처음 당신을 그곳으로 인도하신 약속의 하나님을 잊어버리면 된다. 그러면 문제가 터지기 시작한다. 3,100여 년 전, 광야를 방황하던 이스라엘 조상들은 마치 꿈과도 같았던 그 약속의 땅의 일부를 점령했다. 그러나 그 땅은 젖과 꿀이 흐르는 땅이라고 할 만큼 그렇게 기름지지는 않았다. 마침내 그들은 가나안이라고 불리는 길이 290여 킬로미터, 폭 64킬로미터쯤 되는 지역에 도착했다. 그리고 얼마 지나지 않아 이스라엘 백성들 사이에는 마치 전염병처럼 영적인 기억상실증이 슬금슬금 기어들어왔다.

정복자이자 침략자로서 요단 지역을 휩쓸던 여호수아의 개척자들은 이미 오래 전에 땅에 묻혔다. 한 세기 반이라는 긴 세월이 흐르자, 그들은 하나님이 눈앞에서 강과 바다를 갈라 이스라엘 백성들을 안전하게 건너도록 하셨다는 것을 잊었다. 그 순간 숨이 멎어 기절할 것만 같았던 당시의 심정을 전혀 체감하지 못하는 세대가 되었다.

그들은 용맹스러운 바로의 전차들이 바다에 빠져들어갈 때 이스라엘 백성들이 기쁨의 탄성을 지르며 춤추던 모양새도 흉내낼 수 없었다. 그것을 가르쳐줄 사람들은 이미 흙으로 돌아간 지 오래다. 여리고 성이 마술에 걸린 것처럼 무너져내린 일도 듣기는 했지만, 철옹성 같은 성벽이 명령에 따르듯 큰 고함소리에 무너질 때 이스라엘 백성들이 느꼈을 엄청난 감각은 알 수 없었다.

투사의 믿음은 이미 고조부들의 시대부터 스러지고 없었다. 현재의 이스라엘 백성들은 잘 길들여진 유순한 정착민들이요, 허약한 도망자들이었다. 승리자는 이제 희생자로 변했다. 어떻게 이런 일이 있을 수 있을까?

우선 이스라엘은 일찍부터 주변국들과 잦은 타협을 한 결과, 대규모 군사적 도전을 맞아야 했다. 500여 킬로미터나 남쪽에 있는 그들의 옛 압제자는 이제 더 이상 심각한 위협의 대상이 아니었다. 바로의 위대한 제국은 '바다의 민족' 블레셋과 반역한 속국들과의 잇따른 전투로 탈진 상태에 이르렀다. 계속되는 전쟁으로 쇠잔해가는 애굽의 경기는 면세 혜택을 받는 이교도들의 신전 때문에 날로 위축되었다. 법과 질서는 무너져내렸고 심지어는 군주들의 무덤조차 도굴당하고 있었다. 마침내 바로의 태양이 지고 있었던 것이다.

이스라엘의 문제는 아주 근본적인 것이었다. 그것은 바로 하나님이 명령하신 가나안 땅을 완전히 점령하지 못했다는 것이다. 그곳은 뿔뿔이 흩어져 사는 힘없는 유목민들의 땅이 아니었다. 어떤 성들은 히브리 사람들이 쳐들어가기 한참 전인 2,000년 동안이나 다양한 셈족들이 점거하고 있었다. 풍족한 자연 자원이라는 축복은 받지 못했지만, 지리적으로는 매우 전략적인 위치에 있었다. 그래서 그곳은 역사적으로 오랜 세월 동안 열강들의 각축장이었다. 군사적인 목적에서 방어 기지로 사용되거나 세력 확장을 위한 전진 기지가 되었다.

장군 여호수아는 정복 전쟁을 주도하면서 저항이 가장 덜한 길을 택했고, 그 결과 많은 성들은 여전히 가나안 부족 왕의 손에 남아 있었다.

가나안 사람들은 애굽의 지배를 받았지만, 이제는 멀리 떨어져 있는 애굽이 쇠락해짐에 따라 상당 수의 성들이 경제적 독립을 확보하려는 중이었다. 이들 성읍 국가들 간에는 소요가 끊이지 않았고, 애굽은 그 상황을 지켜보며 은근히 즐기고 있었다. 왜냐하면 계속되는 다툼은 강성한 가나안 민족들이 하나의 연합 국가로 발전하는 것을 방해하고 있었기 때문이다. 게다가 애굽 국고에는 여전히 세금이 지속적으로 들어오고 있었다.

게셀과 예루살렘 같은 다른 성읍들은 수백 년 동안 히브리의 통제에서 벗어나 존속하고 있었으며, 마침내 다윗의 치세에 들어서야 완전히 정복되었다. 한 번의 전투에서 이겼다고 해서 그 성읍이 정복되었다는 뜻은 아니었다. 다음 전투에서 곧 잃을 수도 있었다.

게다가 더욱 문제를 복잡하게 만든 것은 서남 해안 쪽에 퍼져 있는 다섯 개의 블레셋 거주지였다. 가자, 아스글론, 아스돗, 에크론 그리고 가드는 각각 전제주의 왕들이 통치하고 있었다. 이들 성읍들은 원래 애굽 바로의 기지로 세워진 것이었으나, 애굽이 사망의 길로 들어서면서 블레셋 사람들 또한 자신들만의 독립 국가를 세우기 위해 움직이고 있었다. 그들은 또한 에스드랄에온 평야와 요단 계곡에 맞닿아 있는 전략적인 성읍을 다수 차지했다. 가나안은 유목 민족들과 경쟁 부족들과 성읍들의 용광로였다. 구릉지대에 위치한 이스라엘은 보병전에서는 제법 잘 싸웠지만, 평야에서는 가나안과 블레셋 사람들의 전차가 전세를 사로잡았기 때문에 그들의 적수가 될 수 없었다.

가나안 사람들은 주물 제작에 확고한 독점 기술력을 가지고 있었고 다윗의 시대까지는 철저히 산업 비밀의 하나로 그 생산 기술을 지켜나갔다(수 17:16, 삿 1:19). 그래서 당시 이스라엘은 전차도 없었으며 아시아식의 복식 활과 같이 적들에 대항할 만한 정교한 무기도 발전시키지 못했다.

이스라엘 사람들은 당초 그들이 가진 재주와 기술로 그 한계를 하나씩 넘어갔다. 하지만 이상하게도 건축 기술 면에서는 가나안 사람들에 비해 상당히 열세였다. 건축 분야에서 유일하게 앞섰던 그들의 기술은 물의 공급을 위해 석고 수조를 만드는 기술이었으며, 이 가운데 일부는 지금까지도 보존되고 있다. 석고 수조 건축은 이전에는 사람이 살기에 부적합했던 지역에 새로운 마을을 발전시킬 수 있게 했다.

그들은 또한 요단의 동쪽과 서쪽 고지대의 상당 지역을 덮고 있던 숲을 개간해 경작하기에 좋은 땅으로 만들었다. 하지만 지파들이 여러 지역으로 흩어져 있었으므로 그들은 늘 민족적 정체성에 위협을 느꼈다.

사사기는 그런 이스라엘을 성경의 다른 어느 책보다 더 많이 '이스라엘'이라는 말을 사용함으로써 분명하고도 소중한 민족의식을 그리고 있다. 군인들은 '이스라엘의 남자들'이라고 알려졌다. '이스라엘'을 심판하시고, '이스라엘'을 시험하신다고 한 것을 보아 하나님은 민족을 하나로 다루신 것으로 여겨진다. 사사기는 또한 '이스라엘 진영'과 '이스라엘의 불행'이라는 말을 사용한다. 지파 간의 계속된 경쟁과 희롱에도 불구하고 이스라엘은 민족적인 전투에 소집될 때면 모든 지파가 그에 응해야 했고, 만약 그렇지 않으면 심각한 저주를 받을 위험에 처했다(삿 5:15-17, 23).

하지만 이스라엘은 여전히 분열된 민족이었다. 지파들을 응집시킬 수 있는 중앙 정부가 없었다. 각 지파는 성읍 문에 앉아 민사적인 분쟁을 해결하는 등 중요한 기능을 수행하는 장로들이 이끌었다. 아마도 그 장로들은 민족의 중요한 문제를 해결하기 위해 모였을 것이다. 사사들이 그런 모임의 예다. 하지만 수도 또는 민족의 행정 기관 역할을 하는 기구는 없었다.

이렇게 점점이 흩어져 있는 이들 지파들에 민족적 정체성을 주는 것은 무엇이었을까? 정복과 왕정의 발전이 있기 전, 200년이라는 힘든 투쟁의 기간 동안 이스라엘을 하나의 민족으로 살아남게 했던 것은 무엇이었을까?

그 답은 바로 그들이 가졌던 집단적 믿음에 있다. 이스라엘은 독특한 종교를 매개로 연합되어 있었는데, 이는 하나님에 관한 추상적이고 막연한 교리를 중심으로 모인 것이 아니었다. 이스라엘은 그들의 탄생 자체와 존속이 바로 한 분 하나님의 역동적인 개입으로 가능했던 민족이었다. 하나님은 구원자요, 구속자로서 그들의 역사에서 춤을 추셨으며, 그들을 '약속의' 땅으로 이끌어 '선민'으로 만드셨다. 과거의 영광스러운 이야기, 즉 출애굽과 시내산에서의 사건은 둘 다 히브리인의 정신에 맴돌고 있는 중추적인 사건이었다. 심지어 타락의 길을 걷던 때조차도 이스라엘이라 불리는 그 민족은 그들 가슴 속에 끊임없이 붙어다니는 그 운명 의식을 놓을 수 없었다.

그들은 모세의 명령에 벌떡 일어선 홍해의 순종과 율법이 내려졌을 때 흔들리던 그 산의 믿을 수 없는 이야기를 그저 먼지 날리는 역사, 그 이상으로 기억했다. 그들은 그런 서사적인 사건들과 함께 존재하는 민족이었다. 존 브라이트(John Bright)는 이렇게 말한다.

> 이스라엘 역사에서 그들 자신이 여호와의 선택된 백성이라는 것을 믿지 않았던 때를 찾아볼 수 없다 … 선지자들과 … 작가들은 하나님이 당신의 백성을 부르시기 위해 출애굽 사건을 통해 그 놀라운 권능과 은혜를 베푸셨음을 끊임없이 이야기한다 … 초기 시대부터 이스라엘은 그 민족이 여호와에 의해 선택받은 민족이며, 그분의 특별한

사랑을 입은 대상이라고 알고 있었다. ■

선택된 백성이라는 의식은 하나님과 계약적 언약에 의해 구속되었다는 감상주의를 초월하는 것이다. 그들은 역동적이며 급진적인 새로운 사회, 즉 혈족이 아닌 하나님의 선출과 통치 그리고 구약의 하나님나라에 기반을 둔 사회의 일원이었다. 그들은 여호와를 언급할 때 '왕'이라는 명칭을 잘 사용하지 않았다. 그 당시 대부분의 왕은 단지 한 성읍 국가들만을 통치할 뿐이었으며, 그들을 작은 왕으로 여겼던 이스라엘 사람들은 왕이라는 명칭은 하나님을 너무 깎아내리는 말이라고 생각했다. 그들은 언약궤를 여호와의 보좌로 보았다(민 10:33). 그리고 이스라엘의 초기 시인들은 그분을 왕으로 환호했다(출 15:7, 시 29:10). 그분은 이스라엘을 구원하시는 통치자며, 그들을 헤세드(hesed, 그분의 인자하신 행위, 출 15:1-18)로 인도하시고 이제는 하나님에게 속한 민족으로 만드셨다(민 23:9). 그리고 그들은 하나님의 보호하심을 누렸다(시 68:19). 그렇다고 해서 이런 지식이 어떤 우월감이나 헛된 자만심을 가져다주지는 않았다. 그들은 이 모든 것이 자신들이 여호와의 호의를 받을 자격이 있어서가 아니라 오직 하나

■ John Bright, *A History of Israel*, SCM Press, 1960, p. 144-145

님의 은혜로 부어진 것이라는 점을 잘 알고 있었다.

여호와는 역동적이며 움직이는 왕이었다. 반면 이방 종교는 미래에 관한 장기적인 희망이나 계획을 가지고 있지 않았다. 이방 종교의 의식은 한 해의 풍성한 수확을 가져다주도록 마술적인 주술로 신들을 설득하는 것이었다. 즉각적인 처방을 위해 신을 조종하는 것이다. "고대 이방 신들은 목표를 향한 신의 역사적 인도에 대한 의식이 결여되어 있었다." ■

하지만 이스라엘은 하나님의 손에 자신들의 축복과 번영이 달려 있다는 분명한 기대를 가지고 있었다. 하나님은 그들을 어딘가로 데려가시는 분이었다. 애굽의 구속과 압제에서 벗어나 밝은 새 미래를 향해 가도록 가나안이라 불리는 그 머나먼 땅으로 그들을 부르신 분이 바로 하나님이 아니시던가?

이스라엘의 하나님은 가만히 앉아서 마술을 부리는 것으로 만족하시는 분이 아니라, 그 백성들의 머리 위에서 그들이 당신을 따르기만 한다면 승리로 이끄실 분이었다. 어느 작가의 표현을 빌자면, 언약궤를 장막 안에 모셔두게 한 것도 '그 백성의 장막이 되시는' 하나님에 대한 기억을 살아 있게 만드는 장치였다. 사사기의 끝부분으로 가면 그 언약궤는 영구 구조물에 안치되지만,

■ John Bright, *A History of Israel*

여호와의 보좌가 머물 가장 적당한 집은 장막이라는 생각은 여전히 남아 있었다.

이스라엘의 하나님은 단순히 지역적으로 제한된 자연의 신이 아니었다. 하나님은 우주의 창조주며, '스스로 있는 자(yahweh asher yihweh)'이셨다. 이 높으신 하나님은 그의 피조물들에게 다른 신들을 예배하는 것을 금하고 무조건적인 충성을 요구하셨다(출 22:20, 34:14). 하나님은 배우자가 필요없으셨다. 히브리어에는 여신이라는 말이 없다. 여호와는 천사들로 둘러싸인 왕궁에 계시지만, 다른 이방 이웃들이 생각하는 것과 달리 히브리인들에게는 천사라는 존재가 절대로 예배의 대상이 될 수 없었다(신 4:19).

이스라엘은 다른 신들의 존재를 부정한 것이 아니라 애초에 그들의 신적 지위를 거부했으며, 그 신들의 존재를 '비신격화' 했다. 그들은 형상 없이 예배하도록 부름받았으며, 그것 또한 이웃 민족들의 종교 행위와는 완전히 대조되는 것이었다. 십계명의 두 번째 계명이 이를 확실하게 해주고 있으며, 실제로 고고학도 여호와의 형상을 발견하지 못하고 있다.

언약궤가 안치된 신전은 아마 종교생활의 중심이었을 것이다. 그 언약궤는 사사가 활동하던 시기에 주로 실로에 있었던 것으로 보인다. 그곳은 바로 부족장이 모이던 곳이었다. 다른 지역에도 성전이 존재하긴 했지만, 이스라엘 공동생활의 심장은 언약궤가 있는 성전이었으며, 그곳에는 해마다 큰 절기를 지키기 위해 각 지파들이 모였다. 어떤 역사학자들은 1년에 한 번 모든 이스라엘 사람들이 가을 축제로 모였을 것이라고 한다(삿 21:19).

하나님을 떠난 비극

이렇듯 이스라엘은 여호와의 언약이 있었기에 존재하는 민족이었다. 하지만 이제 그 이스라엘은 생존이 위협받는 지경에 처했다. 신성한 계약은 하나씩 점점 허물어지고 있었다. 가나안 종교를 앞세운 사탄의 구애가 시작되고 있었으며 그 동반 관계의 결과는 뻔했다. 바로 지옥이었다. 살아계신 하나님에 대한 이스라엘의 특별한 경험을 생각해본다면 그들이 어떻게 그렇게 지속적으로 무의미한 신비 행위에 빠져들 수 있었는지 도저히 이해할 수가 없다.

분명 그들은 자신들의 신앙에 지역 원주민들의 종교가 끼어드는 악에 대해 거듭 경고를 들었다. 그런데 왜 그들은 계속해서 번번이 똑같은 덫에 걸려들었을까? 거기에는 두 가지 이유가 있다. 하나는 둘 사이의 유사성이며, 다른 하나는 성적(性的)인 문제다.

가나안의 종교는 어떤 면에서는 이스라엘의 종교와 상당히 유사했다. 예배를 드릴 때 양과 소를 제물로 드렸으며, 제사장이 존재했고, 대제사장은 열두 지파를 관할했다. 가나안 사람들 또한 자신들의 신성한 문서를 관리할 제사장 서기를 두고 있었다. 이스라엘처럼 그들의 축제도 농경기에 맞추어져 있었으며, 그것은 농경문화에서 공통적으로 나타나는 특성이다. 그들에게는 의식을 행할 때 기도문을 노래하는 시인과, 자신들의 신을 대언하는 선지자들이 있었다. 그리고 심지어는 바알 베리스라고 하는 언약의 신도 있었는데, 이는 세겜에서 예배하던 신이다.

이런 유사성의 문제는 애굽의 신 아몬 레와 아수르의 신 아슈르와 같이 가나안의 바알 신 또한 황소였다는 사실로 더욱 심각해졌다. 문화적으로 예배의 대상으로서 황소의 이미지는 매우 강했다. 그래서 이스라엘은 쉽게 황소 예배에 빠져들었다. 그 단적인 예가 바로 시내 광야에서 황금소를 만들어 예배한 사건이었다(출 32장). 호세아는 "인간이 송아지 우상에 입을 맞춘다"(호 13:2)며 경멸어린 비난을 쏟아냈다. 또한 바알은 구름을 탄 자로 묘사되었으며 하늘 보좌에 앉아 천둥 번개를 내린다고 했는데, 여호와도 이와 정확히 똑같이 묘사된다(시 2:4, 18:13, 77:18, 103:19, 144:6). 하나님에 대한 이스라엘의 애정은 소위 '유사한' 종교에 둘러싸여 "우리와 별로 다르지 않다"는 미묘한 말의 유혹에 쉽게 넘어가고 말았다.

하지만 그 유사함 속에는 미묘하고도 커다란 차이가 있었다. 그것은 성적 방만함을 가져오는 유혹의 힘이다. 욕정에 탐닉하는 호르몬은 사람이 태초부터 가지고 있던 인간 본성의 어두운 일면이다. 가나안의 종교는 그 어두운 본성을 이용해 인간이 만들어 낸 종교였으며, 그들은 자신의 어두운 성적인 면을 탐색하며 예배할 만한 종교를 제멋대로 선택할 수 있었다.

예배할 수많은 신들이 있고, 예배자들은 예배를 목적으로 아무 돌 제단이나 정교한 신전 어느 것에나 충성을 맹세했다. 가나안 사람들은 특별히 위대한 신, 엘(EL)이 모든 것을 주관하고 있다고 믿었다. 그 신은 다소 그림자 같은 존재로 이면에 머물기를 좋아하며 자신이 만들어낸 다른 신들을 통해 움직였다. 엘은 아세라 여신, 즉 '바다의 여주인, 신들의 창조 여신'과의 관계에서 만들어낸 70명의 다른 신들의 아버지였다. 나무의 가지를 쳐내고 만든 아세라 상이 가나안 신전을 지키고 서 있었다. 바알은 신들의 '수상'이었지만 엘로부터 그 권위를 얻을 뿐이었다. 그도 역시 아낫트(Anat)라는 전쟁의 여신을 정부(貞婦)로 가지고 있었는데, 특별히 그 여신은 종종 적의 피와 머리와 손이 그녀의 엉덩이까지 찬 모습으로 그려질 정도로 폭력적이었다.

바알 서사시에서 아낫트를 그린 한 대목을 보자.

> 그녀는 해변의 민족들을 쳐 죽이며
> 해가 떠오르는 인류를 파멸시킨다
> 그녀는 등에 인간의 머리를 지고
> 그 손들을 묶어 무더기로 쌓아둔다
> 아낫트는 웃음으로 끓어오르는 욕망을 채우며
> 그녀의 심장은 기쁨으로 가득하다. ■

다른 원문들은 아낫트를 뛰는 말 위에 벌거벗은 채 앉아 전투용 무기를 흔들고 있는 모습으로 그리고 있다. 가나안 사람들은 종종 새 건물을 지을 때 그 기초에 어린이를 산 채로 파묻어 신성한 의식을 치르며, 그 어린아이들을 항아리에 담아 건물의 구석이나 문설주 아래 묻었다. 이런 식으로 산 채로 묻힌 15세 여자아이의 해골이 므깃도 성의 유적에서 발견되기도 했다. 피를 예배하는 사회는 쉽게 그리고 양심의 가책도 없이 피를 흘리게 만든다.

아낫트는 또한 성과 욕망의 여신이었다. 라스 샴라(Ras Shamra) 지방에서 발견된 외설적인 조각에서 그녀는 음탕한 모

■ C. H. Gordon, *Ugaritic Literature* : A Comprehensive Translation of the Poetic and Prose Texts, Rome: Pontifical Biblical Institute, 1949

습으로 그려져 있으며 다른 여신들의 성기도 심하게 과장된 모습으로 묘사되었다. 가나안 사람들은 이런 성과 폭력의 우상이 천국의 여왕이라고 믿었으며, 그런 까닭에 신전에서 남자와 여자의 매매춘이 허용되는 일이 자연스러웠다.

예배하는 대상물에는 백합(성적 호소력)과 뱀(다산성)이 포함된다. 성적인 부패는 신성한 것으로 간주되었다. 여신이자 신성한 매춘부인 아낫트는 쿠드슈(qudshu, 거룩한 자)로 알려졌다.

가나안 사람들에게 거룩함이란 신의 성적 욕망을 채워주기 위해 헌납되는 것을 뜻했다. 그러므로 그것은 외설적인 마력 그 이상도 아니며, 성실성이나 도덕성이 없는 신성이었다. 영성과 관능성을 뒤섞어놓은 가나안의 종교는 이스라엘 사람들을 자극하여 유혹했으며, 그들은 이스라엘 역사 내내 가나안이 말하는 영성으로 빠져들어가려는 경향에 맞서 싸워야 했다. 이후 엘리야가 바알의 선지자들과 한판 대결을 벌인 것은 이런 악이 얼마나 완강했는지 말해준다.

바알은 가나안 신들 중에서 가장 많이 언급되는 신으로 주로 다산의 신과 폭풍우의 신으로 알려져 있다. 그래서 농부들에게는 바알을 기쁘고 행복하게 하는 것이 매우 중요했다. 거기에 레세프(Resheph)라는 역병의 신과 모트(Mot)라는 가뭄과 죽음의 신이 있었다.

이스라엘의 진짜 숙적은 낙타를 탄 미디안 사람들이나 지독한 아말렉 사람들이 아니었다. 그 자신이 가장 악한 대적이었다. 그들의 진정한 문제는 정치적이거나 군사적인 것이 아니었다. 거기에는 좀더 뿌리 깊은 암적인 증상들이 있었다. 시스라의 위대한 전차조차도 하나님이 이스라엘과 함께해주셨을 때 전복되었다. 드보라가 그걸 증명하지 않았던가? 시편 기자는 이를 아름답게 표현한 바 있다. "어떤 사람은 병거, 어떤 사람은 말을 의지하나 우리는 여호와 우리 하나님의 이름을 자랑하리로다"(시 20:7).

사사기는 처음부터 하나님이 이스라엘 민족과 함께하실 때 승리를 얻을 수 있었다는 사실을 증거한다(삿 1:19). 하지만 이제 그들은 하나님을 적으로 만들었다. " … 여호와께서 칠 년 동안 그들을 미디안의 손에 넘겨주시니"(삿 6:1). 그 사랑하던 자가 이제는 심판자가 되셨다. "여호와의 손이 그들에게 재앙을 내리시니"(삿 2:15). 테리 버고(Terry Virgo)는 그것을 일목요연하게 설명한다.

구약을 읽으면서 우리는 종종 이스라엘이 하나님에게서 멀어지면 하나님은 이스라엘의 이교도 적들을 강화시키신다는 것을 알게 된다. 이 사실은 하박국을 혼란스럽게 했으며 예레미야는 그가 활동하던 기간 내내 이러한 진실을 안고 살아야 했다. ▪

이스라엘은 패역했던 수십 년 세월 동안 뿌린 반역과 불신앙의 결과들을 거두고 있었다. 이스라엘을 애굽에서 이끌어낸 것은 하나님의 기적이었지만, 하나님은 결코 이스라엘 속에서 애굽을 빼내지는 못하셨다는 말까지 들려왔다. 역사는 그런 비극적인 진리를 거듭 증언한다.

이스라엘은 40년이라는 긴 세월을 광야에서 방황하며 맴돌았던 옛 조상들처럼 죽을 힘을 다해 압박의 순환고리에서 벗어나지 못하는 것처럼 보인다. 세대는 바뀌었지만 여전히 익숙한 여정이 반복되고 있었다. 반역, 징벌, 회개, 구원, 반역, 징벌, 회개 그리고 구원, 다시 반역 ….

이 돌고 도는 순환의 역사 가운데는 우리가 이미 보았듯이, 구원을 향한 이스라엘 백성들의 울부짖음에 응답하시기 위해 하나님이 사사를 세우실 때처럼 밝은 순간도 있다. 은사가 넘치는 여자와 남자 사사들은 오늘날 법정을 주관하는 준엄한 복장을 갖춘 이들과는 전혀 닮은 구석이 없다. 그들은 평화 시에는 분쟁을 조정했다. 드보라는 자신이 좋아하는 나무 아래서 법정을 열었다 (삿 4:5, 삼상 7:15-17). 하지만 그들은 위기의 시기에는 여호와가 그 백성을 거룩한 전쟁으로 이끌어내는 도구가 되기도 했다.

■ Terry Virgo, *Men of Destiny*, Eastbourne: Kingsway, 1997

그들은 '사사들(shofets)'이었으며 동시에 '구원자(mosia)'였다. 이 사사들은 여호와 하나님이 생각해내신 것이었다. 하나님이 그들을 세우셨고(삿 2:16, 18), 부르셨으며(삿 6:11-40), 그들을 일깨우셨고(삿 13:25) 그리고 전략을 짜주셨다(삿 7:2-23). 하나님의 성령이 사사들에게 임하셨으며(삿 3:10, 11:29, 14:6, 19, 15:14) 그들에게 따르는 자들을 붙여주셨다(삿 6:34). 여호와의 영이 없으면 그들은 싸울 권능이 없었다(삿 16:20). 그들 가운데 일부는 입다처럼 한판 협상을 할 줄 아는 건달 이상으로 그려지지 않은 자들도 있었다. 또한 여인들과 음탕한 외설을 즐기는, 대단한 근육을 가진 삼손도 있었다.

그들은 하나님이 쓰시기에 그다지 자질이 충분하지는 않았지만 하나님은 그들에게 그 일을 하도록 권세를 주셨다. 사사들은 상당한 명예를 누렸지만 아무도 왕이 되지는 않았다. 그들은 다만 왕이신 하나님의 대리인들일 뿐이었다. 그들은 어떤 면에서도 개혁자들은 아니었다. 그들 중 아무도 우상화에 대한 반기를 내걸거나 진정한 백성들을 불러 하나님에게 돌아오도록 힘을 실어주지도 않았다(다만 사무엘은 이 일을 했는데 그것은 사사라기보다는 선지자로서 한 일이었다).

사사의 주요한 기능은 다른 민족의 군사적 압박에서 벗어나게 하는 것이었다. 그리고 실제로 여호와는 그런 민족들을 심판의 도구로 이용하셨다. 하지만 이제 드보라의 예언적 노래와 그 뒤에 따른 축하의 승전가가 울려퍼진 후 25년이라는 세월이 흘렀다. 히브리인들은 터전을 버리고 언덕 위의 동굴 요새로 도망가야 했다.

상황은 절박했다. 하나님이 어떤 말씀이든 주시지 않을까?

하나님과의 친밀함을 잃어버리면

노인은 지친 몸을 이끌고 높은 곳으로 올라가 기다렸다. 그는 군중이 모여드는 것을 바라보며 금방이라도 눈물이 쏟아지려는 것을 간신히 참아야 했다. 노인의 마음을 아프게 한 것은 그들의 눈빛이었다. 공허했다. 생명이 없었다. 차가웠다. 잔인하고 가혹한 세월들은 모든 빛과 기쁨을 쫓아내버렸다. 나이가 들어갈수록 그들은 믿음에 지쳐 그저 죽음만 기다리는 형편이었다. 두려움에 떨며 숨는 것밖에는 아무것도 알지 못하는 젊은이들은 지금과 다른 방식으로 살 수 있다는 것은 생각지도 못했다.

오, 네가 어쩌다 이런 지경이 되었던가. 나의 사랑, 기뻐 춤추던 공주 이스라엘아. 해 그림자가 길어지고 이제 곧 가난한 마을에는 또 다른 밤이 찾아올 것이다. 하지만 이 날을 끝낼 잔치는 없었다. 그 어둠을 쫓아내고 그들의 얼어붙은 영혼을 데울 위대한 불꽃은 없었다. 추수기에 피우는 커다란 장작불은 너무 위험했다. 그것은 수 킬로미터 떨어진 어둠 속에 있는 침략자들을 부르는 초대장이나 다름없었다.

사람들은 침묵에 잠겼다. 그 노인이 간밤에 꾼 꿈속에서 여호와가 말씀하셨다는 것이다. 여러 해 전, 드보라의 꿈을 기억하던 사람이 한둘쯤은 있었다. 그 꿈은 민족을 일깨웠고, 이스라엘을 죄의 잠에서 깨웠으며, 적어도 한동안은 다시 찬송을 부르게 했다. 감히 그런 꿈을 다시 소망할 수 있을까? 위대한 승리의 약속으로 무장하도록 소집하는 바락의 영을 가진 이가 다시 있을까? 다시 싸울 수 있게 된다면 얼마나 멋진 일이랴. 그들의 마음은 깊은 곳에는 끓어오르는 분노로 고통스러워 했다.

그들은 이제 피해자로 사는 것에 완전히 지쳤다. 달리고, 숨고, 소용없는 자비를 애걸해야 했다. 매일 아침 피곤한 눈을 비비며 깨나면 흐릿한 정신 사이로 가장 먼저 파고드는 생각이 있었다. '이 날이 나의 마지막 날이 될지도 모른다. 그 포악한 놈들이 오늘 들이닥치는 건 아닐까?' 어쩌면 그들은 다시 열정과 에너지를 발견할지도 모른다. 그들에게 보복의 날이 오기만 한다면, 그리하여 자신의 딸들을 겁간하고 그들의 생명을 파괴했던 그 짐승 같은 놈들에게 피의 복수를 할 수만 있다면.

마침내 노인이 입을 열었다. 노인의 목소리는 눈물을 겨우 참고 있는 것처럼 떨렸다. 그는 단어 하나하나를 주의 깊게 선택했다. 그는 이와 똑같은 말을 이미 다른 마을과 성읍에서 20번 이상 반복해왔다. 다시 한 해 동안 이 똑같은 말을 20번, 아니 30번 이상 더 반복해야 할지도 모른다. 하지만 그것이 유일한 방법이었다.

"이스라엘의 하나님, 주 여호와가 말씀하셨다. '나는 너희를 애굽에서 이끌어내고 너희를 속박의 땅에서 불러냈다 … 나는 너희를 애굽인들의 손과 너희를 압제하던 모든 자들의 손에서 구속하였고, 그들을 네 앞에서 쫓아내고 너희에게 그 땅을 주었다 … .'"

군중이 고개를 끄덕였다. 어떤 이들은 수치심 가득한 눈으로 바닥을 응시했다. 그들은 아버지의 아버지들의 위대한 이야기를 다시 기억해냈던 것이다. 이 이야기는 그들이 마음속으로 어떤 기다림을 가지고 있던 이유였다. 그들은 지금보다 더 좋았던 시절에도 이런 감정을 느꼈다. 그들에게 아주 중요한 무언가 혹은 누군가가 빠져 있다는 말을 듣는 것은 고통이었다. 떨리는 목소리는 계속되었다.

"내가 너희에게 말하노니, 나는 너희 하나님 여호와라. 너희는 너희가 거주하는 땅의 아모리인들의 신에게 경배를 해서는 안 된다. 그런데 너희는 내 목소리에 귀기울이지 않았다."

사람들은 숨죽인 채 말없이 다음 말을 기다리며 서 있었다. 그들은 이제 더 이상 승리의 약속은 없으리라는 것을 잘 알고 있었다. 어쩌면 노인의 말이 계속될수록 그들이 마땅히 받아야 할, 그리고 실은 그들의 삶에 이미 내려진 저주와 심판의 말이 언제 떨어질지 몰랐다. 어쩌면 돌아갈 길은 없으리라. 그들은 기다렸다. 어떤 이는 두려움에 차서, 어떤 이는 불안에 몸을 떨며. 공기는 육신의 긴장과 함께 근심으로 갑갑해졌다.

그 늙은 선지자는 주변을 돌아보고 그들의 얼굴을 하나하나 살폈다. 그리고 아무 말도 하지 않은 채 재빨리 군중 속으로 사라져갔다.

선지자가 언제나 미래를 예언하는 것은 아니다. 때로 그들의 사명은 그저 가슴을 찌르는, 무섭도록 분명하게 하늘의 진실을 말하는 것이다. 사사들의 시대에도 하나님의 선지자가 있었다. 그들이 새로운 말을 해야 할 이유는 무엇인가? 상대는 이미 그 산에서 불로 하신 말씀을, 그리고 여호수아의 시대에 보김에서 천사를 통해 재차 하셨던 그 말씀(삿 2:1)을 듣기를 거부했던 백성이다. 그 귀에 더 많은 말씀을 들려주어야 할 이유는 무엇인가? 얼마나 더 여러 번 하나님이 당신의 말씀을 거듭하셔야만 하겠는가?

하나님은 다시 한 번 그 선지자를 통해 그들이 절대 이해할 수

기드온

없을 것 같은 유일한 진리를 단 몇 마디 말로 설명하셨다.

왜 그렇게 하셨을까?

그들은 들판에서 도망칠 때 끝없이 절규했다. "왜? 왜 내 아리따운 딸이 죽었으며, 그녀의 순진무구한 살이 무도한 놈들의 놀잇감이 되어야 하는가? 왜 한 해 동안의 내 고된 노동은 이 인간 메뚜기들에 의해 한 시간 만에 짓밟혀야만 하는가? 왜?"

선지자는 일이 그렇게 된 사유를 사람들에게 설명해주었다. 이스라엘아, 들어라. 이스라엘아, 알아라. 이것이 너희가 지금 처한 상황에 대한 이유다. 배워라, 이스라엘아! 너희의 불성실은 너희에 대한 보호가 사라졌음을 의미한다. 하나님의 손이 너희에게서 떠난 것이다.

이제 3,000년이 흐른 지금, 우리는 어떤가? 이스라엘 백성들의 불신앙을 이해할 수 없다는 듯이 혀를 끌끌 차며, 이들 탕자와 같은 백성들의 가죽같이 질긴 마음에 고개를 가로젓기란 얼마나 간단한 일인가. 하지만 죄와 은혜에 관한 진리를 '알고' 있는 우리 중 많은 이들이 끊임없이 따라다니는 죄에서 벗어나지 못한 채 광야를 맴돌고 있는 것은 무슨 까닭인가? 실패하여 얼굴을 붉히고 창피해하는 우리는 다음에는 더 잘할 것이며 다시는 죄의 달콤한 유혹에 빠지지 않으리라 결심하지만, 겨우 며칠이 지나면 이전과 똑같은 더러운 웅덩이에 머리부터 처박고 한 번 더 그 물을 깊이 들이킨다. 그러고 나서 그 진흙탕에서 이미 배신한 계약에 다시 맹세를 한다 ….

어쩌면 진짜 불행은 도덕적으로 실패한 우리의 무능력이 아니라 하나님에게서 도망치려는 우리의 습성일 것이다. '우리 맘은 연약하여 범죄하기 쉬우니'라며 개탄하는 찬송가 가사가 그것을 말해준다. 아버지의 포옹에서 멀어질수록 돼지 밥을 먹을 확률은 높아진다. 우리가 하나님과의 친밀함을 잃어버릴 때 죄는 뿌리를 내리기 시작한다. 남는 것은 생명없는 율법과 규정들뿐이며 정작 그것들을 지키며 살고자 하는 불 같은 심령이나 열정은 없다. 우리의 노력으로 겨우 헛된 길을 가까스로 피한다 해도 우리는 결국 바리새인이나 그리스도 없는 그리스도인이나 율법적인 도덕주의자 그 이상 아무것도 될 수 없다.

어쩌면 실패했을 때 다시는 좋아질 수 없을 것이라는, 결국은 이렇게 될 수밖에 없는 운명이라는 느낌 때문에 소망을 잃어버린 채 감정에 사로잡힌 노예가 될 수도 있다. 역설적으로 우리는 지금보다 더한 불순종의 유혹을 받기도 한다. "한 번 죄를 저질렀으니, 좀더 짓는다고 어떠랴? 결국 쓰레기는 쓰레기일 뿐이지."

우리는 지금 죄를 지으면서 기쁨과 위안이 되는 은혜를 남용하고 있는 것은 아닐까? 용서받은 자의 축복을 느끼면서 말이다. 경건하게 지낼 때보다 죄가 깊을 때 하나님에게 더 가까이 간다고 느낄 수 있다. 실패했을 때 갖게 되는 겸손은 경건에서 배우기 어려운, 하나님에게 더 가까이 다가가는 감사함을 느끼게 해준다.

그리하여 바울이 주는 경고를 무시하고 우리에게 넘치게 주신 은혜를 남용하며 계속 죄를 짓는다(롬 6:1).

우리는 하나님이 고함을 지르면서까지 말씀하시는 것조차 듣기를 거부하고 있는지도 모른다. 우리의 속마음은 고집스러우며 그저 우리 자신이 패역한 길을 가고 싶어하는 것일 수도 있다. 결과가 어떻게 되든지 간에 우리는 자아를 죽이지 못한 채 영혼의 일기에 하나님에 대한 원망을 적어두고 하나님의 면전에서 주먹을 휘두르고 있다.

그렇게 엇나가는 배경에는 이유가 있겠지만 우리는 반드시 내면을 일깨워 우리를 기만하는 죄의 속성을 보아야 한다. 죄가 입혀주는 빛나는 겉치레를 반드시 벗어버려야 한다. 필연적으로 죄는 그 매력적인 겉모습 때문에 매우 유혹적인 것이 사실이다. 하지만 사람을 끌어당기는 그 광채의 이면에는, 우리를 도덕적 혼수상태로 이끌어 양심의 예민한 혈맥을 굳게 하며, 그대로 몇 년을 방치하면 결국 우리를 마비시킬 죽음의 독약이 묻어 있다. 죄의 본성은 우리를 지배하고 다스리는 것이다. 우리가 속한 사회가 책망이나 책임감을 혐오하며, 그럴 수밖에 없었다는 이유를 둘러대며 범죄자의 혐의를 부인하는 것을 예사로 한다 하더라도 우리는 자신의 죄에 맞서야 한다.

하나님은 이스라엘이 도덕적 책임을 전가하는 것을 허락하지 않으셨다. 가나안 땅의 종교는 진정한 신앙과 유사한 면을 가지고 그들을 기만했을 것이다. 하지만 이스라엘에게는 자신들의 방탕에 대한 책임이 여전히 있다.

이스라엘은 관능주의에 심취하게 만드는 바알 예배에 저항하지 못한 자신들의 무능함이 자신을 만드신 창조주의 잘못이라고 주장하면서, 그 모든 죄악을 유약한 인간성의 탓으로 돌리며 항의할 수도 있었을 것이다.

하지만 하나님은 그들에게 책임이 있다고 하셨다. 그리고 여전히 우리 시대에서 죄가 유혹하는 힘이 아무리 크다 하더라도 우리가 선한 선택을 함으로써 불순종, 징벌, 회개, 구원, 불순종, 징벌 따위와 같은 우울한 악순환에서 벗어나도록 요구하신다.

어쩌면 당신은 잘못된 선택이 가져온 '가수면 상태'에서 벌써 몇 년째 졸고 있는 자신을 발견했을지도 모르겠다. 그러나 이제는 깨어날 시간이다.

하나님은 사랑하는 이스라엘을 끔찍하게 심판하셨지만 거기에는 하나의 목적이 있었다. 하나님은 그 백성이 잠에서 깨어나 다시 당신과 함께 뛰는 모습을 보고 싶어하셨다. 하지만 그들은 계속해서 잠을 잤다. 이것이 바로 선지자가 지적했던 내용이다.

♣♣♣

 눈부시게 밝은 여름 밭은 순식간에 지옥으로 변했다. 여기저기서 시퍼런 낫이 육신들을 자르고 찌르고 도려냈다. 추수기를 맞이한 것은 증오였다. 침략자들은 희생자들이 쓰던 추수용 농기구로 살인을 하면서 특별한 즐거움을 느꼈을지도 모른다.

 겁에 질린 아이들은 필사적으로 아버지의 다리에 매달렸지만 어린것들에게도 자비는 어림없는 일이었다. 불과 몇 분 전까지만 해도 웃음소리가 퍼져나가던 그곳은 이제 죽음의 비명만이 어지럽게 쏟아졌다.

 어머니 드보라여, 당신은 지금 어디 계십니까? 바락 장군이여, 당신은 다시 일어나 우리를 구원하시지 않으렵니까?

 여인은 달리기를 멈췄다. 목숨은 붙어 있지만 몸은 이미 죽은 것이나 진배없었다. 아들들의 생명이 그들 손에 스러져갈 때 그녀는 마치 나쁜 꿈에서 깨어나려는 듯 눈을 질끈 감았다. 헉헉거리는 그들의 끔찍한 고통소리는 이미 그녀를 미치기 직전으로 몰고갔다. 그녀는 거의 실성한 눈빛으로 멍하니 침략자들을 기다렸다. 이제는 그녀 차례였다.

1장 약속의 땅에서 약속을 잊다

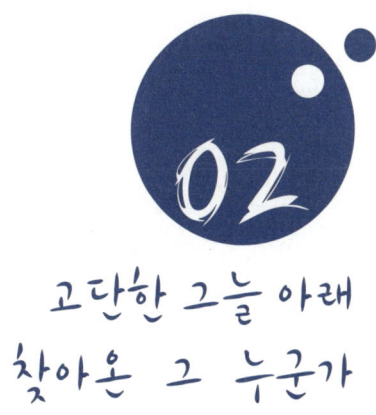

02
고단한 그늘 아래 찾아온 그 누군가

우리는 하나님을 그런 곳에 가두어서는 안 된다. 일상적인 장소에서 평범하게 살고 있는 우리에게 오시는 하나님을 막아서는 안 된다. 하나님은 전혀 그럴 것 같지 않은 장소에서, 우리가 예상하지 못한 사람에게 경이로운 소식을 갖고 나타나는 습관이 있는 분이다. 여행객을 대할 때 조심하라. 성경은 그들이 천사일지 모른다고 말한다(히 13:2). 그러므로 손 대접에 유의하라. 영광의 주님은 눈에 잘 띄지 않게 가장하고 계실지도 모른다. 도움을 청하는 그 사람이 바로 우리를 도와주기 위해 날개를 감춘 천사일 수도 있지 않은가.

여호와의 사자가 … 상수리나무 아래에 앉으니라(삿 6:11).

장작불이 사그라지고 있었다. 큰 집 가득 불편한 한기가 돌았다. 침대 겸 의자로 쓰는 큰 소파는 소똥을 태우는 연료통 옆에 놓여 있었다. 소똥 불은 거의 사그라지고 없었다. 웅크리고 자느라 뻣뻣해진 다리를 쭉 펴는 순간, 갑자기 오한이 느껴졌다. 유대식 외투인 시믈라를 더 단단하게 여몄지만, 한밤의 추위를 견뎌 내기엔 어림없었다. 그는 늘어지게 하품을 했다. 다른 가족들은 각자 자기 침대에서 깊은 잠에 빠져 있을 것이다. 꺼져가는 불 때문에 짜증이 난 그는 시종을 서둘러 불렀다. 시종은 몸둘 바를 몰라하며 곧장 새 연료를 가져왔다. 하지만 이미 늦었다. 요아스라고 불리는 이 남자는 잠이 달아나 정신이 말똥말똥해지는 바람에, 달콤했던 꿈을 다시 꿀 수 없었다. 소파에서 일어난 그는 눈을 비벼 잠을 깨끗이 털어버렸다.

그리고 방안을 둘러보았다. 지금도 그리 나쁘진 않지만, 예전에는 이 큰 집에 더 좋은 시절이 있었다.

그의 사회적 위치에 걸맞게 돌 벽에는 석회와 석고가 빈틈없이 발라져 있었다. 하지만 멋진 나무 패널로 만든 바닥은 이미 오래 전에 없어졌고 그 자리는 밋밋한 진흙 바닥으로 바뀌었다. 외로운 불꽃은 아직 젖어 있는 소똥 땔감과 씨름하고 있었다. 지독한 연기는 구름처럼 피어나 근처 창문을 통해 대부분 달아났다. 하지만 이미 요아스의 눈을 찌르고 난 다음이었다. ■

그는 손으로 머리를 감싸쥔 채 멍하게 앉아 밖에서 나는 소리에 귀를 기울였다. 멀리 성문에서 개들이 서로 으르렁거리며 짖고 있었다. 그 소리 외에 성읍은 조용했다. 홈통을 간질이듯 수조로 똑똑 떨어지는 물소리는 이상하게 친근하고도 편안했다. 요아스는 자리에서 일어나 다시 몸을 펴고는 나무 격자를 단 창문쪽

■ 당시는 굴뚝이 사용되기 전이었다. 연기는 눈을 해치기 때문에(잠 10:26) 보통 일부러 창문이나 문을 내서 잘 빠져나가도록 했다.

2장 고단한 그늘 아래 찾아온 그 누군가

으로 걸어갔다. 마치 자기 것처럼 보이는 성읍의 거리가 보였다. 그의 집은 바알 성소를 지키는 자리에 어울리는 가장 전망 좋은 곳에 있었다.

뿌리를 거슬러올라가면 요아스는 히브리 요셉 가문의 출신으로, 그의 이름은 "여호와가 주셨다"라는 뜻이다. 하지만 지금 그의 충성심은 하나님과는 완전히 다른, 바알에 가 있었다. 신들은 그에게 호의적이었고, 저주받은 미디안이 가져온 빈곤의 한가운데서도 그는 살 만했다.

여호와가 우리를 도와 해준 것이 무엇이던가? 어쩌면 하나님은 그들을 영영 버리셨을지도 모른다. 차라리 잘됐다. 요아스는 살아남을 것이다. 기르는 소들도 웬만큼 있었고 필요한 하인들도 넉넉했다. 그는 성읍 사람들의 존경을 한 몸에 받았으며 변방에 사는 이들은 그에게 복종했다. 그러나 그 땅에서 힘든 세월은 지치지도 않고 계속됐다. 추수가 끝나도 남은 것은 얼마 없었다. 하지만 그는 바알 베리스가 다시 좋은 시절을 가져다줄 것이라고 믿었다.

그는 이 성읍, 오브라(Ophrah)를 사랑했다. '새끼 염소'라는 뜻을 가진 오브라는 동쪽으로는 요단 강을 면하고 있었고, 동남쪽으로 13킬로미터쯤 가면 이스르엘 계곡이 좁아지면서 생긴 요단 계곡으로 빠지고 있었다. 그곳에는 가나안이 점령하고 있는

'요새의 위대한 언덕'이란 뜻을 가진 벧산 성읍이 있었다. 한때 시절이 좋았을 때는 그들과 다른 히브리인들이 벧산의 거주민들을 강제 노동력으로 사용할 수 있었다. 히브리들은 여러 해 전에 벌써 그들을 쫓아냈어야 했다. 하지만 그렇게 하기에는 힘이 부쳤고, 동기도 마땅치 않았다. 어쨌든 수백 년 동안 벧산 사람들은 아낫트 여신과 바알 그리고 레세프라는 역병의 신에게 충성을 다했다. 여러 신전들이 그 신들을 기념하여 세워졌다. 아마 그 신들은 그들에게 힘의 원천이 되었을 것이다.

시간이 되었다. 시믈라를 친친 감은 그는 커다란 나무문을 열고 문지방을 넘어섰다. 그는 뒤돌아서서 단순하고 조잡한 열쇠로 문을 잠갔다. ■

거리에 흩어진 오물들을 요령있게 피해가면서 그는 성 안에 들어선 빽빽한 집들을 서둘러 빠져나갔다. 역한 냄새가 진동했다. 그는 코를 틀어막고 성의 요새로 올라가는 가파르게 굽은 언덕에 올랐다(삿 9:51).

높은 그곳에 다가가면서 그는 미소를 지었다. 얼마나 마땅한

■ 문은 작은 나무 볼트 조합으로 된 잠금 장치로 잠글 수 있었다 – 사사기 3장 23절을 보라. 6개의 작은 쇠 핀이 볼트의 구멍으로 떨어지면 잠기고 같은 배열의 핀으로 된 납작한 나무 열쇠가 있어야만 문을 열 수 있었다. James Hastings, *Hastings Dictionary of the Bible*, Edinburgh: T£&T Clark, 1909

일인가. 바알의 제단과 신성한 아세라 우상은 마지막 은신처에 자리잡는 것이 옳았다. ■

그것은 이렇게 말하고 있었다. "바알은 우리의 요새요, 우리의 보호자시다." 멀리서 황소들이 콧김을 내뿜는 소리가 들려왔다. 기름 램프를 외양간에 비추자 황소의 두터운 코에서 뿜어져나오는 뜨거운 콧김이 찬 밤공기 속으로 퍼지더니 이내 사라졌다. 불빛 사이로 그의 얼굴이 드러나자 황소들은 불안해했다. 좋아, 몇 년 동안 살을 찌웠더니 이제 제법 큼직하군. 앞으로 있을 영광의 축제일에 쓸 준비가 다 된 셈이야. 둘 중 한 마리는 며칠 내에 쓸 예정이었다. 위에 계신 하늘의 황소는 분명 그런 잘생긴 희생 제물을 기뻐할 것이다.

요아스는 계속해서 더 높은 곳으로 올라갔다. 얼마 후 그는 가파른 암벽으로 보이는 곳에 다다랐다. 성의 요새는 멀리 떨어져 있는 데다가 쉽게 접근할 수 없는 피난처가 될 만한 곳에 있었다. 높이 솟아 있는 석회암벽에 숨겨진 이 요새는 실제로도 침략자들이 도저히 접근할 수 없는 곳이었다. 성읍의 남자들은 비밀 통로를 알고 있었고 올라가는 길을 여러 차례 연습해두어서, 미디안

■ 대개 성들은 주요 방어 문을 통해 들어갈 수 있었다. 그곳에는 튼튼한 탑이 세워져 있었으며, 맨 마지막 망루는 공격 시를 대비해 마련한 것이었다.

기드온

족속들이 쳐들어오면 곧장 그 요새로 들어갈 수 있었다. 재빨리 높은 암벽 턱까지 올라가면 암벽 정면의 벌집 같은 미로를 통해 은밀한 비밀 동굴로 들어갈 수 있었다.

그는 능숙한 솜씨로 겨우 몇 분 만에 암벽 턱까지 15미터나 곧장 올라갔다. 그곳은 온 성읍 사람들이 다 모이는 축제 때 바알 제단이 한눈에 잘 보이는 가장 이상적인 장소요, 완벽한 성소였다. 그 입구를 지키고 있는 1.5미터 높이의 아세라 상 앞에 멈춰 선 요아스는 양쪽에 있는 두 개의 향로에 기름이 채워져 있는지 살폈다.

모든 것이 좋았다. 암벽 정면을 향해 춤을 추듯 일렁이는 부드러운 불빛이 섬뜩한 신상(神像)을 비추었다. 인간의 머리 모양을 본뜬 이 진흙 조형물은 예배 대상물로 인기가 좋았다. 특별히 자기 조상들을 숭배하는 이들은 더 그랬다. 요아스는 조심스럽게 제단 앞에 다가가 도자기 향료 병을 점검했다. 만반의 준비가 되어 있었다. 여신 아낫트가 죽음의 신인 모트에게 잡힌 바알을 빼앗아 구출했다는 가슴 벅찬 이야기를 포함해, 바알 신의 이야기는 축제의 일부로 세심하게 연출될 것이다. 그 연극 다음에는 화려한 주연이 따를 것이며, 이로써 다음 한 해 동안 비옥한 흙과 짐승과 인간의 다산이 보장될 것이다.

요아스는 아직 그 늙은 몸에 남아 있는 생명의 기운을 가볍게 떨었다. 앞으로 있을 기쁨을 생각하며, 그는 천천히 그리고 조심조심 내려갔다.

상수리나무 아래 낯선 남자

다음 날 아침, 바로 그 단순하고 조잡한 열쇠를 돌리고 지루한 하루가 기다리는 일터로 나간 이는 요아스가 아닌 젊은 청년이었다. 그는 오늘 소규모의 타작을 하기로 되어 있다. 미디안 사람들 모르게 곡식을 거두려면 모든 일손이 동원되어야 했다. 그는 비록 서열과 연장자로서의 특권을 누리고 있던 바알 제사장의 아들 가운데 가장 어렸지만 ■ 수하에는 그의 지시에 따르는 하인만 해도 열 명이나 되었다.

하지만 그는 의식적으로 늘 아버지의 그림자 안에 있으려고 했다. 사람들이 열광하는 것은 아버지였지, 자신이 아니라는 것을 잘 알고 있었기 때문이다.

기드온은 특별히 내세울 만한 것 없이 그저 아버지에게서 빌려

■ 기드온 자신이 집안에서 '가장 작은 자'라고 주장하는 것으로 보아 나이가 가장 어렸던 것으로 추정된다. 사사기 6장 15절을 보라.

온 특권을 누릴 뿐이었다.

오늘 그는 또 한 해 동안 오브라가 살아남는 데 필사적인 노력을 아끼지 않는 이들에게 힘을 보탤 것이다. 그들은 평범하지 않은 탈곡장을 선택했다. 아버지의 목초지 안에는 신성한 상수리나무가 있었는데, 바로 그 옆에 오래된 포도주 틀이 하나 있었다. 성읍의 가장자리에 있는 마을 탈곡장을 이용하는 것은 너무 위험했다. 이빨 모양의 돌을 매단 커다란 탈곡기를 끄는 수소가 있는 탈곡장이라면 곡식의 껍질을 벗기는 일은 훨씬 수월할 것이다. 더러는 소의 발에 특별한 장비를 씌운 다음 곡식을 짓밟게 해서 그 일을 하기도 했다.

바람이 잘 부는 높은 곳에서 곡식을 까부르면 일은 한결 쉬웠다. 서편에서 불어오는 시원한 저녁 바람이 겨를 날려보내면, 무거운 밀이나 보리 곡식은 체질하는 사람의 발 아래 떨어졌다. 하지만 오늘 그 타작마당은 텅 비어 있을 것이다. 대신 이 오래된 포도주 틀은 작업이 정신없이 진행되는 동안 벌집이 될 게 뻔했다. 곡물의 양도 탈곡장을 이용하기에는 적었지만, 무엇보다 적에게 발견될 위험이 너무 컸다. 기드온은 오래 된 상수리나무 쪽으로 급히 발길을 돌렸다.

이미 일을 시작한 남자들은 곡식 단들을 압착기로 던지고 있었다. 말이 좋아 압착기지, 실제로는 돌을 약간 우묵하게 파놓은 것이 전부였다. 여기에 소 따위는 없었다. 그들은 말 그대로 막대기로 때려서 탈곡을 하고 있었다. 겉겨가 벗겨지는 대로 옆에 있던 사람이 그 알곡들을 급히 모았다. 돌 구덩이 주변 여기저기에서 소리를 죽인 대화들이 오고 갔다. 이제 겨우 며칠 뒤로 다가온 바알 축제에 대한 기대가 점점 커지고 있었다.

기드온은 남자들에게 인사를 하고는 일하기 위해 바로 웃옷을 벗었다. 한가롭게 수다나 떨 때가 아니었다. 빨리 일을 마치고 귀한 곡식을 눈에 보이지 않게 간수해두어야 했다. 마침내 포도주틀에 내려갈 차례가 되었다. 그곳은 탈곡하기에 안성맞춤은 아니었지만, 그래도 평평하고 단단한 표면이 있어 다행이었다. 돌로 된 통 아래로 내려가자 오래된 나무가 만들어낸 넓은 그늘이 그의 등 뒤에 나타났다.

때때로 나무 아래서 사람들에게 나타나기도 하셨다는, 어렸을 때 들은 하나님의 이야기를 그는 기억했을까? 허리가 부러질 것만 같은 길고 힘든 하루를 시작했을 때, 그는 조상 아브람이 마므레 나무 옆에서 여호와에게 제단을 쌓았다(창 13:18)는 오래 전에 들은 그 메아리를 기억했을까? 그때 하나님이 직접 내려오셔서 나무들 밑에 서 계셨고, 지친 아브람은 바삐 달려가 제사드릴 음식을 준비했다는 말을 들었다. 아브람이 돌아왔을 때 여호와는 아브람의 늙은 아내 사래가 아들을 낳게 될 것이라고 선언하셨다

(창 18:10). 그 이야기를 몰래 들은 사래는 그 나이에 아들을 낳는다는 말에 그만 웃음을 터트리고 말았다.

아니면 그 나무의 모습이 시대적으로 그에게 훨씬 더 가까운 영웅 드보라의 서사를 떠올리게 한 것일까? 고작 그보다 25년 남짓 앞서 살았던 드보라는 에브라임의 언덕 위에 서 있는 '드보라의 나무'라 알려진 종려나무 아래서 듣고자 하는 이들에게 현명한 판결을 내려주곤 했었다(삿 4:5).

기드온은 바알과 아세라가 하늘 아래 당당히 서 있는 저 높은 곳을 쳐다보며 속으로 급작스럽게 치솟는 분노와 혼란을 느끼지 않았을까? 그는 언제나 그 축제에 잇따르는 소름끼치는 술판에 기가 막히곤 했다. 그들은 그의 마음 깊은 곳에 있는 무언가를 거스르고 있는 것 같았지만, 정작 그것이 무엇인지는 알 수 없었다. 바알에 대한 신앙도 없었지만 그렇다고 여호와를 찾을 수도 없었다. 하나님은 다시 그 나무 밑 부드러운 그늘에 나타나실까? 바보 같은 생각에 그만 힘없는 웃음이 피식 새어나오고 만다. 여호와는 가셨다. 하지만 어쩐지 그는 여호와를 떠나보낼 수 없다.

어린 시절 들었던 이야기들은 언제나 그를 흥분시키는 동시에 불안하게 만들었다. 만약 그 이야기들이 정말 사실이라면 — 그리고 실제로도 그 일을 부정하는 사람은 아무도 없었다 — 저들은 어쩌다가 바알을 예배하게 되었을까? 막 일을 시작하려는 그에게 느닷없이 찾아온 혼란스러운 생각들은 그를 괴롭히며 떠날 생각을 하지 않았다. 그 순간, 곧 있을 축제에서 채우게 될 욕정에 대해 큰 소리로 떠들어대는 한 동료 일꾼에 대해 그는 날카로운 반감이 들었다.

여호와에 대한 생각을 억지로 마음속에서 밀어낸 그는 타작 막대기를 더 세게 붙잡았다. 마음속에 분노와 굴욕감이 뒤섞인 감정이 휘몰아쳤기 때문이다. 해마다 약탈에 나서는 종족들은 히브리인에게 매번 똑같이 모욕을 주는 데 목적을 둘 뿐, 그 땅을 완전히 소유하는 것에는 그다지 관심이 없는 듯했다. 히브리인들이 고된 추수 일을 다 마치고 곡식을 거둘 무렵이 되면 그때 그들 손에서 수확물을 낚아채는 것이 훨씬 쉬웠다. 아니면 직접 타작 막대기를 쥐는 것이 굴욕적으로 느껴졌을까? 이런 타작 방식은 전통적으로 아주 적은 양의 곡식을 '줍는'(룻기 2장 17절을 보라) 가난뱅이들만이 쓰는 것이었다.

어쩌면 그의 가슴속에 한 시도 지워지지 않는 또 다른 비통함이 순간 분노로 표출되었는지도 모르겠다. 기드온의 두 형제들은 다볼 산에서 미디안 왕족에게 잔인하게 살해되었다(삿 8:18, 19). 그들은 전투에서 전사로서 죽음을 맞은 것이 아니라, 침략자들의 희생자가 되었을 따름이다. 포도주 틀 근처에 있던 남자들은 기드온이 필요 이상으로 힘주어 곡식을 때리고 있다는 것을 눈치챘다. 기드온의 눈에 이글거리는 분노가 보였던 것이다.

이봐, 빨리 다른 단을 돌에 던져. 시간 낭비하지 말고. 지금 쳐, 지금. 세게 치라고. 곡식에 벌을 주는 거야. 생명이 생기도록. 이런 바보 같으니, 포도주 틀에서 타작을 하다니. 포도주 틀에서. 이 기쁨의 장소에서. 이곳은 포도를 들여와 기쁨으로 소리를 지르는 장소인데.

그 즐거움은 다 어디로 갔을까? 왜 이런 슬픔이 사라지지 않고 미디안 사람들이 멀리 있는 지금도 남아 있는 것일까? 여호와의 옛 선지자들은 포도주 틀에 관해 뭐라고 말했던가? ■

그렇다. 바로 여호와 그 복수의 심판자는 신실하지 못한 이스라엘에 대한 심판으로 분노의 포도를 짓밟으셨다. 이제 곡식 단을 더 던져줘, 빨리 … 벌써 팔이 얼마나 아픈지, 우스꽝스럽게 생긴 이놈의 타작 막대기가 내 손을 얼마나 깊이 베고 살갗을 까지게 하는지 … 때려라. 타작하라, 타작해. 우리는 아이들을 위한 양식을 만들어야 하거든… 엇나간 자녀를 때리는 아비같이, 그의 백성을 때리고 타작하시는 여호와같이. 심판이라, 심판 … 이보게들, 다시 한 단 더 던져주게, 서둘러 … 계속해서 치자. 분노와

■ 예레미야애가 1장 15절, 요엘서 3장 13절 둘 다 기드온의 시대로부터 약 500년 후에 쓰였지만, 포도주 틀의 분노와 타작의 심판에 대한 개념은 이미 히브리인의 생각 속에 있었을 것이다.

2장 고단한 그늘 아래 찾아온 그 누군가

좌절 그리고 두려움이 내 속에서 맥박을 뛰게 하는구나. 근육은 굳을 대로 굳고 온몸은 이제 땀으로 목욕을 한 듯하다 … 심판이라, 심판. 포도주 틀. 밀을 타작하라, 밀을 타작하라. 아브람, 드보라, 형제들, 이들은 이제 모두 이 세상에 없는 이들이다. 천사들. 바알, 아버지 …

그는 일을 멈추고 실눈을 가늘게 뜨고는 늙은 상수리나무 가지에 나른하게 걸쳐 있는 태양빛을 바라보았다. 아니, 그것은 그의 상상이 아니었다. 거기, 그 나무의 부드러운 그늘에 한 남자가 앉아 있었다. 낯선 얼굴, 적어도 그의 기억에는 없는 얼굴이었다. 어떻게 감히! 저 사람은 모든 사람들이 새벽부터 해가 질 때까지 무조건, 죽도록, 예외없이 일해야 한다는 것을 전혀 모른다는 말인가? 그는 동료 일꾼들을 둘러보았다. 분명 아무도 그 낯선 이를 알아보지 못하는 것 같았다. 아니면 아무 말도 하지 않기로 한 것인가? 무자비하게 머리에 내리꽂히는 빛과 열기 때문에 잡생각 가득한 자신에게만 보이는 환상이란 말인가? 그는 다시 한 번 쳐다보았다.

확실히 한 남자가 있었다. 그는 미소를 머금고 있었다.

평범한 사람에게 찾아오시는 분

바로 그 자리에 시선을 고정해보자. 잠시 멈추고 좀더 가까이 다가가 그를 살펴보자. 하나님이 기드온을 보러 직접 내려오셨다. 어떻게 오셨는가? 인생이 바뀌는 그 만남을 생각해보자.

땀에 흠뻑 젖은 불안한 이 남자는 그 커다란 나무 아래 어두운 그늘을 뚫어져라 자세히 들여다보았다. 혼란에 빠진 그는 미간을 찌푸렸다. 그는 무엇을 보고 있는가? 그 신성한 상수리나무가 뿜어내는 백색의 강렬한 빛에 잠시 시력을 잃어 빛이 희미하게 보이는 것일까? 아니면 포도주 틀을 가득 메우며 아주 뜨거운 열기로 기드온을 불살라버릴 듯 흐르는 거대한 용암처럼 어떤 움직이는 형체를 가진 신성인가?

엄청나게 크고도 섬세한, 눈처럼 하얀 천사의 날개는 웅장하고 부드럽게 펼쳐져 있었다. 이것은 형언할 수 없이 아름다운 얼굴을 에워싸며 무지갯빛으로 춤추는 영광일까?

어쩌면 기드온은 실제로 큰 나무 둥치 아래 등을 기대고 편안히 앉아 있는 낯선 이를 본 것인지도 모른다. 그의 손에는 천둥도 없었고, 눈에서 번개가 번쩍이지도 않았다.

그는 무엇을 들었을까? 수만의 천사들이 부르는 더없이 아름다운 노래, 역사상 가장 뛰어난 우주의 성가대인 그들의 찬양 소리에는 하늘의 하모니가 흐르고 있지 않은가? 그것도 아니라면 겁에 질린 기드온으로 하여금 고통스럽게 귀를 틀어막고 자비를 애걸하게 만드는 천둥 같은 저음의 목소리였을까?

대형 찬양단은 없었다. 지진을 일으킬 만한 목소리도 아니었다. 실은 어떤 노래나 춤도 전혀 없었다. 하나님은 우리의 관심을 끌기 위해 세실 B. 드밀(Cecil B. DeMille, 미국의 유명 영화감독으로 〈십계〉 등의 작품을 남겼다 - 역자 주) 스타일의 특수 효과를 쓰지 않으신다. 그것이 바로 하나님의 영광이 더욱 빛나는 이유다.

하나님은 우리의 지루한 일상에 찾아오신다. 그분은 우리가 만든 신성한 상자 안에서 갇혀 사는 것을 거부하신다. 물론 수세기 전에 정교하고 아름답게 제작되어 지금도 여전히 하나님의 임재를 나타내는 웅장한 건축물에서 하나님을 찾을 수도 있다. 천상의 목소리처럼 하늘로 비상하는 듯한 멜로디에서도 우리를 향해 춤추시는 하나님의 모습을 볼 수 있다. 언뜻 스치듯 지나가는 그분의 모습은 제단의 촛불이 부드러운 빛으로 깜박거리는 것처럼 그림자 형태로 보일 수도 있다. 우리는 어쩌면 공중에 떠도는 신비한 향에서 하나님의 냄새를 맡을 수도 있다.

이 모든 것들이 기술적으로는 넘치게 발전했지만, 사실은 메마른 오늘날 세상에서 전능자 하나님을 찾는 데 도움이 되는 극적인 경험이 될 수도 있다. 하지만 우리는 하나님을 그런 곳에 가두어서는 안 된다. 일상적인 장소에서 평범하게 살고 있는 우리에게 오시는 하나님을 막아서는 안 된다. 하나님은 그럴 것 같지 않은 장소에서, 우리가 예상하지 못한 사람에게 경이로운 소식을 갖고 나타나는 습관이 있는 분이다.

여행객을 대할 때 조심하라. 성경은 그들이 천사일지 모른다고 말한다(히 13:2). 그러므로 손 대접에 유의하라. 영광의 주님은 눈에 잘 띄지 않게 가장하고 계실지도 모른다. 도움을 청하는 그 사람이 바로 우리를 도와주기 위해 날개를 감춘 천사일 수도 있지 않은가.

자, 이제 하나님이 찾아오신 그 사람을 보라. 바로 기드온이다. 그의 얼굴은 어떤가? 경건의 습관이 그대로 드러나는 신중한 얼굴인가? 종교적인 헌신에 열중하고 있는 중보자의 얼굴인가? 아니다. 그는 적어도 첫눈에 보기에는 평범하기 짝이 없다. 겁에 질린 채 포도주 틀에서 평범한 일을 하며 그 일에 짜증내고 힘들어 하던 한낱 노동자에 불과하다.

우리가 섬기는 하나님은 헤롯의 궁전과 시저의 웅장한 왕궁을 지나쳐서, 밤을 새우며 양을 지키는 피곤한 한 무리의 목자들에게 나타나기로 선택하신 분이다. 아마 그때 축제를 벌이는 천사들의 무리를 드러내기 위해 하늘의 차양을 걷어냈다면, 그것은 아마 불꽃놀이보다 더한 장관이었을 것이다. 그날 저녁은 조용히 근신해야 하는 그런 날이 전혀 아니었다. 예수님의 탄생은 큰 축제를 벌일 만한 '절대적인' 이유가 차고 넘치는 사건이었다. 그러나 구원 이야기를 펼치시는 하나님은 한 목수와 그의 어린 약혼녀의 관심을 송두리째 붙잡으신다.

그는 평범한 하나님의 사람이었다. 우리가 익히 잘 알고 있는 '범인(凡人)'의 기분을 떠올려보자. 자신은 아무 특별할 것도 없는 그저 무리 가운데 한 사람일 뿐이라는 느낌이 바로 그것이다. 그리고 실제로 우리는 그렇다. 하지만 하나님은 그렇게 전혀 특별할 것도 없이 다람쥐 쳇바퀴 돌 듯 살아가는 보통 사람들에게 오신다.

나는 그 사실에 참으로 큰 위안을 얻는다. 왜냐하면 내가 평범하다는 것을 절실히 느낄 때가 있기 때문이다. 성경은 계속해서 가장 위대한 믿음의 영웅들도 우리와 똑같이 살과 피를 가진 평범한 사람이라는 사실을 분명하게 하고 있다는 말을 하고 싶은 건가? 나는 그래도 내가 어딘가 남보다 특별해야 한다고 느낀다. 나는 뛰어난 외모를 가진 남녀의 사진이 총천연색으로 실린 그럴듯한 기독교 잡지들을 들여다본다.

그들에게서 천편일률적으로 흐르는 미소를 보고 있으면, 마치 하나님의 보좌 바로 오른편이 자기 자리라고 말하는 것 같은 인상을 받는다. 거기서 자신만만한 미소와 빛나는 얼굴을 한 자신감의 우상들을 훑어보면 나는 내가 참 인간적이라고 느껴진다. 유약하고 흠이 많은. 하지만 그런 인상을 한 사람들도 알고 보면 똑같이 흙으로 지은 발을 가지고 있다는 사실에 얼마나 위안이 되는지 모른다.

몇 년 전 한 리더 모임에 참가했을 때 나는 그 사실을 다시 한 번 발견하고 무척 기뻤다. 이름조차 다소 위협적인 모임이었다. '우주를 위한 초인적 사도들과 선지자들의 모임' 뭐, 그런 식이었던 것 같다.

하루는 식당에서 정말 멋지게 생긴 한 여성의 맞은편에 앉게 되었다. 그녀는 온몸에 '하나님의 여인'이라고 써 있는 것 같았다. 그녀는 조용히 식사를 하고 있는 중이었다. 결국 위기의 순간이 왔다. 나는 그 자리에서 곧 내가 보잘것없다고 느껴졌다. 이 여인은 아마 레위기를 암송하며 아침 식사를 하다가도 마귀를 쫓아낼 사람일 것만 같았다. 나는 간신히 내 소개를 했다. "저… 안녕하세요? 제 이름은 제프라고 합니다. 제프 루카스예요."

나는 그녀가 음식에서 눈을 들어 나를 올려다볼 때 그녀의 눈에서는 천국이 이글거리며 현자의 권위를 가진 목소리로 "그래요, 난 당신을 알아요. 1953년 환상 중에 당신을 보았다구요"라는 말이 튀어나올 줄 알았다.

하지만 그녀는 그런 말은 전혀 하지 않았다. 그저 밝은 인사와 따뜻한 자기 소개로 나를 맞아주었다.

"한 주동안 잘 지내셨습니까?" 나는 뭔가 말할 거리를 찾아 용기를 냈다.

"아뇨, 정말 끔찍했어요. 정말 싫었어요."

나는 동정 어린 표정을 지으려고 애썼지만 사실 내 마음은 하늘로 날아올라갈 것 같았다. 좋아! 하나님의 여인이 힘든 한 주일을 보냈단 말이지? 이 여자는 지극히 평범하며, 모든 상황이 중보기도 한 마디로 즉각 해결되지는 않는다는 말이군.

"아니, 무슨 일이 있었는데요?" 나는 희망을 얹어 물었다. 그러자 이 사랑스러운 여인은 가족과 함께 세차장에 갔던 이야기를 꺼냈다. 자동 세차를 하려던 중에 생긴 엄청난 사건이었다. 이 하나님의 여인은 기계에 동전을 넣었고, 곧 양쪽에 큰 솔빗이 움직이기 시작했다. 그러더니 물이 자신을 향해 거침없이 분사되는 것이 아닌가. 창문이 닫혔는지 확인하려고 창문 버튼을 누르는 순간, 그만 버튼이 꼼짝을 하지 않았다.

더욱 환장할 노릇은 내려간 창문이 문 속에 들어가더니 다시 나오질 않는 것이었다. 엄청나게 큰 창문 구멍으로 따뜻한 물이 거품과 함께 거침없이 쏟아져들어왔다. 가족들은 모두 물에 빠져 죽을 판이었다! 그 여인은 차가 노아의 방주나 타이타닉 호 같은 운명에 놓이는 것을 막기 위해 창을 막을 만한 무언가를 찾으려고 애썼지만, 아무것도 없었다. 떠오르는 것은 오직 한 가지, 바로 자기 엉덩이밖에 없었다.

나는 터져나오는 웃음을 참느라 애썼다. 하지만 생각만 해도 바닥에 누워 데굴데굴 구르면서 공중에 발길질을 하며 웃고 싶었다. 내가 그렇게 기뻤던 까닭은, 그렇다. 하나님을 정말 사랑하고 자신의 인생에 대한 권세를 가진 여인을 알게 된 데 있었다. 그리고 그 사람은 나처럼 바보 같은 일을 할 줄 알고, 멍청해질 줄도 알고, 때로는 무서워할 줄도 알며, 패배할 줄도 아는 사람이었다. 그녀는 평범했고 나도 평범하다.

게다가, 기드온이 있다. 기드온, 자네 포도주 틀에 두 사람이 더 들어갈 공간은 없는가?

도대체 그는 누구인가?

기드온은 자리에 앉아 미소를 짓고 있는 인물을 다시 보았다. 저 남자는 도대체 누굴까? 우리 또한 같은 질문을 던질 수 있다. 천사였나? 그렇다. 하나님이실까? 그렇다. 본문은 두 번이나 선포한다. "여호와께서 그를 향하여 이르시되"(삿 6:14, 16). 어떻게 된 것일까?

기드온은 알지 못했지만, 사실 그는 지금 '멜렉 여호와(Melek Yahweh)'라고 하는 하나님의 천사를 손님으로 맞고 있었다. 어떤 주석가들은 그를 두고 그리스도 이전에 영원히 존재하는 이가 나타나신 신의 출현(theophany)이라고 말하며, 또 다른 이는 그저 땅에 있는 여호와의 대천사장이라고 설명한다.

분명한 것은 바로 하나님의 권위와 권세를 가지고 나타나는 하나님의 천사와 하나님을 구분하기 어렵다는 것이다. 그가 예배와 제물을 받는다는 사실에 고민할 필요는 없으며, 또 그것이 우리를 천사 숭배로 이끌지도 않는다. 천사는 언제나 여호와의 말씀 전달자로 우리에게 온다. 그리고 당시의 생각으로는 천사에게 드리는 경의와 대접은 천사를 보내신 이에게 드리는 것과 같았다. 이후 예수님도 관계에 관해 가르치실 때 이와 비슷한 말씀을 하셨다. 누군가에게 찬물 한 잔을 대접하는 것이 바로 예수님에게 드리는 것이라고.

시간을 내서 교도소에서 수감 생활을 하고 있는 사람들을 돌아보라. 그 방문을 받는 자가 바로 그리스도시다(마 25:35). 우리가 모든 사람을 하나님이 보내신 사람으로 대한다면, 그래서 언제나 그들을 존경하고 친절을 베풀 대상으로 여긴다면 세상은 얼마나 달라질까. 이것은 그저 멋진 생각이 아니라 우리가 마땅히 살아야 할 방식이다.

성경에는 하나님의 천사가 자주 등장한다. 천사는 사막에서 큰 충격을 받아 실의에 빠진 하갈을 위로하셨고(창 16:7-13), 모세의 인생을 이끌어줄 증거가 되었던 불타는 떨기나무 한가운데에 나타나셨으며(출 3:2), 발람이 가는 길에 칼을 들고 출현하여 그의 나귀를 심하게 때리셨다(민 22:22). 기드온이 살던 시대 이전에는 한 천사가 보김에서 이스라엘 민족에게 나타났다(삿 2:1). 그곳은 눈물의 장소였다. 천사는 떨고 있는 군중에게 만약 그들이 계속해서 하나님에게 분순종한다면 하나님이 손을 드실 것이라고 경고했다.

천사의 주요 임무 가운데 하나는 하나님의 신실한 백성에게 위로와 확신을 주는 것으로 보인다. 스가랴서에는 하나님이 이스라엘 백성들에게 회개를 권고하시면서 스가랴에게 보여주신 환상이 묘사되어 있다. 여기서 여호수아는 하나님의 천사 '멜렉 여호와'를 만나 죄로 물든 옷을 벗고 은혜의 새 옷으로 바꿔입는다(슥 3:1). 하지만 여호와의 천사는 또한 불신을 쌓는 신성모독자에 대해서는 심판을 가져오기도 한다. 헤롯은 이를 아주 엄중한 방식으로 배웠다. 그는 멜렉 여호와의 무서운 손길을 받아 벌레에 먹혀 곧 죽었다(행 12:23).

기드온의 이야기 이후 몇 년 뒤 그와 같은 천사가 다른 타작마당에 나타나 심판의 행위로 다윗의 백성을 대량으로 죽게 만들었

2장 고단한 그늘 아래 찾아온 그 누군가

다(삼하 24:16). 그러나 천사가 기드온에게 나타났을 때 그의 손에는 복수의 칼이 들려 있지 않았다. 천사는 기드온의 인생을 영원히 바꿔놓을 짧은 복음의 메시지를 가지고 왔다.

기드온은 아마 머리를 숙이고 하던 일을 계속하며 마치 놀고 있는 것처럼 보이는 이 낯선 사람을 무시하려 했을 것이다. 기드온이 대화를 먼저 시도했다는 기록은 없다. 처음에는 그 방문객의 정체가 무엇이었는지 전혀 알지 못했던 것으로 보인다. 후에 기드온은 그 방문객을 '선생님'이라는 말로 정중하게 부르고 있지만, 아마 그 이상은 아니었을 것이다. 마침내 운명의 순간이 왔다. 기드온이 옥수수 대 위에서 허리를 구부린 채 부지런히 몸을 놀리고 있을 때 그 남자가 입을 연 것이다.

천사가 말을 건네면 모든 것은 바뀐다. 하갈의 눈에는 눈물이 말랐고, 그녀는 더 이상 도망가지 않고 다시 살기로 결심했다. 천사가 그녀의 눈물을 닦아준 것은 그것이 마지막이 아니었다(창 21:17). 또 다른 곳에서 하나님의 천사가 말을 하자 아브라함의 떨리는 손에 높이 들렸던 칼은 멈추어졌고, 이삭은 다시 숨을 쉴 수 있게 되었다(창 22:15). 천사가 나타나 겨우 몇 마디 말로 순식간에 모든 것을 바꿔놓는 상황은 성경 전반에 걸쳐 여러 번 나온다.

기드온은 미디안 사람들의 눈에 곡식을 들키지 않기 위해 포도주 틀에 숨었다. 그러나 하나님의 눈까지 피할 수는 없었다. 하나님은 기드온이 어디 있는지 알고 계셨다. 하나님은 다가와 앉으며 말씀하셨다. 그 순간, 불과 몇 분 만에 한 남자의 마음과 인생은 송두리째 변했다.

♣♣♣

기드온은 고개를 흔들었다. 내가 꿈을 꾸고 있는 것인가. 아니면 한순간도 쉼없이 쏟아지는 태양 빛 때문에 환영을 본 것인가. 아마 나중 생각이 맞을 것이다. 그런데 그 순간, 그는 뭔가 이상한 분위기를 눈치챘다. 그 신비스러운 남자는 무슨 말인가를 하고 있는데, 다른 이들은 그의 목소리를 전혀 듣지 못하고 있었던 것이다. 기드온은 위를 쳐다보았다. 그 남자는 다름 아닌 바로 기드온 '자신'에게 말을 건네고 있었다.

03
아, 하나님이시다

실제로 우리 주님은 따로 신학 훈련을 받으신 적이 없으며, 이름에 '목사'라는 칭호를 붙이지도 않으셨을 뿐 아니라, 전도 왕으로 집중 조명을 받는 일도 거의 없었다. 다만 얼굴 없는 수백만의 사람들을 통해 하나님나라를 건설하고 계셨다. 그들은 자신의 어두운 공동체의 빛과 소금이 되기로 날마다 소리없이 작정하는 평범한 사람들이다. 그들이 매일 결단하는 선한 선택으로 인해 사탄의 제단은 힘없이 그리고 체계적으로 허물어진다. 신실한 보통 사람들이 행사한 온유한 영향력으로 인해 하나님나라는 인생을 변화시키는 능력으로 터져나온다.

여호와의 사자가 기드온에게 나타나 이르되

큰 용사여 여호와께서 너와 함께 계시도다 하매

기드온이 그에게 대답하되 오 나의 주여 … (삿 6:12-13).

만약 눈앞에 천사가 나타난다면 어떻겠는가? 얼굴을 땅에 대고 기쁨에 떨며 감격할 것인가? 믿을 수 없는 기쁨으로 눈물을 터트릴 것인가? 아니면 감당 못할 충격으로 멍하니 앉아 그 하늘의 사자를 바라보며 침묵에 잠길 것인가?

하나님의 사자가 기드온에게 나타나 말했을 때 그는 가장 먼저 좌절감을 느낀 것 같다. 자신을 괴롭히는 믿을 수 없는 사실 때문에 그는 머리를 흔들었다. 나무 밑에 몸을 쭉 펴고 한가롭게 앉아 있는 이 미친 남자는 도대체 누구란 말인가? 정신병자인가? 아니면 술 취한 사람일지도 모른다. "큰 용사여 여호와께서 너와 함께 계시도다." 이따위 바보 같은 말을 하다니.

여호와가 우리와 함께하신다고? 말도 안 된다! 이 괴상한 방랑자는 때마다 우리를 찾아와 괴롭히는 그 잔인무도한 자들의 이야기를 들어보지도 못했단 말인가? 기드온과 그 동료들을 이 포도주 틀로 몰아넣은 것도 앞으로 있을 공격에 대한 말 못할 두려움이 아니었던가? 이 빈정거리는 방랑자는 도대체 누구이기에 우리의 재앙을 이렇듯 조롱하는 것인가?

이 멍청이는 근래 돌아다니던 그 늙은 선지자의 말도 듣지 않았단 말인가? 어떤 이들은 선지자가 전하는 말에 몸을 떨었지만, 대부분은 그의 말을 한낱 허풍으로 여겨 들은 척도 하지 않았다. 아무도 그의 메시지에서 희망을 걸 무언가를 발견하지 못했다.

"큰 용사여 여호와께서 너와 함께 계시도다."

큰 용사라고 했다. 그 말은 전투에서 귀족들의 무용담을 알리기 위해 쓰던 말이었다. 이 벌벌 떠는 기드온에게 하는 인사로는 적절하지 않다. 기드온. 지금 그의 손에 들려 있는 것은 칼이 아니라 대장간에서 급하게 만든 타작 막대기뿐이다.

그가 있는 곳은 용맹을 떨칠 만한 전장이 아니라 불안에 떨며 숨어 있는 포도주 틀이다.

때로는 성경 영웅의 인간성과 실패담을 그럴듯하게 잘 포장하는 유대인들의 전통에도 불구하고 기드온은 결코 강한 남자로 그려지지 않았다. 랍비는 기드온이 용감했다고 가르치지 않았다. 기드온이 하나님에게 선택받아 그 백성을 구하는 특별한 임무를 맡게 된 이유는, 그 아버지에게 좋은 아들이었기 때문이라는 것이 그들의 믿음이었다.

그들 사이에 전해내려오는 이야기가 하나 있다. 늙은 기드온의 아버지는 미디안들의 공격을 무서워했다. 곡식을 빼앗기지 않을까, 혹은 그로 인해 자신을 죽이지 않을까. 기드온은 전전긍긍하는 아버지에게 집으로 돌아가라고 말하면서 이렇게 덧붙였다고 한다. "제 걱정은 마세요. 미디안 사람들이 쫓아오더라도 저는 빨리 달리기 때문에 도망칠 수 있어요." 그는 남아서 아버지의 곡식을 지키기 위해 자기 목숨을 희생하겠다고 말하지 않았다. 큰 용사라고? 랍비들의 해석에 따르면 그는 전혀 그런 사람이 아니었다.

"큰 용사여 여호와께서 너와 함께 계시도다 … "

이 말은 그때의 상황과는 전혀 어울리지 않는다. 그렇게 말한 이 이상한 이방인이 누구든 간에, 그는 심각한 논쟁의 여지가 있는 말을 했던 것이다.

설명할 수 없는 열정으로
사랑하시는 하나님

고통 가득한 우울한 뉴스로 넘치는 이 세상에서 하나님은 실로 멋진 뉴스다. 나는 길거리에서 검은색 굵은 글씨체로 '예수 천당, 불신 지옥!'이라고 쓴 플래카드를 들고 행인들에게 고함을 질러대는 사람들의 엄중한 표정을 보면, 그들의 진정성을 부인할 수는 없지만 다소 불편한 감정을 느낀다.

한편으로 그들의 메시지는 옳다. 하지만 예수님이 메시지를 주실 때 '복음(gospel)'이라는 그 말은 그리스도의 메시지를 종합한 것으로 정말 '좋은' 소식이다. "위로하라, 내 백성을 위로하라 … 예루살렘에게 온유하게 말하라." 온유하신 하나님은 그의 종 이사야에게 그렇게 말씀하셨다. 하나님은 논리적인 설명을 무시하는 열정으로 우리를 사랑하신다.

브레넌 매닝(Brennan Manning)은 패디 차에프스키(Paddy Chayefsky)라는 브루클린 출신의 유대인 작가가 쓴 희곡「기드온」의 한 장면에 대해 이렇게 언급하고 있다.

기드온은 사막 한가운데 있는 외딴 장막에서 하나님으로부터 버림받고 거부당했다는 느낌을 떨칠 수가 없었다. 어느 날 밤, 하나님이 그 장막으로 들어오시자 기드온은 하나님의 그 감당 못할 불 같은 사랑에 빠져들어 압도당하고 만다. 그는 밤새 한잠도 자지 못한 채 장막 안에서 이리저리 왔다 갔다 하고 있었다. 마침내 동이 터오자, 기드온은 특유의 브루클린 유대인 악센트로 부르짖는다. "하나님, 오 하나님, 저는 밤새도록 당신밖에 생각할 수가 없었습니다. 하나님밖에는요. 이 미칠 듯이 기쁜 사랑의 감정을 주체할 수가 없습니다. 하나님, 당신을 제 장막 안으로 모셔서 잘 감춰둔 채 당신의 모든 것을 저 혼자만 가지고 싶습니다. 하나님, 하나님, 저를 사랑한다고 말해주세요."

하나님이 대답하신다. "그래, 너를 사랑한다, 기드온."

"다시 말해주세요, 하나님."

"너를 사랑한다, 기드온."

기드온은 머리를 긁적인다. "그런데 저는 이해할 수가 없어요. 왜요? 왜 저를 사랑하시죠?"

그러자 하나님도 머리를 긁적이며 대답하신다. "나도 정말로 모르겠구나. 때로 열정은 이성을 넘어서거든." ■

■ Brennan Manning, 「사자와 어린양(*Lion and Lamb- the Relentless Tenderness of Jesus*)」(복 있는 사람 역간, 2005)

♣♣♣

하나님과의 사이에서 그런 열정적이고도 낭만적인 사랑을 경험해보지 못한 영혼은 얼마나 무미건조한가. 도날드 맥컬로우(Donald McCullough)는 마릴린 먼로의 비극적인 삶을 이렇게 개탄하고 있다.

마릴린 먼로는 일종의 우상이 되었다. 어떤 의미에서 그녀는 우리 시대의 관능과 공허함의 상징이다. 아서 밀러(Arthur Miller)는 자서전 「곡절 많은 인생(Timebends)」에서 그녀와의 결혼 생활을 회상했다. 영화 〈부적응자(The Misfits)〉를 제작하는 동안 그는 마릴린이 우울하고 절망적인 자기 감정에 깊이 빠져드는 것을 보았다. 두 사람의 관계는 갈수록 소원해졌고, 그녀는 진정제에 의지하지 않고는 견디기 어려운 지경까지 이르렀다. 그는 그녀의 생명을 걱정하지 않을 수 없었다. 어느 날 저녁, 의사에게 주사를 한 대 더 놓아달라고 사정하던 마릴린은 잠이 들었고, 밀러는 잠든 그녀를 바라보며 서 있었다. "나는 내가 기적을 꿈꾸고 있다는 것을 알았다." 그가 회상했다. "그녀가 깨어날 때 내가 '하나님은 당신을 사랑하신다오, 내 사랑'이라고 말할 수 있다면, 그리고 그녀가 그 말을 믿을 수만 있다면! 나에게 아직도 신앙의 불씨가 있고 그녀에게도 신앙의 불씨가 남아 있기를 얼마나 바랐던가."

하지만 밀러에게는 신앙이 없었으며, 사랑하는 여인을 잃어가고 있었지만 그녀를 사랑하고 보호해줄 하나님도 없었다. ■

분명 그 천사는 뜻밖에 놀라운 하나님의 메시지를 기드온에게 전했고, 기드온은 항의 섞인 발언을 했다. 왜 그는 그저 마리아처럼 순종할 수 없었을까? 그리고 우리는 왜 그렇게 자주 그의 발자취를 따르는 것일까? 기드온의 심정에는 단순한 두려움이나 절망 그 이상의 것이 있었으리라. 천사와 나누는 대화에서 나는 그의 마음속에 퍼진 사악한 암, 즉 냉소주의라고 불리는 치명적인 종양을 발견할 수 있었다.

냉소주의를 걷어내라

그 설교자는 진땀을 흘리고 있었다. 그의 눈은 불타는 것처럼 이글거렸다. 길게 늘어선 사람들은 손을 앞으로 내민 채 눈을 꼭 감고 기도하면서 완전히 다른 세상에 집중하고 있는 것 같았다. 예배를 드리던 사람들은 순식간에 하나둘 쓰러지기 시작했다. 바

■ Donald McCullough, *The Trivialisation of God*, NavPress, 1995, p. 20

로 뒤에 앉아서 그들을 지켜보던 나는 여러 가지 생각으로 혼란스러웠다. 귓가에서 왱 소리를 내며 날아다니는 모기처럼 끈덕지게 내 정신을 좀먹는 이 마음 불편한 의문은 무엇 때문일까?

내 불편함은 이미 설교를 듣던 중에 시작되었다. 그 설교자는 인도의 '경이적인' 그리고 '어마어마한' 집회에서 방금 돌아왔다고 했다. 그 인도 집회에서 '수십만 명의 맹인들이 눈을 뜨고, 또 수십만 명의 귀머거리들의 막힌 귀가 뚫린' 역사가 일어났다는 것이다. 나는 그런 기적의 홍수가 있었다면 지금까지 거의 알려진 바 없는 이 설교자는 〈타임〉지의 표지 인물이 되고도 남았을 것이라는 생각을 재빨리 지워버려야 했다.

그 다음에는 설교자의 행동을 보면서 불안감이 점점 더 커졌다. 저 사람은 사람들을 위해 기도한다고 하면서 왜 저렇게 저들을 세게 때려야만 할까?

그것뿐이었다. 나는 마치 연극 무대에서나 들어봄직한 다소 과장되고 흥분된 목소리로 "예쑤님의 이름으로!"라고 외치는 소리에는 신경쓰지도 않았다. 팔을 치켜들고 자기 차례가 되면 어느 쪽으로 쓰러져야 할지 미리 준비하고 있는 그 우스꽝스러운 모습을 보았다. 나는 흠잡는 일에 열중하고 있었다. "저 사람은 그저 손바닥으로 저들의 이마를 세게 내리치면서 머리를 뒤로 밀어젖히는구나."

내 마음은 분노와 죄의식 사이를 춤추듯 오락가락하고 있었다.

관객들의 반응을 끌어내기 위해 누군가 넘어져야만 하는 곡예단의 절망적인 속임수를 보고 있자니 화가 났다. 그리고 곧 하나님의 사람에게 감히 그런 생각을 한다는 것 자체에 죄책감이 들었다. 이것은 그저 그의 스타일인가? 나는 눈을 감고 귀를 막고 기도하려 했다. 그저 빨리 끝나기만을 바라면서.

개인적으로 겪었던 그 순간을 굳이 독자들에게 쓰는 이유는, 그 상황이 우리에게 흔히 있는 딜레마를 그대로 보여주기 때문이다. 하나님이 움직이실 때 어떤 사람들은 팔을 벌리고 하나님과 함께 오는 것은 무엇이든 다 받아들일 듯한 태도를 취하지만, 또 어떤 이들은 주먹을 꽉 쥔 채 자신이 이해하지 못하는 것에 대해서는 싸움을 건다.

우리는 마땅히 냉소주의를 두려워해야 한다. 그것은 너무도 쉽게 희망을 공격하는 암과도 같다. 그런 냉소적인 마음을 가지고는 사람들과 함께 일하기 위해 오시는 하나님을 따뜻하게 맞이할 수가 없다. 냉소주의는 온유한 마음을 가진 예배자를 팔짱 낀 구경꾼으로 만든다. 양손에는 클립보드와 스톱워치를 든 채 "감히 네가 나를 축복하겠어?"라는 표정으로 얼굴을 잔뜩 찌푸린 분석가의 모습이다.

반면 우리에게는 단순하기 그지없고 생각이 없는 극단적 순진

함도 있다. 따져보지도 않고 예언의 말이라면 무조건 받아들인다. 그 내용과 정신에는 눈을 감아버린 채 말이다. 새로운 '계시의 말씀'을 듣게 되면, 우리는 마음의 동요를 느끼면서도 비판적인 혹은 주류에서 벗어난 사람으로 인식되기를 꺼려 일찍이 마음에서 염려 따위는 묻어버린다.

이런 일치를 위한 무언의 압박은 영적 열광주의가 압도적인 곳에서 매우 심각해질 수 있다. 그것은 마치 축구장에서 엄청난 관중들에 의해 떠밀려가는 것과 같다. 한 차를 탄 사람들의 움직임에 의해 이리저리 밀리는 불행한 승객이 되는 것이다. 우리는 심지어 무언가 잘못되었을지 모른다는 가능성을 생각하는 것만으로도 죄의식을 느낀다.

모든 사람들이 지지하는데 그들이 모두 다 잘못된 것일 수는 없지 않은가. 이런 식으로 생각하면서 말이다.

이 두 극단 사이에 다른 길은 없을까? 소위 말하는 '건강한' 회의주의는 없는 것일까? 나는 있다고 믿는다. 성경은 그 중간을 걸어가라고 요구한다. 바울은 데살로니가에 있는 친구에게 편지를 쓰면서 "범사에 헤아려 모든 것을 취하여야" 한다고 말했다. 이 명령은 "성령을 소멸하지 말며 예언을 멸시하지 말고"라는 바울의 경고 뒤에 곧이어 따라나온다. 그러므로 이런 헤아림은 하나님의 역사에 대해 의심하는 부정적인 반응이 아니라, 성령의 불과 같은 열기를 느끼며 그 예언을 통해 하나님의 목소리를 들으려는 사람이 마땅히 져야 할 긍정적인 의무로 보인다.

우리가 사람들에게 질문을 장려하는 것은 이런 헤아림이 일어날 수 있는 환경을 제공하기 위해서다. 그런 질문을 하는 것이 때로 어렵기는 해도 명백한 진위를 가리기 위해서는 반드시 필요하다. 하나님이 움직이실 때 수많은 물음표들이 곳곳에서 쏟아져 나온다. 오순절 성령 강림일은 능력의 물꼬가 터진 날이기도 하지만, 갖가지 질문과 오해가 쏟아진 날이기도 하다.

"이것이 무슨 뜻일까?" 군중들은 물었다. 때로 우리들 가운데 은사파는 어떻게 '느껴야 하는지'는 알지만, 어떻게 '생각해야 하는지'는 모르는 사람들처럼 보일 때가 있다. 하지만 예수님은 작지만 놀라운 이야기들을 하실 때 그 말씀을 듣는 자들이 질문을 하도록, 그래서 정신적 씨름과 논쟁이 오가도록 유도하셨다. 질문은 영지주의의 무익함에서 우리를 구해준다.

나는 모호한 선언을 하는 어떤 예언자의 말을 끊고 싶을 때가 꽤 여러 번 있었다. 이런 식으로 말이다. "배고픈 자와 목마른 자를 위해 하나님이 하시는 새로운 일의 보증을 받아들이면 천국의 세 번째 돌파구의 가장자리에 있게 된다고 말씀하시는데, 그게 도대체 무슨 말이신지요?"

우리는 또한 질문을 할 때 올바른 태도를 지켜야 할 필요가 있다. 폴 리드(Paul Reid)는 교회가 "모든 일에 관한 의견은 있으나, 어떤 일에도 가슴은 없는" 사람들에 의해 방해를 받고 있다고 말한다. 질문을 하는 동기는 무엇이며, 그 질문의 출발점은 어디인가? 어떤 일의 잘못을 증명하려는 욕심에서 질문을 하려는 것인가? 아니면 그것의 선함을 보이기 위함인가?

냉소주의는 비현실적인 기대가 있을 때 더 왕성해진다. 이는 이상주의자들에게 흔히 나타나는 문제다. 우리는 모두 일이 어떻게 되어야 옳은지에 대해 말로 하지는 않지만 어떤 기대를 가지고 있다. 하지만 우리와 함께 걷고 있는 사람들도 우리와 마찬가지로 인간으로서의 단점을 가지고 있다는 사실을 우리는 종종 잊곤 한다.

당신이 한 교회에 6개월 넘게 다니고 있는데, 아무것도 혹은 어느 누구도 당신을 짜증나게 하지 않는다면, 그것은 당신이 임상적으로 죽었다는 의미일 것이다. 우리는 현실적으로 인간성이 약하다는 것을 이해하면서 우리의 희망을 조절해야 한다.

불신에 빠지거나 혹은 지독히도 단순하게 믿어버리거나 하는 그 사이의 팽팽한 줄 위에서 균형을 잡고 설 수 있는 유일한 방법이 있다. 거기에는 은혜가 필요하다. 그러면 앞서 말했던 그 고압적인 태도를 가진 전도자에 대한 내 결론은? 글쎄, 그가 기름부음 받았기 때문일 수도 있다. 어쩌면. 하지만 나는 몇몇 인디안식

의료 처방전을 먼저 보고 싶다. 그리고 그는 사람들을 그런 식으로 넘어뜨리는 짓을 당장 그만두어야 한다.

♣♣♣

냉소주의는 초청할 후보 명단에 넣어둘 필요도 없다. 그것은 '바라는 자(the hopeful)'라고 불리는 사람들 사이에서 급속도로 퍼지고 있는 전염병이다. 그들은 하나님이 일상에서 보여주시는 크고 작은 증표들에는 만족하지 못한 채 갈수록 더 큰 기적을 체험하기만을 바란다. 냉소주의라는 병을 우리는 어떻게 대처해야 할까? 좀더 완벽한 교회를 찾아갈 것인가? 우리가 씨름하는 어려운 문제들이 전부 해결될 때까지 기다릴 것인가? 어딘가에 포도주 틀을 벗어나는 방법은 없을까? 눈을 멀게 할 만큼 강렬한 초자연적인 빛이 우리의 어두운 감방을 비칠 때까지 족쇄를 차고 있어야 하는가? 실제로 초자연적 힘도 냉소적인 마음을 녹이지는 못할 것이다.

직업적인 종교 지도자들은 망자의 관이 땅 속 깊이 묻힐 때까지 묘지 옆에 서 있었다. 그들은 예수라고 불리는 사내가 그 시체를 향해 다시 살아나라고 말씀하시는 소리를 들었다. 그들은 그 죽었던 남자가 썩은 냄새가 진동하는 수의를 입고 빛을 향해 비척거리며 걸어나오는 믿기지 않는 모습을 두 눈으로 보았다. 그

때 냉소주의에 눈멀고 귀먹었던 그 지도자들은 돌아가서 회의를 소집했다. 가장 먼저 떠오른 의제는 "이 예수를 제거하라"였다.

나는 장담한다. 한두 번 기적을 체험했다고 해서, 아니 심지어는 죽었다가 살아난 사람이 바로 옆에 있다 해도 냉소주의를 완전히 걷어낼 수는 없다. 사실 하나님의 움직임은 그 냉소주의자들의 마음을 더욱 굳게 한다. 하나님이 오시면 그 '바라는 자'는 바라는 것이 더욱 많아지고, 바리새인들은 더욱 바리새적인 성격이 강화된다! 성령의 움직임도 냉소주의의 문제를 해결하지 못한다. 오히려 더 악화시킬 수도 있다.

냉소주의에서 벗어나는 방법이 있기는 하지만 그 방법이 내키지 않을 수도 있다. 냉소주의에서 도망하는 유일한 방법은 바로 회개하는 것이다. 냉소주의는 죄다. 회개가 그 죄를 다룰 유일한 방법이다.

선택하라, 기드온. 그리고 그와 마찬가지로 우리 역시 선택해야 한다. 거기서 걸어나와야 한다. 엘리야는 동굴을 비워야 했다. 기드온은 포도주 틀에서 나와야 했다. 어서 나오라. 그곳은 지루하고, 어둡고, 외로우며 혹 거기서 성취할 것이 있다 해도 그리 많지는 않다.

이제 밖으로 나오라. 다시 한 번 더 인생에 의미있는 변화를 가져올 수 있도록 믿음으로 돌아오라. "네가 이스라엘을 구할 것이다." 천사는 불가능한 일을 말했다. 그래도 좀더 냉소주의에 머물고 싶은 마음이 있다면, 그 말을 당신에게 하시는 분이 누구인지 기억하라. 어쩌면 대화가 좀더 이어지면서 기드온이 그 방문객의 정체를 알아보게 되었는지도 모른다.

그러자 천사는 선포한다. "내가 너를 보낸다." 그것은 최후의 선포였다. 냉소주의가 머무는 곳은 하나님을 따르는 사람들에게는 탁월한 선택이 될 수 없다. 하나님은 우리에게 한 점 망설임도 없이 거기에서 나오라고, 당장 나오라고 말씀하신다.

하지만 기드온에게는 자신을 포도주 틀에 묶어두는 또 다른 족쇄가 있었다.

냉소주의가 하나님과 하나님의 백성을 신뢰하지 못하게 만든다면, 불안감은 자신의 가치를 믿지 못하게 만드는 것이다.

기드온은 그 두 가지 전부로 인해 고통당하고 있었다.

♣♣♣

하나님이 '너'와 함께하신다, 기드온.

기드온, '너'는 이스라엘을 구원할 것이다.

내가 '너'를 보낸다.

가라 '네'가 가진 힘을 가지고.

그래, 기드온 … 바로 '너'.

정말 나를 사랑하실까

기드온은 의미있는 일을 위해 선택되었다. 그리고 자신이 정말로 하나님에게 쓰임 받을 수 있다는 그 말과 씨름했다. 과거에 하나님이 쓰셨던 성경 역사 속의 위대한 인물들의 이야기를 읽다보면 그들이 느꼈을 불안감을 우리는 쉽게 공감할 수 있다. 이런 불안감은 보잘것없는 우리 인생이지만 쓰임 받을 수 있다는 느낌을 앗아간다.

우리는 다른 이들의 삶에 나타난 하나님의 선하심이 기록된 책을 보며 열광하지만 그런 일들이 우리가 사는 이곳에서 일어날 것이라고는 별로 생각하지 않는다. 세상에 대한 하나님의 보편적인 사랑과 또 특별해 보이는 일부 사람들의 이야기를 들을 때는 엄청나게 감동하고 환호하지만, 사실은 너무 많은 그리스도인들이 삶에서 그 사랑의 영향을 거의 받지 못하고 있다.

그것은 우리가 하나님의 사랑을 믿지 않아서가 아니다. 그저 그분이 '우리를' 사랑하신다는 사실에 자신이 없을 뿐이다. 기드온의 문제는 바로 그것이었다. 히브리어로 보면 개인에 대한 강조가 더 두드러진다. "하나님이 '너'와 함께하신다 … '너'는 구원할 것이다 … '네'가 가진 힘으로 … "

기드온은 자기 인생에 주신 하나님의 은혜와 자비를 믿으라는 초청을 받자 크게 당황해서 마치 위기의 순간이라도 맞은 것만 같았다. 그것은 정말 충격이었다.

아마 하나님은 늘 "내가 너와 함께하겠다"라는 말씀을 마지막 메시지로 주면서 당신의 사람을 부르시는 것인지도 모른다. 그 말씀은 바로 머뭇거리는 내가 아닌 다른 사람을 보내라고 말하는 모세에게, 그리고 불안에 떠는 여호수아와 예레미야에게 하신 말씀이었다. 그것은 또한 예수님이 하늘에 계신 아버지와 함께하시기 전에 제자들에게 주신 사랑의 고별사였다.

"내가 너와 함께한다." 아마 그것은 하나님이 히브리인들에게 쓰신 편지에서 그렇게 강력하게 반복해서 말씀하신 이유일 것이다. "내가 결코, 결코, 결코, 결코, 결코(헬라어 원문에서는 5번이나 반복되고 있다) 너희를 버리지 아니하고 너희를 떠나지 아니하리라"(히 13:5).

그리고 그 조상들과 같은 태도로, 기드온 역시 자신은 그 일에 적임자가 아니라고 강변한다.

그는 자신의 결격 사유를 설명한다. "우리 집안은 므낫세 족속 중에서도 가장 약한 집안입니다." 도무지 자신이 없다는 이유로 하나님의 부르심을 사절하는 기드온은 "우리 집안은 허구한 날 되는 일이 없는 집안입니다"라고 말하고 있다.

성경에는 기드온의 삶에 관련된 구절이 약 100절 정도 나온다.

그 가운데 상당 부분이 기드온이 겪고 있었던 것으로 보이는 불안감이라는 괴물을 구체적으로 다루고 있다. 하나님에게는 미디안 사람들을 다루는 것 정도는 일도 아니었다. 앞으로 보게 되겠지만, 그저 적은 수의 군사를 모아 그들에게 횃불과 항아리와 나팔을 주고는 목소리를 최고로 높여 소리를 지르면서 그 항아리를 부서뜨리기만 하면 됐다.

적은 서로를 향해 등을 돌릴 것이고 간혹 "여호와를 찬양하라"고 외치는 동안 그들은 자기들끼리 서로 찔러 자멸할 것이다. 미디안 사람들은 기드온 안에 있던 엄청난 불안감과 자기 혐오에 비하면 아무것도 아니었다. 그는 왜 그런 엄청난 열등감이 생겼을까? 그것을 이해하기 위해서는 몇 백 년 전으로 거슬러올라가야 한다. 게다가 그가 집안의 막내였다는 점을 감안하면서!

♣♣♣

한 1,000년 전쯤, 기억할 만한 가족사의 한 장면이 벌어지고 있었다. 야곱, 혹은 이스라엘('하나님과 함께한 왕자')이라고 알려진 이가 거의 죽을 때가 가까워졌다(창 48장). 죽어가는 이의 임종에는 그 자손들이 모여 그로부터 마지막 축복을 받는 것이 일반적이었다. 하지만 야곱이 가장 사랑하던 아들인 요셉은 온 가족이 전부 모이기도 전에 먼저 병든 아버지를 찾았다. 요셉은 자신의 두 아들인 므낫세와 에브라임이 할아버지의 축복을 받도록 할 심산이었다.

아버지의 축복은 아주 중차대한 문제였다. 그 사실을 야곱만큼 잘 아는 이는 없었다. 일찍이 형 에서의 장자권의 축복을 훔쳤던 야곱이 아니던가. 그는 사냥꾼의 옷과 냄새로 가장을 하고 아버지 이삭의 축복을 받아냈다. 한 번 주어진 축복은 다시 그 이전으로 되돌릴 수 없었다(창 27장). 바로 그 늙은 사기꾼이 손자를 축복하려는 참이다.

요셉은 므낫세와 에브라임을 어두운 방으로 데려가 그 특별한 기회를 세심하게 조율하려고 했다. 요셉은 아들들을 침대 앞으로 나가도록 등을 밀면서 야곱의 오른손 옆에 므낫세가 가도록 했다. 장자인 므낫세가 주된 축복을 받을 자리에 있었던 것이다. 오른손은 축복의 장소였으며, 명예의 장소였다(왕상 2:19, 시 110:1, 눅 22:69, 롬 8:34).

한편 왼손은 전투 시에 방패를 잡을 때 사용되었다. 할아버지 오른쪽에는 므낫세가, 왼쪽에는 에브라임 네가 서거라. 그래, 됐다. 잘했어.

그런데 늙은 야곱은 왜 그렇게 했을까? 그 옛날 자신이 벌였던 치사한 행동을 희미하게 기억했을까? 요셉은 깜짝 놀랄 수밖에 없었다. 결정적인 순간에 아버지 야곱은 손자들의 머리에 손을 교차시켜 얹었다. 야곱의 오른손이 에브라임의 머리 위로 올라갔던 것이다(창 48:14).

그 순간 므낫세는 완전히 밀려났다. 제2인자가 된 것이다. 그의 이름을 딴 집안은 그 순간을 절대로 잊지 못할 것이다. 기드온은 이후 대화에서 에브라임이 항상 므낫세보다 존중받았다는 것을 언급하고 있다(삿 8:2).

지금, 장자의 축복을 놓친 집안 출신의 한 평범한 남자가 이스라엘을 구하라는 명령을 받고 있다. 하나님은 손을 뻗어 기드온의 머리 위에 얹기를 원하셨다. 기드온이 충격을 받고 놀라 당황한 것은 당연한 일이다. 하나님이 그를 위해 계셨던 것이다.

하나님으로부터 허락과 인정을 받았다는 사실이 기드온에게는 충격이었다. 하지만 그것은 가까이 계시는 하나님이 해주시는 감동적인 말 그 이상이었다. 그 말들은 불안에 떠는 한 남자의 중심을 든든히 세워가기 위해 강한 생명과 근육 그리고 에너지를 심어주려는 목적을 갖고 있었다. "가서 네가 가진 힘으로 이스라엘을 구하라." 천사가 말했다.

이 말은 자주 오해를 불러일으킨다. 영어 번역으로 보면 하나님은 기드온에게 그 자신의 힘으로 사명을 시작하라고 명령하시며, 하나님의 힘과 능력은 나중에 더할 것이라고 말씀하시는 듯한 인상을 풍긴다. 이보다 더 진실에서 요원해 보이는 말이 또 있을까. 본문을 급히 훑고 지나가다보면, 여기서 아주 핵심적인 내용을 놓쳐버릴 수도 있다.

"가서 네 힘으로 이스라엘을 구하라"는 명령은 "하나님이 너와 함께하신다"는 약속의 말씀 다음에 연결되어 하나를 이룬다.

다시 말해 기드온은 "하나님이 그와 함께하신다는 계시의 결과로 받게 된 힘으로 가라"는 요구를 받고 있는 것이다. 나약하고, 소심하며, 겁에 질린 기드온이 아니던가? 여기 당신을 위한 근육도 있다. "하나님이 당신과 함께하신다!" 하나님이 미소를 지으며 우리 옆에서 같이 걷기로 하셨다는 것을 알 때 힘과 확신은 비로소 우리 것이 된다.

아마 예수님이 승천하시기 직전, 겁에 질린 제자들에게 마지막 인사로 "내가 너희와 함께 있을 것이다"라는 말씀을 선택하신 이유가 그것이리라. 하나님의 임재하심과 축복을 아는 것은 불안한 미래를 향해 나아가는 우리에게 힘의 원천이 된다. 하나님은 두려움에 가득 찬 기드온에게 큰 목소리를 내셔야 했다. 하나님은 아마 나에게도 최근에 그와 비슷하게 고함을 치셨는지도 모른다.

♣♣♣

나는 하나님이 나를 위해 계신다는 것을 믿는다. 적어도 학문적으로나 신학적으로 나는 그것을 확신한다. 하지만 기드온처럼 나에게도 하나님이 멀리 계신 것 같은, 나만의 포도주 틀에 갇히는 순간이 있었다.

사랑받고 있으며 인정받고 있다고 확인해주는 수많은 성경 구절들을 외우고 있으면서도, 나는 종종 두려움의 안개 속에서 비틀거리며 갈팡질팡하곤 했다. 하나님은 그런 나에게 사랑을 베푸셨고, 최근 들어서는 하나님의 사랑의 외침을 듣는 일이 잦았다. 늘 그렇듯이 하나님의 목소리는 나에게 우연히 온 것 같았다. 그리고 그 목소리는 내 인생에 관해 예언의 말을 할 필요를 느낀 순종의 사람들이 전해주었다.

그 우연은 캘리포니아에서 시작되었다. 은혜로웠던 한 예배의 끄트머리쯤, 만면에 미소를 머금은 매력적인 한 여인이 나로서는 용기가 없어서 도저히 할 수 없는 말들을 자신있게 전했다. "당신에게 주시는 하나님의 말씀이 있습니다." 나는 미소로 답했지만, 속으로는 믿을 수 없는 일이라고 웅얼거렸다. 유감스럽게도 예언의 은사를 가진 이들이 선한 의도에서 내 인생을 향한 하나님의 말씀을 가지고 있다며 말을 거는 경우가 종종 있다. 그들 가운데 몇몇은 진짜였고, 또 몇몇은 진짜는 아니었지만 진지했다.

그리고 어떤 경우는 그냥 민망하기만 했다. 말도 안 되는 '예언'을 받았을 때는 그 앞에서 웃지 않으려고 온 정신을 집중하고 얼굴에 잔뜩 힘을 주고 있어야 했다.

"저에게 노란 해파리 그림이 보였어요. 그놈이 크림 라이스 깡통 위에서 탭댄스를 추고 있지 않겠어요? 그리고 '나는야 양키 두들 댄디(Yankee doodle dandy, 1942년에 상영된 뮤지컬 영화 제목으로 미국인의 애국심을 부추기는 내용 – 역자 주)'를 휘파람으로 불었어요."

그 다음에는 내가 진짜 무서워하는 질문이 이어졌다.

"여기에 목사님을 향한 무슨 뜻이 있는 건 아닐까요?"

나는 사실 이런 말도 안 되는 이야기들을 너무 많이 들어왔다. 슬프게도 이제 막 예언을 시작한 사람들이 자신들의 예언 기술을 나에게 시험해보려는 듯 다가올 때면, 앞서 설명했던 그 냉소주의가 내 안에서 드러나곤 했다.

그래서 그 멋진 캘리포니아 여인이 '하나님으로부터의 말씀'을 급박하게 전하려 했을 때 나는 은사파들의 초현실적 세계로 여행을 가겠구나 싶어 긴장했던 것이다.

그 여인은 내 마음속에서 벌어지는 이런 싸움은 전혀 알지 못한 채 계속 말을 이어갔다. "목사님이 오늘 저녁에 설교하시는 동안, 저에게 예수님의 얼굴이 보였어요."

그때쯤 나는 정신이 아득해졌다. 그리고 머릿속으로는 두 가지 상반되는 생각이 씨름을 시작했다.

첫 번째 생각은 '이 말은 믿을 만한 말이 아니다. 이 여자는 얼른 병원에 가야 해', 두번째 생각은 '이 말은 믿을 만해. 하나님이 나에게 하실 말씀이 있으신 것 같아. 그녀가 본 예수님의 모습은 입에서 불이 나오고 손에는 심판의 칼이 들려 있었을 거야' 하는 것이었다.

나는 지고한 영적 묵상을 할 때처럼 눈을 반쯤 감고 조용히 고개를 끄덕이며, 머릿속으로 생각하고 있는 것을 들키지 않으려고 애썼다. 그리고 이렇게 말했다. "그랬군요. 주님은 무슨 말씀을 하셨나요? 그리고 어떻게 하셨죠?"

그 여인은 쿡쿡 웃었다. "주님은 웃고 계셨어요. 목사님을 바라보시며 머리를 뒤로 젖힌 채 그냥 웃고만 계셨어요. 주님은 정말 목사님을 사랑스럽게 바라보셨어요. 그분은 목사님을 즐거워하시며 목사님이 하는 일을 아주 좋아하세요. 주님은 당신이 정말 재미있다고 생각하세요. 하나님은 당신을 사랑하십니다!"

갑자기 내 안에서 꿈틀대던 냉소주의가 멀리 달아나면서 나는 울고 싶어졌다. 예수님이 그분의 사랑과 기뻐하심을 나에게 알려주러 오시다니 얼마나 놀라운 일인가. 얼마나 황홀한가. 특별히 내 이야기의 소재를 이미 몇 번이고 계속 들으셨을 것을 생각한다면 말이다. 이럴 땐 하나님의 무소부재하심은 나름대로 단점이 있다고 해야 할까.

나는 잠시 동안 고무되었다. 아니, 심지어 흥분하기까지 했다. 그렇지만 계속되는 사역과 여행 일정을 소화하느라 곧 그 순간을 잊고 말았다.

며칠이 지나 이번에는 스코틀랜드에서 예배를 마치고 가방을 싸고 있을 때, 한 여인이 내게 다가왔다. 그녀는 스코틀랜드 교회 목사 사모였다. 그녀는 불안해 보였다.

"목사님께 드릴 하나님의 말씀을 제가 받았습니다." 그녀가 운을 뗐다. 나는 곧 크림 라이스 깡통의 그림이 떠올랐다. "정말입니까? 그 이야기를 좀 해주시겠습니까?" 내가 대답했다.

"조용히 말씀드려야겠는데요." 그녀는 말을 더듬었다. "잠깐 밖으로 나오시겠어요?"

나는 다시 또 다른 깡통 위에서 탭댄스를 추고 있는 노란 해파리를 맞을 마음의 준비를 단단히 했다. 그리고 내 심장이 느끼는 기분을 대변해주는 듯한 세찬 빗속을 향해 밖으로 나갔다. 또 시작이군.

그녀는 머뭇거리며 떨리는 목소리로 이야기를 시작했다. "오늘 밤 예배 시간에 예수님을 보았어요. 예수님은 목사님 앞에 서 계셨는데, 춤을 추며 큰 소리를 지르시더군요. 얼굴에는 미소가 번지고 있었답니다. 하나님은 그분이 당신을 얼마나 많이 사랑하시는지 당신이 꼭 알기를 원하세요."

마음에 내리던 비가 그치고, 어딘가에서 돌연 해가 떠올랐다. 그녀는 여전히 떨면서 말을 계속했지만, 자기가 한 말이 가져온이 감정적 기후 급변에 대해서는 눈치채지 못하는 것 같았다.

"하나님은 교회 안에서 목사님에 대해 수많은 말들이 오갔다는 것을 잘 알고 계세요. 하나님은 목사님의 머리에서 그런 말들을 모두 씻어내고, 목사님의 지친 이마를 부드럽게 어루만져주고 싶어 하셨어요."

나는 감동했다. 그렇지만 그 다음에 이어진 그녀의 말에 곧 당황할 수밖에 없었다.

"하나님은 나에게 그 말씀을 행동으로 옮겨서 목사님이 그 메시지를 받아들일 수 있도록 도와주라고 하셨어요. 이것이 바로 하나님이 목사님에게 하신 말씀이고, 저도 이렇게 하려니 너무 부끄럽지만, 저는 하나님에게 순종할 수밖에 없어요."

그러고는 바로 그곳 그 자리에서 손을 뻗어 내 이마를 어루만졌다!

내 속에서는 즉각 전쟁이 일어났다. 하지만 곧 나의 내면 깊은 곳에 있는 무언가가 이 여인은 진짜라고 말했다. 당황하면서도 지극히 겸손했던 그녀의 행동은 성적인 행동이라고는 전혀 생각할 수 없었다. 그렇지만 한편으로는 방금 전 집회에 참석했던 누군가가 나와서 스코틀랜드 교회의 사모와 내가 같이 있는 것을 보고는 짜릿한 순간을 즐기고 있다고 오해할지도 모른다는 생각이 들었다.

하지만 그날 밤 하나님은 아주 생생한 방법으로, 하나님이 나를 사랑하시며 나를 위해 일하신다는 것을 알게 하셨다. 평생 잊지 못하도록. 이 글을 쓰면서도 독자들 가운데 일부는 이 모든 것을 '미친 소리'라고 치부해버릴 수 있다는 사실에 나는 여전히 두렵다. 하지만 이것만은 알아주시길.

나는 그때 일을 다시 떠올릴 때마다 하나님이 나를 사랑하신다는 것을 확신하며 새 힘을 얻는다. 나는 그런 계시가 주는 힘으로 살아가고 있는 것이다.

세 번째 하나님의 외치는 소리가 있었다. 나는 그때 캘리포니아 유레카의 베델교회에 있었다. 그 교회는 최근까지 켄과 데비 프랭크(Ken and Debbie Frank)가 목회를 하던 곳으로, 내가 세상에서 가장 좋아하는 교회 가운데 하나였다. 그들에게는 그리스도를 의미있고 이해할 만한 방식으로 알리기 위해 모든 것을 감수할 수 있는 믿음이 있었다.

그들의 예배는 열정적이었으며 살아 있었다. 나는 앞서 설명했던 야곱과 에브라임과 므낫세에 대해 말하면서 하나님이 사랑하는 자에게 오른손을 주신다는 내용을 설교하려고 했다. 그 건물 안에서 내 원고나 생각에 대해 미리 알고 있는 사람은 아무도 없었다. 강대상에 올라가기 몇 초 전, 린다 애버크롬비(Linda Abercrombie)가 내 팔꿈치를 툭툭 치더니 귓속말을 했다.

린다는 대단한 예언의 은사를 가지고 있으면서도, 쾌활하고 상냥할 뿐만 아니라 신선한 현실감까지 겸비한 균형잡힌 믿음의 사람이었다.

그녀가 하늘로부터 말씀을 들었다고 말했을 때 나는 그녀의 이야기에 귀를 기울이지 않을 수 없었다.

"제프, 당신의 오른손을 주시겠어요?"

그녀는 그날 내 설교의 주제가 무엇인지 전혀 몰랐기에 그런 이상한 요구의 의미에 대해 알 턱이 없었다. 나는 아무런 티도 내지 않고 왜 내 손을 잡으려 하느냐고 물었다.

"하나님이 목사님의 오른손에 기름을 부어주라고 방금 나에게 말씀하셨어요. 좀 이상해 보인다는 건 알지만, 아마 목사님은 이해할 거라고 생각해요."

이해할 수 있다고? 몇 분 후, 나는 일어서서 하나님의 사랑의 오른손에 대해 설교할 때 마치 기쁨과 인정의 천둥소리가 하늘로부터 들려오는 것만 같았다. 그날 밤 성령은 내 인생에서 가장 기억에 남을 만한 예배를 드렸던 그곳을 충만히 덮으셨다.

작은 영웅들이 세우는 하나님나라

　이것저것 생각하느라 정신이 없었던 기드온은 서서히 진실을 깨닫게 되었다.

　이 수상한 자에게는 뭔가 아주 특별한 것이 있었다. 그 사람을 정신나간 바보로 무시하려고 했던 것은 크게 잘못된 일이었다. 그의 목소리에는 권위가 흘렀고, 그의 미소는 어떤 확신을 내뿜고 있었다. 그에게는 엄청난 위엄이 느껴지는 동시에 어딘지 모르게 끌리는 면도 있었다.

　기드온은 이 사람 곁에 잠시 있었으면 좋겠다고 생각했다. 어쩌면 오래 전 조상들에게 나타났던 그 천사들의 이야기가 기억났을지도 모른다. 그 현기증 나는 이야기가 비로소 믿을 만한 진실로 다가오며 힘을 얻게 된 순간은 언제였을까? 이 낯선 자가 기드온이 미디안에게 도전할 때 반드시 함께하겠다고 약속한 때였을까?

　어떻게 그저 한 남자에 불과한 사람이 갑자기 기드온의 인생에 끼어들어 그와 함께하겠다고, 그것도 앞으로 계속해서 그 곁에 있겠다고 할 수 있을까? 방랑객과의 논쟁이 멈추자 그것은 기드온의 내면에서 더욱 격렬한 싸움으로 이어졌다.

　어쩌면 이 남자는 단순히 미친 사람에 불과할지도 몰라.

아니야, 선지자가 아닐까.

그것도 아니면 천사일까.

갑자기 기드온의 나약한 정신이 폭발할 것만 같았다. 정신이 멍했다.

어쩌면 그는 하나님과 이야기하고 있는지도 몰랐다.

기드온이 냉소적이었던 것은 자신감이 없었기 때문일 수도 있다. 그러나 그는 이제 수동적인 패배주의에서 벗어나 용감하게 적과 맞서 싸우라는 부르심을 받았다.

그가 가진 결점에 대해 쉽게 이야기할 수는 있으나, 하나님이 그를 부르셔서 맡기신 일을 생각할 때 그는 우리와 분명 다르다. 기드온은 그 나라에서 주요한 지도자로, 높은 사회적 지위를 가진 영웅으로 부르심을 받았다.

그러나 우리들 대부분은 그런 힘과 영향력을 행사할 요직에 오르기는 어려울 것이다.

나는 종종 대형 기독교 집회에서, 특별히 청년들과 관련된 곳에서 모두가 빌리 그래함과 같은 사람이 되거나 '목회' 혹은 '전임 기독교 사역'을 하는 것이 자기 인생을 가장 생산적으로 사는 방법이며, 그런 삶이 이른바 '가장 고귀한 소명'으로 부름받은 것이라는 인상을 받을 때면 마음이 불편해진다.

실제로 우리 주님은 따로 신학 훈련을 받으신 적이 없으며, 이름에 '목사'라는 칭호를 붙이지도 않으셨을 뿐 아니라, 전도 왕으로 집중 조명을 받는 일도 거의 없었다. 다만 얼굴 없는 수백만의 사람들을 통해 하나님나라를 건설하고 계셨다.

그들은 자신의 어두운 공동체에서 빛과 소금이 되기로 날마다 소리없이 작정하는 평범한 사람들이다. 그들이 매일 결단하는 선한 선택으로 인해 사탄의 제단은 힘없이 그리고 체계적으로 허물어진다. 신실한 보통 사람들이 행사한 온유한 영향력으로 인해 하나님나라는 인생을 변화시키는 능력으로 터져나온다.

미래는 강대상에 서 있는 세련된 사람들의 손에 달려 있지 않다. 인생 대부분을 설교단에서 보낸 한 사람으로서 하는 말이다. 나는 하나님의 성전(聖戰)에서 '최전선'에 선 사람은 아니다. 그저 하나님의 명령을 받은 한 사람으로 오늘도 병원 근로자, 가정주부, 기술자, 관리자, 교사, 비서 혹은 실직자들처럼 좀더 큰 도전을 받는 이들이나 지루하다고밖에 할 수 없는 평범한 직업인의 자리에서, 하나님에게 충성을 다할 진정한 영웅들을 돕고 섬기며 그들의 자원이 되어줄 특혜를 누리고 있을 뿐이다.

그들은 문화적인 타당성과 "현실 문화의 뺨을 때려라"라는 식의 급진적이고도 날카로운 제자도 사이의 높은 줄 위에서 발끝을 세운 채 가까스로 줄타기를 하며 살아가는 수천 명의 이땅의 무명씨들이다.

기드온에게 그 포도주 틀은 생존을 의미했으며, 그것은 아직 오지 않은 또 다른 슬픈 날을 위한 곡식이었다. 하지만 그는 좀더 의미있는 일을 위해 태어난 존재였다.

오늘날에도 그런 기드온과 같은 이들이 많이 있다. 그들은 필요한 것들을 사기 위해 직장에 가서 돈을 버는 다람쥐 쳇바퀴 도는 삶을 사는 데 하나밖에 없는 자신의 인생을 보내지 않을 것이다. 그들이야말로 보잘것없는 하찮은 삶을 버리고 생을 온몸으로 맞으며 풍성한 삶을 사는 진정한 '기드온'들이다. 어쩌면 당신도 그들 가운데 하나일 것이다.

그렇지 않다면 예전에는 그런 삶을 살았으나 이제는 어찌된 일인지 한 걸음 물러나 다시 생존의 쳇바퀴 같은 삶에 뒤쳐져 안주하고 있는지도 모르겠다.

당신을 기꺼이 믿으시는 하나님을 신뢰할 때 진정으로 생기 있는 삶을 발견할 수 있다. 당신의 현재 주소가 포도주 틀로 되어 있다면, 이제는 거기를 떠나 저 다른 곳으로 거처를 옮길 때가 되었다.

04 동반자로 부르시다

인도하시는 하나님보다 인도하심 자체에만 더 많은 관심을 가지게 된다면, 우리는 '신비주의'에 빠질 위험이 있다. 우리는 언제나 하나님의 인도하심을 원하고 하나님의 지도를 갈구한다. 미래를 생각하고 운명을 생각한다. 그렇게 우리는 하나님 그분 자체보다는 하나님의 뜻을 예배하는 우상 숭배에 빠질 수 있다. 기드온은 하나님이 있었기에 미래가 있었다. 모세는 그 원칙을 알고 있었기에 약속의 하나님이 자신들과 함께 가시지 않는다면 약속의 땅에 절대 들어갈 수 없다는 것을 분명히 인식하고 있었다. 모세는 축복을 주시는 분과 함께 하지 않는 축복은 생각할 수도 없는 것이었다.

> 유대인이란, 꿈을 설계하는 노고를
> 하나님과 함께하는 자다(랍비 헨셀, Rabbi Henshall).

당신의 다음 행보를 생각해보십시오, 천사여.

당신은 오브라 출신의 그 초조한 젊은이의 관심을 붙잡는 데 성공했습니다. 그의 눈은 마침내 열리기 시작했습니다. 그는 이제 당신의 존재를 확실히 알게 된 것 같습니다. 이제 막 생겨난 수정란 같은 작은 믿음이 그의 마음속에 자라기 시작했으며, 한 생명이 되기엔 불가능한 것처럼 보이는 연약한 수정란이지만 그것은 이제 생명을 잉태한 씨앗으로 커갈 겁니다. 당신의 충격적인 선언은 그의 마음 복판에 자리를 잡았습니다. 그는 잘 따라올 모양입니다. 이제 어떻게 하실 건가요, 주님.

아마도 그에게 정확한 지도 한 장과 상세한 설명서를 주셔야 할 것입니다. 그가 감당해야 할 사명을 각 단계마다 상세하게 적시한 일정표도 함께 주십시오. 난해한 전략을 쉽게 펼쳐 보여주십시오. 명령을 내리십시오. 기획서를 작성해주십시오. 대장다운 명쾌한 명령을 내리십시오. 말씀을 하십시오.

잠깐!

지금은 침묵으로 기도할 시간이다. 그 여리디 여린 남자는 하나님에게 한 가지 의견을 내놓는다.

"저에게 말씀하시는 분이 진정 하나님이시라는 것을 확인할 만한 증표가 필요합니다 … 제가 예물을 가져오겠습니다. 떠나지 마시고 잠깐만 기다려주시겠습니까?"

아마 천사는 미소를 지었을 것이다. 그러고는 이렇게 대답했을 것이다. "네가 돌아올 때까지 기다리겠노라."

서둘러 포도주 틀을 나가 집으로 내달리면서, 기드온의 머릿속에는 수만 가지 생각들이 춤을 추었을 것이다. 하지만 한 가지만은 분명했다. 그 남자, 천사 – 아니면 하나님? – 가 '기다리겠다'고 했다.

예물을 준비하려면 시간이 걸리겠지만, 얼마가 걸리든지 간에

4장 동반자로 부르시다

그 여행객은 자신이 한 말을 지킬 것이다. 그렇게 생각할 만한 이유는 전혀 없었지만, 아무튼 자신이 방금 만난 그 이가 자기 인생을 걸 만한 사람이라는 것만은 분명했다.

그리고 그 나무 그늘 아래서 하나님은 한두 시간 앉아 기다리셨다. 기드온을 위해. 그 황홀한 광경을 상상해보라. 다시 강조하지만 나는 하나님이 기다리셨다고 말했다. 기드온을 위해.

함께 일을 이루기 원하시는 하나님

조금 전까지만 해도 우울한 그늘로 덮여 있던 포도주 틀은 이제 빛나는 은혜로 온몸이 휘청거릴 정도다. 기드온은 그 손님에게 응답하고 싶었고, 그래서 그를 환영하기 위해 예물을 준비해 돌아오겠다고 요청한다. 하나님은 기드온의 제안을 수락하고 그가 서둘러 어린 염소를 잡고 신선한 빵을 구울 동안 충분히 기다려주신다.

잠시 후 기드온은 고기와 국을 담은 그릇과 신선한 빵을 팔에 끼고 돌아온다. 하나님은 약속대로 상수리나무 아래서 기다리고 계셨다. 하지만 기드온에게는 확신을 단단히 붙들어줄 무언가가 더 필요하다. 하나님은 이제 새로이 종으로 등재된 이에게 바위

위에 고기와 빵을 올려놓고 제사를 드리라고 명하신다.

하나님이 지팡이를 뻗어 빛을 쏘아 빵과 고기에 불을 붙이는 순간, 그 늙은 상수리나무는 순식간에 두려움의 장소로 변한다. 연기가 걷히자 기드온의 용기는 타버린 염소 고기와 함께 증발해 버린다. 그리고 하나님이 완전히 사라지셨다는 것을 깨닫는다. 갑자기 사라지신 바로 그분이 진정 하나님의 심판의 증표며, 자신이 살아계신 하나님과 대면했다는 사실을 알게 된 그는 겁에 질렸다.

죽음이 임박한 것처럼 보인다. 그러자 목소리 하나가 혼미해진 기드온에게 평화의 말을 부드럽게 전하며 그를 크게 안심시킨다. 기드온은 자신이 안심하게 된 것을 기념하여 '평화'라고 불리는 제단을 쌓는다. 하나님은 그때 기드온에게 아버지의 바알 제단을 도끼로 찍어버리고 그 자리에 하나님을 위한 제단을 다시 쌓으라고 말씀하신다. 그는 그렇게 하고 싶지만 두려움에 떨었다. 갑작스러운 명령 앞에 이제는 하나님을 두려워하기보다 자신들의 신전을 모독한 자를 그냥 두지 않을 그 이웃들을 더 두려워하고 있는 것이다.

기드온은 이제 또 다른 제안을 한다. 바알 제단을 훼파하기는 하되, 다른 사람들의 눈을 피해 어둠을 틈타 하려는 것이다. 하나님은 동의하신다. 이 문제는 나중에 좀더 자세히 검토해보기로 하고, 지금은 그 벌벌 떨던 기드온이 이제는 창조주의 손 안에 꽉 잡힌 하찮은 꼭두각시가 아니라는 점에 주목해보자. 그는 훨씬 더 존중받는 은혜의 자리로 나아가도록 초대받고 있다. 그는 하나님과 함께하는 동반자가 되도록 초대받고 있는 것이다.

♣♣♣

불행하게도, 하나님이 자기 백성의 동반자가 되기를 원하신다는 생각만으로도 기겁하는 그리스도인들이 있다. 그들의 신학은 초월적이며 심지어 다소 무관심하기도 하신, 저 멀리 계시는 하나님을 흑백 사진으로 보는 것이다.

그들에게 하나님은 '초월적이고 변함없으신' 우주 한가운데서 움직이지 않는 정적인 존재다. 이 하나님은 뛰거나 뛰어오르는 법이 없다. 그분의 발은 전혀 춤출 줄 모른다. 오히려 번쩍거리는 영원한 메달을 달고 있는 자신만만하되 경직된 장군에 가깝다. 그들의 하나님은 잠자리에 들기 전에 하루 동안 있었던 자녀들의 잘잘못을 철저하게 따지기 위해 서 있는 엄한 아버지의 모습을 하고 있는지도 모른다.

어쩌면 그 하나님은 불안해하는 추종자들로부터 추앙받는 절대적인 독재자일 수도 있다.

장군, 엄한 아버지, 독재자 하나님과는 그 어떤 경우에도 상호

작용의 가능성과 협상 따위의 여지는 전혀 없다. 그분을 만나면 우리는 벌떡 일어나 거수경례를 해야 한다. "충, 성!"

하지만 이처럼 하나님에 대해 왜곡된 개념을 갖고 있다면 그것은 아주 심각한 문제다. 웨스트민스터 신앙 고백은 "인간의 최대 목적은 하나님을 아는 것이며 영원히 그분을 즐거워하는 것"이라고 말한다. 독재자를 즐거워한다고? 엄한 아버지 앞에서 편안히 있으라고? 온몸과 온 영혼과 온 마음과 온 힘을 다해 네 독재자를 사랑하라고?

그런 하나님을 '사랑'하는 일이 불가능하다고 할 수는 없지만, 어려운 일임에는 틀림없다.

나도 그렇게 해본 경험이 있어서 잘 안다.

"하나님은 당신의 삶에 완벽한 계획을 갖고 계십니다." 흔히 접할 수 있는 이 말을 처음 들은 것은 그리스도인이 된 지 얼마 지나지 않아서였다. 하나님의 청사진이라는 말을 듣자 이 땅에서 사는 동안 제프리 리차드 루카스라는 존재에 대한 계획을 상세하게 그린 도면이 떠올랐다. 나는 목적과 운명이라는 개념에는 흥분되었지만, 청사진이란 개념은 그렇게 썩 내키지 않았다. 걱정스러웠던 것은 내가 실수를 하거나 잘못된 선택을 해서 그 계획안을 잃어버릴지도 모른다는 가능성이었다.

그러면 나는 차선책으로 겨우 그 계획의 언저리를 맴돌며 살게 될지도 모른다. 나는 내 인생에 대한 하나님의 뜻을 찾는 데 조바심이 났다. 정말 그 미묘한 계획대로 살고 싶었다. 그래서 그것을 찾는 일에 전념할 수밖에 없었다. 나는 동네 기독교 서점에 가서 '하나님의 뜻을 알기 위하여'라는 주제로 쓰인 책들은 모조리 사들였다. 그리고 내가 읽은 그 책이 실제로 나를 위한 하나님의 뜻이 되기를 간절히 기도했다. 하지만 책을 읽을수록 오히려 두려움과 걱정은 깊어만 갔다.

그것은 마치 30,000개의 조각으로 이루어진 퍼즐에서 200개나 300개 정도는 족히 되는 조각들을 잃어버렸을 때 느끼는 심정 같았다. 그 조각들은 나를 혼돈의 어둠 속에 남겨둔 채 기뻐하시는 하나님의 손에 들려 있는 것 같았다.

성경은 분명 그 퍼즐의 중요한 조각 중 하나였다. "하나님의 뜻이 무엇인지를 알고 싶다면 기도하고 성경을 펼치라. 하나님의 말씀 속에 하나님의 뜻이 있다. 간단하다." 듣기만 하면 정말 간단한 일이었다. 하지만 현실은 복잡하게 얽힌 악몽이었다. 나는 직접적으로 도움이 될 만한 구절을 찾고 있었다.

케이와 나는 막 교제를 시작한 상태였는데 - 그녀는 지금 나의 아내가 되었다 - 나는 그녀가 '그 계획 중에 들어 있는지' 정말 확실히 알고 싶었다. 성경을 펴라고 했지. 하나님은 우리의 기도가 어떤 것이든 그에 대해 말씀하실 거라고 했지. 나는 아무데나 성경을 펼치고는 손가락을 짚어가며 본문을 죽 읽어내려갔다. 불행히도 내 손가락은 잠언에 가 있었는데, 그 본문은 매춘부와의 만남을 무섭게 질타하는 대목이었다. 나는 겁에 질렸다!

그 다음에는 하나님의 절대적인 주권이라는 개념을 알고는 당황했다. 나는 우주라는 섬유에서 내 인생에 필연적으로 짜깁기된 한 사람으로부터 이런 이야기를 들었다. "누구도 그 무엇도 하나님의 주권적인 의지에 저항하거나 그 계획을 좌절시킬 수는 없다. 하나님의 뜻은 반드시 이루어질 것이다." 지극히 사소한 일에도 예외는 없다. 주사위를 던져라. 그래, 12가 되도록 6이 연속으로 나오는 일은 태초부터 운명지어진 것이다. 클루도 게임(가상 살인 사건의 범인·흉기·범행 장소 따위를 찾아내는 게임 - 역자 주)을 하라. 그리고 스칼렛 양이 서재에서 권총으로 비열한 짓을 저지르게 된 것은 하나님이 꾸미신 일임을 알라. 하나님은 분명 모든 일에 개입하신다. 또 다른 신학자의 말을 인용해보자.

"하나님의 관심과 결정의 범위 밖에 있는 것은 이 세상에 아무것도 없다." ■

무슨 옷을 입을지, 어디에서 쇼핑을 할 것인지, 무엇을 구매할 것인지, 그 가게에서 누구와 얘기하게 될지 등등 모든 일들은 하

■ Millard Erickson, *Christian Theology*, Baker Book House, 1998

나님의 예정 의지라고 불리는 것의 일부다.

우연이라고? 그런 것은 없다. 정해진 하나님의 시각에서 볼 때 우연히 이루어지는 일은 전혀 없다. 흔한 일화를 한번 옮겨보자. 열성적인 칼빈주의자는 계단에서 굴러 떨어져서 몸을 추스르고 잠시 한숨을 내쉰 후 이렇게 말한다. "주여, 제가 이 일을 당하게 해주신 것을 감사합니다." 어느 작가는 또 이렇게 말하기도 한다. "과거에 관한 하나님의 주권적 의지를 알고 싶으신가요? 그렇다면 무슨 일이 일어나더라도 하나님의 계획이라고 생각하세요"라고.

그런 말들은 던블레인(Dunblane)에서 그 순진무구한 아이들이 죽은 사건(1966년, 영국 웨일즈에서 석탄 갱도가 붕괴되어 애버판 마을을 덮치면서 144명이 사망한 사건으로 희생자 대부분이 어린 학생들이었다 – 역자 주)에 궁극적인 책임을 하나님에게 전가시키는 것이다. 그분의 '사랑'의 손이 그 무서운 산을 움직여 마침 모여 있던 학교를 삼키고 즉시 그 마을 어린이들의 맑은 노랫소리를 잠들게 했단 말인가? 홀리와 제시카의 살해 사건은? 9.11 사건은 … 그 모두가 '계획의 일부분'이었단 말인가?

그게 사실이라면, 내가 추구하는 하나님은 어떤 분이시란 말인가? 이런 질문이 아니더라도, 만약 하나님의 뜻이 반드시 관철될 것이 확실하다면 왜 굳이 번거롭게 하나님의 뜻을 찾으려 하는

가? 궁극적으로 주권자의 마스터플랜에 따라 일이 진행된다면 기도와 희생, 거룩함과 선교, 혹은 노력과 헌신을 필요로 하는 그 모든 것을 추구할 필요가 어디에 있단 말인가? 내가 하나님의 주권이라는 엄청난 주제에 너무 단순하게 접근해서, 칼빈주의에 속한 내 친구들이 당황할지도 모르겠다. 하지만 이것들은 내가 이제 막 그리스도인이 되었을 때 내렸던 결론이다.

상황은 더 나빠졌다. 나는 어디선가 하나님의 뜻을 아는 쉬운 방법은 내 마음에 평화가 있는지 살펴보는 것이라는 내용을 읽었다. 그 책이 주장하는 바에 따르면 이 평화는 마치 크리켓 시합의 심판과 같아서 모든 일에서 마지막 결정을 내리는 일을 맡는다. 이 가르침은 주로 바울이 골로새의 친구들에게 보내는 권면을 기초로 한다. "그리스도의 평강이 너희 마음을 주장하게 하라"(골 3:15).

여기에는 두 가지 문제점이 있었다. 먼저, 바울은 지역 교회 안에 있는 어떤 관계에 대해 골로새인들에게 편지를 썼다. 그의 권면은 개인적인 조언에 그치는 것이 결코 아니었다. 둘째, 내 인생에서 나의 주관적인 감정은 주심의 역할을 하고 있다는 것이다. 나는 곧 혼란에 빠졌다.

나는 이렇게 좀처럼 잡히지 않는 평화를 느끼고 싶었지만 '마법'의 평강은 내 속에 있지 않았고, 그로 인해 나는 더욱 초조해졌다. 나에게는 전혀 마음의 평화가 없었다!

그때 누군가가 "하나님은 당신을 위해 문을 열고 닫으신다"라는 말로 도움을 주려 했다. 나는 숙명론자는 아니었지만 그 말이 그럴듯하게 들리기는 했다. 하지만 하나님이 손잡이를 돌려 여실 문이 어느 것이란 말인가? 사탄이 속이는 문을 열어두거나 진정한 기회의 문을 닫아버린다면 어떻게 할 것인가? 또 문이 하나 이상 열리면 어느 문으로 들어가야 할까?

나는 혼자 앉아 이 모든 것들을 찬찬히 생각해보았다. 그런데 한 명석한 친구 - 전직 욥의 친구였을지도 모르는 - 가 이런 일들은 논리적이지 못하므로 이성과 논리라는 개념은 싹 잊어버리는 게 좋겠다고 충고해주었다. 그는 인간의 정신이 타락했으므로 "네 자신의 이해력에 기대지 말라"며 잠언의 말을 인용했다.

하지만 그의 말 자체가 잠언은 우리에게 지혜의 사람이 되라고 격려하는 책이라는 사실을 완전히 무시한 발언이었다. 잠언에는 지혜를 얻으라는 충고가 51번이나 나온다. 하지만 나는 지혜를 구하는 노력 대신 계시를 찾는 데만 몰두했다. 내 지성에는 안녕을 고했지만, 소리없는 두려움의 공황 상태는 지속되었다.

하지만 아직 최악은 아니었다. 나에게 거의 마지막 결정타를 날린 것은 선한 의도로 일러준 한 친구의 말이었다. "하나님의 뜻은 아마 네가 가기를 원치 않는 그 길일 거야. '육'이 원하지 않는 것이라면 무엇이든 그분의 계획일 거야." 나는 정확히 나의 어떤 부분이 '육'인지 알 수 없었다. 나는 아마 거의 100퍼센트 육일 것이라는 결론을 내리고, 내가 좋아하는 것은 모두 하나님이 좋아하지 않으실 것이라고 단정지었다. 내가 좋아하지 않는 것에 하나님은 관심을 가지고 계실 것이다.

이로 인해 케이와의 관계에 심각한 문제가 생겼다. 나는 그녀를 좋아했기에 만남을 이어가고 있었다. 그녀는 재미있고, 매력적이었으며, 늘 함께 있고 싶은 사람이었다. 그리고 그녀는 하나님을 정말 사랑했다. 그녀와 사랑에 빠진 것은 아닐까. 이런 생각이 들자 두려움이 소용돌이처럼 몰려왔다. 내가 좋아하는 것은 모두 하나님이 좋아하지 않으신다고 하지 않았던가. 그러므로 우리 관계는 아마도 잘못된 것임에 틀림없었다. 나는 그녀를 포기하고 누군가 덜 매력적이고, 덜 친근한 여인을 찾아야 했다. 내 얼굴에서 웃음이 걷히기만을 간절히 바라시는 것만 같은 하나님을 기쁘게 해드려야 했기에.

나는 수많은 예배에서 맨 앞자리에 앉아 울었다. 한번은 실제로 마음의 흥겨움은 거룩함과 양립할 수 없다고 느끼고는 내가 느끼는 행복감을 회개하기도 했다. 하나님은 구차한 작은 계획들을 꾸미는 데 온 시간을 쏟으시는 분이라는 왜곡된 관점을 키웠던 것이다. 지금 와서 돌아보면, 그리고 자녀를 둔 부모의 심정을 가지고 보면 내 사고가 얼마나 편협했는지 알 수 있다.

내 아들 리처드는 스포츠를 좋아한다. 그런데 크리스마스 선물로 농구 골대를 원하는 그 아이에게 아버지인 내가 그것 대신 머리를 손질하는 기구를 준비했다고 생각해보라. 단지 리처드가 나를 그래도 사랑하는지 보기 위해 그가 필요하거나 원하는 것이 아닌 다른 것을 주는 것이다!

아마 이쯤에서 공감의 표시로 고개를 끄덕이는 독자들이 꽤 많을 것이다. 당신도 아마 하나님의 뜻이라는 문제에 대해서만은 정신의 퓨즈가 나간 상태인지도 모른다. 이런 혼돈의 미로에서 빠져나올 수 있는 간명한 원칙은 없는 것인가? 포도주 틀에서 벌벌 떠는 그 영웅이 우리를 도와줄 것이다. 기드온은 하나님의 목적을 이루라는 부르심을 받았다. 그는 사명을 받은 사람이다. 그리고 그는 우리 모두를 위한 하나의 전형이 되어준다. 대부분 내가 아는 그리스도인들은 이 땅에서 이루실 하나님의 광대한 계획에 참여하고 싶어한다. 그러므로 그 포도주 틀을 살짝 엿보는 것이 도움이 될 것이다.

하나님의 뜻은 하나님 안에 있다

"큰 용사여 하나님이 너와 함께 계시도다."

이 말이 그저 듣기 좋으라고 하는 종교적인 인사말 그 이상이라는 것은 이미 살펴보았다. 이것은 기드온의 미래를 여는 열쇠와도 같은 말이다. 하나님은 기드온에게 어떤 지시문이나 방향을 일러주는 지도를 제공하지 않으신다. 하나님은 기드온에게 새로운 기드온을 주신다.

요즈음 나는 '하나님의 뜻을 찾지 말라'는 제목으로 책을 한 권 쓰고 싶어졌다. 이런 제목으로는 베스트셀러 반열에 오르기는 어려울 테지만, 사람들에게 어느 정도 조언을 해줄 수는 있을 것이다. 도무지 잡히지 않는 하나님의 뜻을 손에 넣기 위해 평생 동안 그 길고 긴 영적 사파리를 떠났던 선의의 그리스도인들을 부담스럽게 만들 제목임에는 틀림없다. 이 책은 인기가 없을지 모르지만, 성경적인 것만은 확실하다. 신약 혹은 성경을 통틀어 하나님의 '뜻'을 탐색하라는 권고는 별로 찾을 수 없기 때문이다. 그보다 거의 모든 페이지를 넘길 때마다 우리는 하나님을 열심히 갈망하며 구하라는 격려를 받는다.

인도하시는 하나님보다 인도하심 자체에만 더 많은 관심을 가지게 된다면, 우리는 '신비주의'에 빠질 위험이 있다. 우리는 언제나 하나님의 인도하심을 원하고 하나님의 지도를 갈구한다. 미래를 생각하고 운명을 생각한다. 그렇게 우리는 하나님 그분 자체보다는 하나님의 뜻을 예배하는 우상 숭배에 빠질 수 있다.

기드온은 하나님이 있었기에 미래가 있었다. 모세는 그 원칙을 알고 있었기에 약속의 하나님이 자신들과 함께 가시지 않는다면 약속의 땅에 절대 들어갈 수 없다는 것을 분명히 인식하고 있었다. 모세는 축복을 주시는 분과 함께하지 않는 축복은 생각할 수도 없는 것이었다.

'하나님의 뜻'이라고 부르는 비인격적인 것을 찾지 말고, 하나님을 사랑하고 하나님을 찾는 데 모든 에너지를 쏟으라. 성경은 자신을 하나님에게 드릴 때 그분의 뜻을 알게 될 것이라고 약속한다(롬 12:1-2). 기드온은 하나님에게 화려한 점심식사를 대접하기 위해 시간과 노력을 들였다. 곡식이 부족한 시기였지만 기드온은 10킬로그램이나 되는 빵을 구워 바쳤다! 그는 하늘에서 온 손님을 위해 환대의 붉은 카펫을 깔았다.

그를 본받자. 하나님을 사랑하는 조용한 시간을 찾는다면, 그 친밀함이 깊어지는 순간에 하나님은 당신을 그분의 목적을 이루도록 새롭게 만드실 것이다.

나처럼 예배를 드릴 때 시끄럽고 다채로우며, 깃발을 흔들고 발을 구르는 등 다양성을 추구하고 싶은 사람은 침묵과 수양의 가치를 재발견할 필요가 있다. 하나님을 사랑하기 위한 시간을 가지면서 우리는 우리 삶을 향한 하나님의 주요하고도 우선적인 뜻을 이루게 된다. 토마스 켈리(Tomas Kelly)■는 이렇게 쓰고 있다. "하나님은 결코 불타는 쟁탈전으로 우리를 인도하시지 않는다." 그런 친밀감이 없다면 우리는 결국 '맥도날드 같은 영성', 즉 이쪽 대형 집회에서 저쪽 대형 집회로 옮겨다니는 팝콘 같은 경건함과 시끄럽기만 한 피상적인 믿음에 머물 뿐이다.

우리는 좋은 음악, 멋진 설교, 군중들의 환호에 의지하지만, 그것만으로는 오직 고독만이 가져다주는 평화, 훈련의 열매인 질서, 침묵이 낳은 평정심은 절대로 알 수가 없다.

기드온이 무엇이 정말 중요한가를 포도주 틀에서 발견했기 때문에 하나님은 그 포도주 틀에서 그를 기다리셨다. 그의 마음에 얽혀 있던 우선순위들은 그 포도주 틀에서의 시간 동안 술술 풀렸다. 우리도 그와 같은 일이 필요하다.

고든 달(Gordon Dahl)은 이렇게 말한다. "우리는 우리의 일을 예배하는 경향이 있다. 놀면서 일하고 예배하면서 논다. 우리의 관계는 우리가 그 관계를 회복하기 위해 들이는 시간보다 더 빨리 해체되어버리며, 우리 삶의 태도는 줄거리에 매인 이야기 속

■ Tomas Kelly, 북미 퀘이커 교도

인물들의 모습을 닮아 있다."

하지만 잃어버린 세상이 그대로 있는 한, 하나님에게 집중하는 시간을 갖기 위해 앉아 있는 때를 제외하고는, 우리는 하나님을 사랑하는 자이며 동시에 종으로 부름받았다는 사실을 기억해야 한다. 그리스도에게 갈 때, 우리는 우정과 임무라는 두 가지 소명을 가진 관계를 시작한 것이다. 하나님은 기드온을 만났고, 그런 만남 가운데 기드온에게 임무를 주셨다.

그것이 바로 하나님이 우리 모두와 일하시는 방식이다. 예수님은 제자들에게 자신을 따르라(우정)고 초대하면서 그들을 사람을 낚는 어부(임무)로 만들겠다고 약속하신다. 하나님은 자신을 여호수아에게 드러내며(우정) 그에게 일어나 요단 강을 건너라(임무)고 명령하신다. 그리고 그런 일은 기드온에게도 일어났다. "큰 용사여, 여호와가 너와 함께 계시다(우정)". 그러니 "너는 가서 너의 힘으로 이스라엘을 미디안의 손에서 구원하라(임무)".

믿음에서 이 두 가지 요소가 조화를 이루지 못할 때 그리스도인의 삶은 꼬이기 시작한다. 찬송으로 경배를 드리고 성경을 즐겨 읽지만 선교나 공동체에서 필요한 일을 하기 위해 수고하기를 꺼리는 우정 중심의 그리스도인은, 마음에 하나님을 위한 사명이 없기 때문에 예배는 공허한 수식어가 되고 만다. 반면 임무 중심으로 살아가는 그리스도인은 하나님을 위한 여러 가지 일들로 정신없이 바쁘기는 하지만, 그들의 행위는 하나님 중심으로 돌아가는 내적 생활의 지지를 받지 못하기 때문에 곧 무너지고 낙담하게 된다.

그러므로 기드온은 먼저 하나님에게 부르심을 받았으며, 그 다음에 전략가이신 하나님의 목적에 부르심을 받았다. 하나님은 자신이 어디로 가고 있는지 알고 계시며, 우리가 하나님과 함께 여행하기를 원하신다.

고대인들은 이런 말을 남겼다. "하나님을 사랑하면 당신이 좋아하는 일을 하라." 그냥 얼핏 보기에 이 말은 죄에 대한 면죄부를 주는 것처럼 들린다. 하지만 그 안에 담긴 지혜를 생각해보라. 만약 우리가 '진정으로' 하나님을 사랑한다면, 우리 마음은 하나님을 기쁘시게 해드리는 일에 집중될 것이다. 하나님의 소망이 우리의 소망이 될 것이며, 하나님의 성품과 덕은 우리 안에서 형성될 것이다.

당신은 지시와 인도하심을 찾고 있는가? 그 보물찾기를 이제 그만 끝내라. 보물이 있는 장소를 표시해둔 'x' 자를 찾으려는 욕망을 버리라. 이제 그저 행진 명령을 내리기보다는 살아서 우리와 함께 호흡하는 사랑 많으신 하나님, 기꺼이 우리와 동행하기를 원하시는 하나님을 찾으라.

말씀 속에 이미 답을 주셨다

천사는 복된 소식을 전했다. 하나님이 당신과 함께하신다. 기드온은 그 소식에 대해 "하지만 만약 여호와가 우리와 함께 계시다면 왜 이 모든 일이 일어났나요?"라며 다소 격정적인 질문을 던졌다. 얼핏 봐서 그 질문은 매우 합리적인 것처럼 보인다. 하지만 하나님은 이미 거기에 대한 답을 주셨다는 사실을 기억하라.

오늘날은 많이 경시되기는 하지만, 하나님은 맹약에 가까운 언약을 해주셨다. "여호와께 순종하라, 그리하면 너희를 축복하리라." "여호와를 버리면 너희에게서 보호하는 손을 거두리라." 원인과 결과의 율법은 명쾌하고 단순하게 시행된다. 두루마기에 쓰인 그 율법은 아주 오래 전에 잊혀진, 땅 속 어딘가에 묻혀 있는 고대의 법령이 아니다.

하나님의 영은 그 원칙을 되풀이하기 위해 무명의 선지자 기드온에게 영감을 주셨다. 기드온은 하나님이 거듭 말씀해주셨던 그것을 다시 묻고 있었던 것이다. 그래서 하나님은 가장 합리적인 방법으로 대응하셨다. 그 질문을 깨끗이 무시하셨던 것이다.

기드온이 바보처럼 생각된다면, 우리 같은 평범한 그리스도인들도 그런 일을 수시로 저지르고 있다는 것을 기억하라. 성경은 광대하신 하나님의 도덕적인 의지를 계시하기 위해 우리에게 주어졌다. 레위기에 손을 올리고 기도를 한다고 해서 휴가에 어디로 가야 할지 떠오른다거나 호세아서를 읽으면서 장래 배우자의 이름을 알게 되는 일은 없다. 비록 어떤 이들은 그런 방법을 쓰기도 하지만. 그러나 성경이 말하고 있는 하나님의 명령은 절대로 변하지 않으며 우리는 그것을 위반해서는 안 된다.

성경은 특정한 문제들에 대해 매우 분명한 입장을 취하고 있다. 수천 가지 중에서 몇 가지 예를 들자면, 남을 속이거나 남의 험담을 하거나 의도적으로 다른 사람에게 상처를 입히거나 성적으로 부정한 짓을 하거나 하나님을 모독하는 일 등은 절대로 하나님의 뜻이 아니다. 분명히 말하지만 하나님의 뜻은 하나님의 말씀 안에 들어 있다.

이것이 바로 우리가 성경의 원칙에 따라 사고해야 하는 중대한 이유다. 그리스도인이 된 지 얼마 되지 않았을 때 매일 성경을 읽고 기도하라는 이야기를 들었지만, 이런 학습 방법이 왜 그렇게 중요한지는 정확히 알지 못했다. 경건의 시간은 가톨릭의 묵주기도 같은, 단지 복음주의의 한 방식처럼 보였다. 내가 그런 의식을 매일 행한다면 하나님이 기뻐하실 것은 분명했고, 가능하면 아침 일찍 행하는 것이 하나님에게 더 큰 기쁨이 될 거라고 생각했다.

하지만 그 안에는 아주 위대한 실제적인 지혜가 숨어 있었다. 성경 연구는 우리의 마음에 영양을 공급하는 핵심으로 다른 무엇으로도 대체할 수 없다. 상대주의와 다원주의, 그리고 수많은 다른 '주의'들 속에 던져져 있는 우리는 우리 삶과 정신을 하나님의 진리 앞으로 가져가는 일이 반드시 필요하다.

하나님의 숨결이 살아 있는 성경은 또한 우리에게 하나님의 마음에 참여하는 기회와, 그분의 숨소리를 듣고 그분의 영원한 지혜를 숙고할 기회를 만들어준다. 우리 삶에서 성경이 차지하는 역할이 미미하다면, 이미 답이 나와 있는 질문을 다시 하는 미련한 상황에 이르게 될 것이다.

종의 제안을 들으시는 하나님

포도주 틀 사건을 통해 우리는 다양한 방법으로 뜻을 펼치시는 하나님을 발견한다. 때로 그분은 기드온에게 몸을 일으켜 이스라엘을 위해 구원자가 되라고 하신 것처럼 엄청난 명령을 단박에 내리기도 하신다. 성경은 하나님이 당신의 백성에게 타협의 여지가 전혀 없는 명령을 내리시는 비슷한 사례들로 가득하다.

바울은 예언적인 꿈을 꾸고 마게도니아로 가라는 명령을 성령으로부터 받았다. 모세는 불타는 떨기나무 덤불에서 나오는 목소리에 순종했다. 하나님을 따르는 자는 명령을 받는 위치에 있으며, 하나님이신 그분은 언제든 요구하거나 명령하실 수 있다. 하지만 그것이 그저 하나님의 뜻을 관철하기 위해 사용하는 수단이라고 생각한다면 그것은 크게 잘못되었다. 때로 하나님은 하나님의 종이 제안하게 하시기도 한다.

제물로 음식을 준비하겠다는 것은 기드온의 생각이었다. 그것은 자신이 믿는 바를 확인하고 싶다는 표시였다. 보잘것없는 백성이 제안하는 것을 받으시는 놀라운 우주의 하나님의 모습은 포도주 틀 사건에만 국한된 경우는 아니다.

모세는 하나님이 함께하신다는 말을 들었던 사람이다. 그는 기도하면서 하나님에게 제안을 하는 특권을 누렸다. 모세가 높은 산 위에 올라가 하나님의 명령을 듣고 있던 그 시간, 산 아래서 장막을 치고 있던 이스라엘 백성들은 치장했던 보석을 녹여 만든 황금 소를 예배하기에 이른다. 산에서 달려 내려오던 모세의 귓가에는 하나님의 심판의 말들이 쟁쟁했다.

하나님은 그 백성들을 죽이기로 하셨다. 심약한 목자 모세는 하나님에게 울부짖으며 그와 같은 사형 선고를 거두어달라고 제안한다. 모세는 기도하면서 다소 범상치 않은 논리를 구사한다. 하나님이 사람을 죽이신다는 것은 그다지 좋게 보이지 않는다는 것이다! 그후 믿을 수 없는 일이 벌어진다.

하나님은 그 용감한 모세의 제안에 동의하셨다! 종의 제안에

4장 동반자로 부르시다

관심을 가지시는 하나님의 모습을 일부 주석 작가들은 도저히 이해할 수 없다고 말한다. 한 작가는 하나님이 모세에게 백성들을 죽이겠다고 말씀하시긴 했지만, 그건 진심이 아니었다고 말한다. 하나님이 그렇게 말씀하신 이유는 모세로 하여금 하나님이 예정하신 뜻에 따라 기도하도록 만들기 위해서였으며, 처음에 계획했던 대로 그 일을 행하는 데 필요한 반응을 유도하기 위해서였다고 말하기도 한다.

그렇지만 그것은 억지로 짜낸 생각에 불과하며 최악의 경우, 하나님이 모세에게 거짓말을 하셨다는 말이 된다. 하지만 프레드런(Frethren)이 지적한 것처럼 "하나님은 하나님의 의도에 일정 부분 기여할 수 있도록 모세를 초청하셨다. 하나님은 변화에 개방적인 분이시다." 하나님은 일방적으로 지시하시기도 하지만, 그 백성에게 귀를 기울이며 그에 따라 하나님의 계획을 조정하실 의향이 있다고 생각하는 것이 훨씬 더 간단하며 흥미롭지 않은가? 분명 모세와 기드온은 그런 하나님을 경험했다.

하나님이 오류투성이인 타락한 인간들과 우주를 다스리는 작업을 함께하신다는 것이 위험하고 걱정스러운가? 그렇다면 다시 생각해보라. 하나님은 인간들이 완전한 상태로 회복될 그 어느 날, 그런 일을 하기로 작정하셨다. 그렇다면 지금부터 그 역할 훈련을 시작하는 것이 과연 불합리한 일인가?

포도주 틀 사건에서는 협상도 있었다. 하나님은 기드온이 타락한 바알 제단을 무너뜨리기를 원하셨고, 기드온은 어둠을 틈타 그 일을 하기로 한다. "괜찮겠습니까, 하나님?" 하나님은 긍정적인 답을 주신다.

이야기는 계속된다. 하나님은 말씀하고 명령하시는 반면, 기드온은 서둘러 거기에 말없이 순종하기만 하는 그런 독백이 이어지지 않았다. 우리는 하나님과 기드온이 상호작용하면서 대화하고, 협상하는 놀라운 장면을 목격하게 된다. 그 관계에서 하나님이 단연 우위에 선 동반자이자 권위를 가지신 존재임에는 틀림없다.

하지만 어느 작가의 말처럼 하나님은 형이상학적인 빙산이거나, 정적이며 고정된 틀에 박힌 '스스로 존재하는 자'가 아니다. 포도주 틀에서 만난 그 하나님을 생각하면, 탄탄하게 균형잡힌 몸으로 무대 위를 날아다니는 발레리나를 떠올리게 된다. 하나님은 그렇게 역사의 전면에서 활동하고 계신다. 성경, 그것도 구체적으로는 기드온 이야기에서 드러나신 하나님은 도저히 근접할 수 없거나 가까이 할 수 없는 분이 아니며, "너는 군말 말고 오직 내 말만 들으라"고 말씀하시는 하나님도 아니다.

그보다 하나님은 파티에서 꿔다놓은 보릿자루처럼 어색하게 외따로 있는 기드온에게 먼저 손을 내밀며 "나와 춤추겠느냐?"라고 말을 걸어 부드럽게 무대 복판을 향해 스텝을 밟아 나아가시는 분이다. 두려움 속에서 흔들리는 기드온에게 그의 인생이 하나님의 목적 안에 있다는 것을 알게 하셨을 때, 그를 가두고 있던 포도주 틀은 영광의 빛으로 가득 찼다.

생각해보라. 하나님은 기드온의 믿음에 하나님의 명예를 걸고 계신 것이 아닌가. 우리가 하나님의 동반자가 될 때, 그것은 얼마나 가슴 떨리는 기쁨의 영광인가. 이는 교회의 위엄 있는 교리 속으로 우리를 이끄는 영광이다. 그러한 생각은 우리를 완전히 흥분하게 만들지만, 한편으로는 책임감에 떨게 하기도 한다. 우리가 하나님의 꼭두각시 이상이라면, 아니 더 나아가 그분의 동반자라면, 하나님이 현재 하고 계신 일과 장래에 하실 일은 상당 부분 우리의 반응과 의지에 따라 달라진다. 그리고 이제 하나님의 뜻은 더 이상 미리 확정된 청사진이 아니라, 하나님과 우리 사이에 일어나는 상호작용의 결과이자 모험이 되는 것이다.

도날드 베일리(Donald Baillie)는 우리 인생을 "커다란 원을 만들고 거기서 함께 게임을 하자고 부르시는 하나님의 이야기"라고 묘사하면서, 춤을 추는 게임에 인생을 비유하기도 했다. 그 게임에서 못하겠다고 나가버린다면, 우리에게 남는 건 좌절뿐이다.

그 원 안에서 우리는 중심에 서 계신 빛이신 하나님('태양과 다른 별들을 움직이시는 사랑의 존재')을 바라보며 서로의 손을 사랑스럽게 잡고 서 있어야 한다. 중심 되신 사랑의 빛 안에서 둥그렇게 원을 만들고 있는 동료 피조물들을 바라보며, 그들과 함께 모든 사람들에게 통하는 사랑의 리듬을 타고 하나님의 위대한 게임인 춤을 추어야 한다. 그런데 우리는 그것을 마다하고 서로 등을 돌려 다른 방향을 쳐다보기 때문에 중심 되신 그 빛도, 원을 둘러 서 있는 이들의 얼굴도 보지 못한다. 실로 그런 위치라면 동료의 손을 잡는 것조차 힘들다. 그래서 우리를 초청하신 하나님의 게임을 하지 않고, 각각 자신만의 이기적이고 보잘것없는 게임에 몰두한다 … 우리 각자가 중심을 바라보고 서야 하는데, 거기에는 앞을 보지 못하는 혼란과 하나님이나 이웃을 진정으로 알지 못하는 무지만 있을 뿐이다. 그것은 아주 잘못된 일이다. ■

하나님과 함께 춤추라. 유쾌하고 위대한 하나님의 게임에 자신을 던지라. 그것이야말로 우리의 운명이다.

기드온 이야기에서 잠깐 다른 이야기를 하는 것에 대해 독자들의 양해를 구하고 싶다. 이쯤에서 하나님이 우리와 동반자 관계,

---

■ Donald Baillie, *God was in Christ*, Charles Scribners and Sons, 1949

즉 명령과 제안과 협상이 어우러진 동반자 관계를 원하신다는 것을 깨닫게 되었던 내 이야기를 하나 나누고 싶다.

25년 전, 신혼여행 이틀 째 되던 날이었다. 아내와 나는 치체스터의 웨스트 서섹스 시의 외곽에서 머물고 있었다. 그곳에는 우리 할머니 소유의 집이 한 채 있었다. 그때 우리는 행복했고 또 그만큼은 가난하기도 했다. 목사인 내 월급으로는 남들 같은 여유있는 신혼여행은 생각도 할 수 없는 것이어서, 우리는 그저 할머니 집을 빌리는 것만으로도 감사했다.

주일 아침 우리는 치체스터로 운전을 하고 가다가 교차로를 건너기 위해 멈춰 섰다. 교통 신호가 바뀌길 기다리면서 나는 아내에게 얼굴을 돌리며 말했다. "케이, 만약 하나님에게 한 가지 부탁을 할 수 있다면 나는 이 나라와 전 세계에서 설교하며 가르치는 사역을 할 수 있도록, 그리고 이 치체스터 시에서 그 사역의 기반을 삼을 수 있도록 간구하고 싶어."

그 당시 그곳에는 친척은 고사하고 아는 사람 하나 없었으며, 국제적인 사역이라고 하자면 미드랜즈에서 몇 명 모이지 않는 가정 예배를 인도하는 정도였다. 나는 이제 막 모이기 시작한 신실한 약 25명 정도의 회중들에게 설교를 하고 있었지만, 그들은 내가 신학교를 다니는 동안 설교하는 방법을 익히기 위해 실습할 수 있도록 허락해준 친절한 회중들이었으며, 그 외에 다른 교회에서 대중 설교를 해본 경험은 전혀 없었다.

　25년이 지난 지금 우리는 남부 오레곤에서 5년 동안 살았던 때를 제외하고는 치체스터 시에 줄곧 집을 가지고 있으며, 케이와 나는 당시 그 신호등 앞에 멈춰 꿈을 꾸던 때에는 존재하지도 않았던 계시 교회(Revelation Church)의 교인이다. 그 신호등이 빨간불이었을 때 무슨 일이 있었던 것일까?

　나는 수년 동안 하나님이 조용히 내 마음속에 그 생각을 흘려 넣고 그 소원의 씨앗을 심으셨으며, 이는 처음부터 하나님에게서 나온 생각으로 주도적으로 시작하신 그 소망이 이루어지는 것을 그분이 기뻐하신다고 생각했다. 하지만 최근까지도 그 생각이 하나님에게서 시작된 것이 아니라 나에게서 시작된 것일 수도 있다는 사실을 전혀 생각하지도 못했다. 하나님이 꿈을 얘기하던 내 말을 들으시고 그것을 현실로 이루겠다고 작정하시는 경우도 있지 않을까.

　요즘 나는 그 어느 때보다 하나님의 뜻 안에서 사는 일에 흥분되어 있다. 어떤 일을 잘할 수 있는 능력이 언제나 내게 있다는 믿음은 그다지 없다. 오히려 그 반대가 사실에 가깝다. 하지만 나는 하나님이 나와 우정을 나누고 동반자 관계를 갖기를 간절히 원하신다고 믿는다. 하나님의 명령으로 받아야 할 때도 있지만, 또 어떤 때에는 그 위대한 무용수와 한 바닥을 빙 돌며 제안과 협상을 할 여지가 있을 때도 있다.

    나는 사울의 손자이자 요나단의 아들인 므비보셋과 비슷하다고 느낄 때가 많다. 그는 장애를 안고 있었지만, 다윗은 그를 친애하여 상석에 앉혔다. 나는 내 자신의 춤 실력에는 별 자신이 없다. 하지만 내 파트너는 천재적인 춤꾼이라는 사실을 아주 잘 알고 있다.

붉은 색으로 표기된 기억할 순간

    기드온은 준비한 제물을 내려놓았다. 남자는 기드온을 위해 '기다리고 있었다'. 값비싼 음식과 요리를 서둘러 준비한 노력은 수포로 돌아가지 않았다. 요리를 하면서 기드온은 자신이 증표를 요청했다는 사실을 아마도 잊었던 것 같다. 그는 그저 이분, 이 하나님을 경배해야 한다고 생각했을 뿐이다.

    그러나 천사로 오신 하나님은 그 요청을 잊지 않으셨다. 우리가 요청을 하고 답변을 받는 사이 시간은 흘러가겠지만, 우리 하나님은 그런 요청을 잊거나 무시하시는 법이 없으시다.

    "그 국을 땅에 부어라. 그리고 그 빵과 고기는 저기 그 바위에 올려놓아라."

국을 버리라고? 뭐가 잘못된 거지? 이 낯선 이는 내가 준비한 음식들이 마음에 들지 않은 건가? 머릿속으로는 온갖 생각들이 떠올랐지만, 기드온은 그가 말한 대로 매끄럽고 평평한 돌 제단 위에 제물을 올렸다.

천사는 축복하고 확인하며 위로해주었으나 음식을 입에 대지는 않았다. 차가운 바위에 천사의 지팡이 끝이 닿자마자 하얗고 뜨거운 열기가 치솟았다. 염소 고기와 빵은 순식간에 연기가 되어 올라갔다.

그리고 기드온은 깜짝 놀라서 후다닥 뒤로 물러섰으리라. 그는 소리를 질렀다. 연기가 걷히자 불에 탄 고기와 빵 냄새가 진동했지만, 그 낯선 이는 제물들과 함께 사라지고 없었다.

♣♣♣

왜 이런 화염 의식이 필요했을까? 기드온이 자아를 죽이고 애써서 만든 이 음식들은 왜 불타버린 것일까? 왜 그 손님은 오래전 아브라함을 찾아왔던 천사들(창 18:8)이 그랬던 것처럼, 자신 앞에 차려진 음식에 손도 대지 않았을까?

그 음식은 처음부터 먹을 음식이 아니었다. 오래오래 기억될 일이 그곳에서 벌어지고 있었던 것이다. 하나님은 기드온이 절대로 잊을 수 없는 한 순간을 주셨다. 그의 인생에 붉은 색으로 표시할 날짜를 주셨다. 어떤 어려움이 닥치더라도 힘을 공급해줄 특별한 순간을 주신 것이다. 음식 자체도 가치로 따지면 잊을 수 없는 것이다. 그 기근의 때에 기드온이 준비한 음식들은 상당히 호사스러운 음식들이었다.

이제는 지극한 환대를 베풀었던 기드온을 생각해볼 시간이다. 그는 맏아들에게 '풍성함'이라는 의미를 담아 '여델(Jether)'이라는 이름을 지어준 사람이다. 축하하기를 좋아하며 손님 접대를 기쁨으로 여기는 그는 그 어느 때보다 극심한 기근의 때를 보내고 있었다. 그럼에도 불구하고 그는 풍성한 제물을 드렸다. 키우는 염소 수를 셀 때마다, 얼마 안 되는 곡식을 저장할 때마다 기드온은 이 사건을 기억하게 될 것이다.

돌에서 갑자기 솟아오른 불 또한 기드온의 기억에 깊이 기억될 것이다. 누구나 대접받은 음식을 먹을 수 있다. 그러나 한 순간에 음식을 소각시켜버릴 수 있는 그 사람은 특별한 손님이었다.

바위에는 음식이 있었던 흔적만 남아 있었다. 한 저명한 주석가는 이 일을 이렇게 적고 있다.

그 포도주 틀의 바위에는 불탄 흔적으로 검은 얼룩이 남아 있었을 것이다. 그리고 건조한 추수기가 여러 번 지나갈 때까지 그 얼룩은 그대로 남았을 것이다. 하나님이 자신을 진정으로 부르신 것인지 재확인하고 싶을 때마다 기드온은 그 바위에 들렀을 것이다. 검게 그을린 얼룩은 기드온에게 세상에서 가장 고귀한 표시가 되었을 것이다. 기적과 낙담, 적대적인 시기를 경험할 때 하나의 증표가 되었을 것이다. ■

순식간에 솟아오른 화염은 평범하기 그지없던 하루를 기드온 인생에 일대 전환을 가져온 특별한 날로 바꾸었다. 하나님이 이루신 그 일로 인해 모든 것이 변했고, 달력에 붉은 표시를 해두어야 할 만한 기념일이 되었다.

누구나 이런저런 일로 자기만의 기념일이 생기지만, 모든 사람이 천사의 방문을 받거나 바위에서 솟아오른 불을 만난 기념일을 가지는 것은 아니다. 그리스도를 알고 그리스도와 동행하게 된 결단의 날, 절망에서 일어선 날, 계시를 받은 날 등 오늘의 우리를 있게 만든 특별한 날들이 있다.

그리고 때로 우리의 믿음이 정말 약해진 순간, 하나님은 바위 위에 불을 댕기기로 결심하신다.

내게도 붉은 색으로 표시할 만한 날이 있다. 그리스도인이 된 지 22일째 되던 날이었다. 열일곱 살이던 나의 회심은 급작스럽

■ Prof. Leon Wood, *Distressing Days of the Judges*, Abingdon, p. 207

고 극적이었다. 신약과 구약의 차이가 무엇인지, 성경책 뒤에 붙어 있는 지도가 무엇인지 전혀 몰랐지만, 나는 놀라운 하나님의 사랑의 메시지에 완전히 사로잡혀 있었다. 예수님의 제자가 되기로 작정한 지 얼마 되지 않아 마음속에는 어떤 팽팽한 줄다리기가 진행되고 있었다.

설교자가 되어 크리스천 지도자가 되겠다는 내적 부르심이 그것이었다. 친한 교회 친구에게 사라지지 않는 이 희미한 운명의 느낌에 대해 말하자, 현명한 내 친구는 하나님이 그분의 시간에 응답해주시도록 기다리며 기도하라고 조언해주었다.

며칠 후, 우리는 청년 주말 캠프에 참석했다.

존 바르(John Barr)라는 사람이 주말 강사로 오기로 되어 있었다. 우리와 같은 교단에 속한 다른 교회를 담당하고 있던 존은 우리에게는 낯선 사람이었다. 첫날밤, 그는 상당히 충격적인 발언을 했다. 자신을 소개하는 자리에서 그는 이렇게 말했다.

"오늘 오후 이곳으로 차를 타고 오는데, 하나님이 세 명의 젊은이를 하나님의 사역으로 부르셨다고 말씀하셨습니다. 하나님은 그 세 사람의 성과 이름까지 알려주셨습니다. 하나님이 이미 그들에게도 말씀하셨을 거라 생각합니다. 이렇게 말씀드리는 것은 그분들이 들었을 말씀에 대한 확인입니다. 주말 동안 이 이야기를 더 할 기회가 있을 겁니다."

그가 한 말은 너무나 인상적이었다. 그리고 과연 누구에게 한 말인지 궁금해졌다. 방을 둘러보았다. '저기 저 사람은 성경을 아주 잘 알고 있는 사람이지. 그렇다면 저 사람? 아니 어쩌면 저기 저 여자일지도 몰라. 아주 현명하고 성숙한 그리스도인이라는 평판이 자자한 사람이잖아.' 내 안에서 계속되는 내면의 소리가 있었음에도 불구하고 나는 그 낯선 강사가 '나'에게 그 이야기를 하고 있다고는 꿈에도 생각지 못했다.

하루쯤 지난 후, 우리는 다시 캠프가 열리고 있는 멋진 서재에 모였다. 성령 충만한 예배를 드리던 중 나는 이상한 기분이 들기 시작했다. 마치 무언가가 나를 힘있게 누르는 것만 같았다. 그러자 혀가 움직이며 뭔가 말하고 싶은 강한 열망이 들었다. 교회에서 다른 사람이 하는 것을 본 적은 있지만, 나 자신은 한 번도 해본 적이 없는 것이었다. 그냥 말하고 싶은 정도가 아니라 아주 큰 소리로 부르짖고 싶었다. 마치 어떤 메시지가 나에게 오는 것만 같았다.

예배를 이끌던 존 바르는 자리에서 일어서며 이렇게 말했다. "여기 누군가가 성령을 받았군요. 하나님이 당신에게 방언으로 메시지를 주고 싶어하십니다. 두려워하지 말고 성령이 이끄시는 대로 말해보세요."

섬뜩했다. 그는 분명히 모든 것을 알고 있는 것만 같았다. 하지만 나는 너무 무서워서 아무 말도 하지 못했다. 잠시 후, 그 이상한 감정이 사라졌다. 모임이 끝나고 나는 큰 죄책감을 느꼈다. 하나님을 실망시켜드린 것 같아 마음이 무거웠다. '그 요청에 응했어야 했어.'

나는 존 바르에게 가서 나 자신을 소개하는 것도 잊은 채 대뜸 나의 고집스러움을 회개하고 싶다는 말부터 꺼냈다. 내가 새신자라는 것을 알고 있었던 존은 나를 격려해주었다. 감사의 인사를 한 다음, 나는 뒤돌아 나오려고 했다. 그때였다. 존은 내 어깨를 툭 치더니, 생동감 넘치는 목소리로 말했다. "자네 이름이 제프 루카스 아닌가?"

그 순간, 나는 내 이름도 생각나지 않았다. 하지만 곧 "아, 네, 제 이름이 제프 루카스예요. 맞아요"라고 가까스로 말했다. 존은 미소를 지으며 말을 이었다. "하나님은 자네를 사역자로 부르고 계시지 않는가? 제프." 나는 다시 더듬거렸다. "아, 네 … 그러신 것 같아요." 그가 다시 부드러운 미소를 머금고 말했다. "그렇다면 잘해보게."

그 말만 남기고 그는 저쪽으로 사라졌다. 그후 존은 여러 곳에서 우리의 만남에 대해 이야기했다. 그는 전에 나를 만난 적도, 내 이름을 들은 적도 없었지만 하나님은 그에게 말씀하셨던 것이다. 존을 만나고 나는 곧장 방에 돌아와 침대에 몸을 던졌다. 하나님이 나를 알고 계시며 나에게 말씀하셨다는 사실에 더없이 흥분되었지만, 한편으로는 겁이 나고 놀라움을 감추지 못해 어쩔 줄을 몰랐다. 그후 몇 년 뒤 나는 아내 케이와 함께 우리의 첫 교회를 세웠다.

이런 다소 극적인 경험이 부럽다거나 내가 분명한 소명을 가지고 기름부음 받았다는 것이 확실하다고 생각한다면, 하나님이 나에게 전격적으로 다가오셨다고 믿는 이유를 들어보라. 그것은 하나님이 나의 깊은 두려움과 불안을 알고 계셨기 때문이며, 그래서 내 속에서 벌어지고 있는 씨름을 단번에 잘라내기 위해 천국에서 그렇게 큰 소리로 나를 부르셨던 것이다.

아마 기드온은 그 오래된 포도주 틀로 다시 돌아왔을 것이다. 그리고 희미해져가는 불탄 자국을 손으로 쓸어보았을 것이다. 그 흔적은 그가 평범함에서 벗어나 하나님을 위해 일어서도록 만든 이유였다.

자신의 기도가 응답받지 못하는 것처럼 느껴질 때 그 흔적은 그의 믿음을 유지시켜주었을 것이다. 의심이 믿음을 삼키려고 위협할 때, 기드온은 아마 그 바위를 향해 걸어갔을 것이다.

하나님의 온전한 계시를 따르라

예고도 없이 순식간에 불길이 타오르자, 기드온은 그 오래된 상수리나무 뒤로 도망치거나 혹은 얼굴까지 닥쳐온 열기와 대단한 불빛에 일시적으로 눈이 보이지 않는 상태가 되었을지도 모른다. 기드온은 잘 보려고 눈을 비비면서 공기 중에 떠도는 불탄 고기와 빵 냄새를 맡았을까? 그는 이제 제단이 된 바위 표면을 지긋이 바라보았다.

빵이 … 없다.

염소 고기를 담은 소쿠리도 … 사라졌다.

그 순간 그는 깨달았다. '하나님도 사라지셨구나'. 이제는 더 이상 의심할 여지가 없었다. 정신을 멍하게 만든 이 엄청난 진실 앞에서 그는 움찔했다. 그는 하나님과 함께 오후 식사를 하고 있었던 것이다. 자연스럽게 일이 그렇게 되었다. 그는 놀라서 소리를 지르기 시작했다.

그 외침은 기드온의 마음 깊은 곳에서 시작된 오랜 고통의 울먹거림이 터져나온 것이었으며, 그 포도주 틀 주변에는 그의 목소리가 메아리쳤다. 그는 전혀 믿기지 않는다는 듯 있는 대로 큰 소리를 질렀다. "전지전능하신 여호와를, 내가 하나님의 천사를 대면했다!"

어쩌면 기드온은 그 포도주 틀에 딱 달라붙은 채 딱딱한 바닥에 얼굴을 처박고 곧 닥쳐올 것만 같은 무서운 심판을 피하려는 듯 잔뜩 몸을 움츠렸을지도 모른다. 그 바위의 화염이 순식간에 자신을 삼킬 것이라고 생각했을지도 모른다.

추수, 가족 혹은 미디안 사람들과 같은 평범하기 짝이 없는 인생에 관한 갖가지 생각들은 갑자기 들이닥친 이 말할 수 없는 두려움 앞에 순식간에 증발해버렸을 것이다. 마치 영원의 커튼이 드리워진 것처럼 느껴지고, 전능하신 하나님이 바로 몇 발자국 앞에 서 계신 것만 같았을 것이다. 이제 남은 일이라고는 오직 죽음뿐이라는 생각이 들었을 것이다.

왜 그런 두려움이 들었을까? 하나님은 기드온을 선대하시지 않았던가? 그날 그런 잊지 못할 증표를 주셨는데도? 일부 주석가들은 비록 아브라함, 여호수아 그리고 다른 많은 사람들이 하나님의 천사를 만났다는 이유로 죽음을 맞지는 않았지만, 기드온은 어려서부터 배운 대로 하나님을 본 사람은 결국 죽게 될 것(출 33:20)이라는 생각에 사로잡혔을 것이라고 말하기도 한다. 또 다른 주석가들은 이사야와 욥과 마찬가지로 기드온 역시 하나님의 강력한 위엄의 빛에 휩싸여 있는 동안 자신의 죄성에 몸이 으스러질 것 같았을 것이라고 말하기도 한다.

어쨌거나 천사가 사라진 그 자리에서 기드온은 자신의 죄성을 다시 한 번 확인하며 소름이 끼쳤을지도 모른다. 모든 문제를 이제 자기 힘으로 해결하도록 홀로 남겨진 기드온은 조만간 벼랑 끝으로 내밀릴 것이라는 생각이 들어 소리를 질렀을지도 모른다.

그때 한 목소리가 들려왔다. 이번에는 자신의 마음속에서 들려온 소리였다. 그 목소리를 단박에 알아들었는지는 알 수 없다. 너무나 기대가 커서 생겨난 것인지, 아니면 너무나 두려운 나머지 상상력이 빚어낸 망상인지 의심스러울 정도로 그것은 좋은 소식이었다.

"샬롬. 두려워 말라. 너는 죽지 않을 것이다."

순식간에 불이 제물을 살랐던 것처럼, 이번에도 눈 깜짝할 사이에 검은 두려움은 씻겨나가고 편안한 마음이 봇물처럼 밀려왔다. 하나님은 좋은 분이시다. 하나님은 친절한 분이시다. 하나님은 은혜가 충만한 분이시다. 하나님은 사랑이 많으신 분이시다. 하나님은 생명을 사랑하신다. 하나님은 나 기드온을 사랑하신다 … 하나님은 나 기드온과 함께하신다.

기드온은 즉시 감사의 기도를 올렸다. 그리고 어떤 지시도 없었으나 하나님에게 드리는 사랑의 제물로 제단을 세웠다. 그 제단의 이름을 하나님이 주신 단어, "하나님은 평화이시다"라는 뜻을 따서 '여호와 샬롬'이라고 지었다.

그는 그곳에서 무릎을 꿇고 예배를 드렸다. 하나님의 권능을 말해주던 그 화염과 하나님의 평화를 말해주는 이 제단은 이후에 그가 죄를 지었을 때에도 절대로 잊지 못할 하나님의 성품을 생생하게 보여주고 있었다.

은혜가 많으신 위대한 하나님은 힘과 온유의 입맞춤과도 같다. 하나님은 우리가 하나님의 샬롬 안에서, 하나님의 평화 안에서 살기를 원하신다. 이것이 우리 모두를 향한 하나님의 목적이다. 샬롬은 자유와 정의, 그리고 하나님의 목적에 따라 우리 삶을 영위해야 할 곳이다.

샬롬이 우리 것이 되려면, 그것은 경이로운 능력의 열기와 온유하게 말씀하신 은혜의 확인을 포함하는 하나님의 계시에서 흘러나와야 할 것이다. 화염에 싸인 바위와 마음에서 우러나온 감사의 제단이 그것이다. 그 두 가지 가운데 하나는 축소시키고 어느 한쪽만 지나치게 강조한다면, 하나님에 대한 그리스도인의 이해와 생각은 한쪽으로 치우치게 된다.

스코치드 락 크리스천 센터(Scorched Rock Christian Center, 화염에 싸인 바위 기독교 센터라는 뜻 – 역자 주)의 교인들을 만나 본 적이 있다. 크게 뜬 그들의 눈은 열정으로 불타올랐으며, 그들의 하나님은 수억 볼트의 권능을 가지신 분이셨다. 신성에 대한 그들의 집념은 죄를 지은 자나 신실한 자 그 누구에게나 무서운 번갯불과 연관되어 있다. 스코치드 락 교인들은 대화를 하거나 토론을 하는 것이 아니라 고함을 질렀다. 그들에게는 지옥이 천국보다 더 가까이 느껴지는 것 같았다.

화가 나신 하나님은 그 아들의 피 뿌림을 통해서만, 오직 그것으로만 만족하셨다. 그들은 사람들과 포옹을 나누기 위해 중요한 바리새인 지도자들과의 모임도 포기하셨던, 어린이와 입맞춤하시던 그 예수님을 보아야 했다. 그들은 돌아온 탕자 비유에 나오는 온유한 아버지에 대해 50주에 걸친 설교를 들을 필요가 있었다. 그러고 나면 그 모든 것이 은혜의 제단 또한 교회의 일부라는 것을 인정할 수 있을 것이다.

그런가 하면 다른 한쪽에는 샬롬 커뮤니티 처치(Sharlom Community Church)에 다니는, 그야말로 느긋하고 안정적이며 세련된 사람들도 있다. 그들에게 하나님이라는 존재는 조물주라기보다는 친구에 가깝다.

그들에게 예수님은 언제나 입가에는 미소가 흐르는 분이며 한 마리 지친 양을 목에 둘러메신 모습이다. 심지어는 그 지친 양도 복스러운 미소를 짓고 있다. 그들에게 예수님은 위로자일 뿐, 강한 도전을 주시는 분이 아니다.

이와 같은 샬롬 교인들에게는 히브리서 내용을 주제로 한 장기간에 걸친 설교가 필요하며, 그들이 크리스마스 선물을 받기 위해 걸어놓은 양말 속에 조나단 에드워즈(Jonathan Edwards)의

책 「분노한 하나님의 손에 놓인 죄인들(Sinners in the Hands of an Angry God)」을 선물해도 좋겠다.

도날드 맥컬로우(Donald McCullough)는 이렇게 장담한다. "20세기 말을 사는 교회가 지은 가장 큰 죄는 하나님을 시시한 존재로 격하시킨 것이라고 해도 틀린 말은 아니다." ■

그리고 그는 독자들에게 애니 딜라드(Annie Dillard)의 말에 주의를 기울이라고 청한다.

> 교회를 다니는 사람들은 왜 패키지 투어로 온 여행객들처럼 마냥 즐겁게만 보일까? 왜 절대자를 구경하기만 할 뿐 머릿속은 텅 비어 있는 것처럼 보일까?
> 우리가 그렇게 분별력 없이 불러일으키는 권세가 도대체 어떤 것인지 털끝만큼이라도 알고 있는 사람은 없는 것일까? 이제 교회는 마치 주일 아침을 망쳐버리겠다고 작심하고 폭탄의 뇌관이 뒤섞인 화공약품을 가지고 바닥에서 놀고 있는 어린이들 같다. 교회에 여자들이 밀짚 모자나 벨벳 모자를 쓰고 오는 것은 미친 짓이다. 우리는 모두 안전모를 쓰고 있어야 한다. 좌석 안내자는 마땅히 생명

■ Donald McCullough, 「하찮아진 하나님?(The Trivialisation of God)」(대한기독교서회 역간, 1998)

4장 동반자로 부르시다

안전복과 비상 폭죽을 나눠주어야 한다. 그들은 우리가 앉아 있는 좌석에 채찍을 내리쳐야 한다. 왜냐하면 주무시고 계신 신이 언젠가는 깨어 화를 내거나, 우리가 절대 돌아올 수 없는 곳으로 우리를 내버릴지 모르기 때문이다. ■

교회가 하나님의 성품인 공의와 은혜가 완벽하게 조화를 이룬 균형잡힌 모습을 구현해내는 것은 매우 어려운 일이다. 하지만 우리 안에 있는 두려움이나 변덕스러움 때문에 한쪽으로 치우치지 않으려면, 균형을 잡는 일은 반드시 필요하다. 오브라의 상수리나무 아래서 기드온은 하나님의 평화와 목적에 맞게 완벽하게 다듬어졌다. 물론 하나님의 새 명령은 기드온 혼자만 간직하고 기뻐할 일은 아니었으므로, 이제 그것은 더 넓은 공동체로 흘러가게 될 것이다.

■ Annie Dillard, 「돌에게 말하는 법 가르치기(*Teaching a Stone to Talk*)」(민음사 역간, 2004)

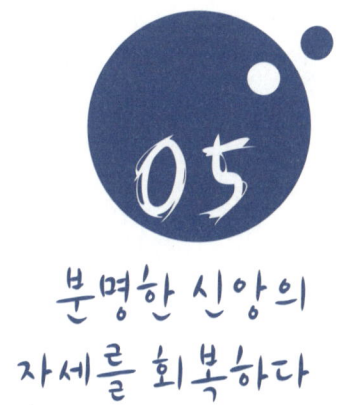

분명한 신앙의
자세를 회복하다

예수님을 따르도록 부름받은 우리가 복음의 좋은 소식 전하는 일을 그만둔다면 그것은 그리스도인으로서의 정체성을 잃어버린 것이다. 복음 그 자체가 강한 선교 명령을 담고 있으며, 진정으로 복음을 '믿는다'면 우리는 그 복음을 나누어야 한다. 사람들이 하나님의 사랑으로부터 영원히 분리되어 고통받을 것을 알면서 그들이 그 끔찍한 지옥에 가는 것에 관해 관심이 없다면 우리는 게으른 그리스도인 그 이하임이 분명하다. 우리는 분명 가슴이 없는 괴물들이다. 전도에 낮은 우선순위를 두는 교회들이 열정없는 종교 단체가 되고 마는 이유가 바로 여기에 있다. 우리는 주일 아침이 되면 세상을 변화시키는 일에 열성으로 응원을 보내지만, 월요일이 시작되자마자 주일 아침의 그 믿음 체계를 한낱 먼지처럼 여긴다.

> 네 아버지에게 있는 바알의 제단을 헐며
> 그 곁의 아세라 상을 찍고 … 네 하나님 여호와를 위하여
> 규례대로 한 제단을 쌓고 … (삿 6:25-26).

 30시간이 지났다. 기드온은 침실 벽 한 곳에 시선을 고정한 채로 꼿꼿이 앉아 있었다. 눈은 너무 충혈된 나머지 따가울 지경이었으며 눈꺼풀은 졸음으로 자꾸만 내려앉았다. 하지만 한순간 눈이 감기기라도 하면 마치 전기가 통한 것처럼 눈이 번쩍 뜨여 이내 정신이 들곤 했다.
 그날은 새벽 해가 떠올라 한밤의 어두움을 내쫓을 때까지 좀처

럼 가라앉힐 수 없는 긴장감 때문에 잠을 이룰 수가 없었다. 그리고 이번에는 감정이 산처럼 높이 솟았다가 계곡 아래로 곤두박질치는 긴 하루가 이어졌다.

기드온은 하나님과의 그 잊지 못할 만남과 그후 하나님을 위해 분연히 일어나 감행했던 야간 습격을 기억할 때마다 밀려오는 흥분을 어쩔 수 없었다. 그런데 그 기쁨의 한가운데, 아무런 경고도 없이 열린 지하 감옥의 문은 그의 마음을 꽝 하고 닫아걸었고, 그 추운 곳에서 얼음장 같은 두려움의 창끝이 그의 폐부를 찔렀다. 그게 바로 하루 뒤의 일이던가? 모든 것은 변했다. 영원히.

소용돌이처럼 몰아쳤던 지난 30시간은 감사의 제단에서부터 시작되었다. 먼저 하나님은 기드온에게 심판의 불 속에서 죽지 않을 것이라고 위로해주시며 그를 안심시키는 평화의 말씀을 주셨다. 그리고 거기 마침내 제단이 완성되었다. 기드온에게 생명의 위협을 무릅써야 할 명령을 내리셨던, 그러나 그 목숨이 끝내 다치지 않도록 보호하셨던 하나님의 인자하심을 기념할 기념물인 제단이 황급히 세워진 것이다.

일은 거기서 끝이 아니었다. 그는 마을과 멀리 떨어진 한적한 포도주 틀이 아닌 성읍 한가운데, 그것도 바알 신전을 허물고 바로 그 자리에 새 제단을 세워야 했다. 이로써 바알 종교는 치명적인 타격을 입을 것이었다. 먼저 아버지가 지키는 사탄의 요새에 있는 악하고 강고한 신전에 도전하지 않는다면 여호와를 받드는 전쟁을 이끄는 것은 불가능한 일이었다. 청소는 먼저 더러운 자신의 집에서부터 시작되어야 했다.

기드온이 그 명령에 얼마나 경악했을지는 충분히 이해할 만하다. 그에게 집은 이제 두려움과 위협의 장소였다. 자신이 파괴해야 하는 그 신전의 지킴이인 아버지는 아들의 배신에 어떻게 반응할까? 그리고 수많은 마을 사람들은 또 어떻게 나올까? 그들은 바알에게 열정적으로 헌신하고 있었다. 마음속의 두려움이 고막이 찢어질 정도로 고함을 질러댔다. 하지만 그럴수록 바위를 훑고 지나갔던 불과 목소리는 더욱 생생해졌다.

기드온은 어두운 밤에 그 일을 할 수 있다면 순종하겠다고 결심했다. 보복이 두려워서 그렇게 제안한 것은 아니었을 것이다. 어차피 새벽이 되면 그것이 기드온의 소행이라는 것쯤은 단박에 드러날 것이다. 그 작은 성읍에서 그런 일을 저지른 자를 밝혀내는 데는 그리 긴 시간이 필요하지 않다. 어둠을 틈타 그 임무를 수행하겠다는 결정을 내린 이유는, 대낮에 일을 벌였을 경우 바알에게 충성하는 수많은 마을 사람들이 물리적인 힘을 동원해 일을 방해할 것이 불 보듯 훤했기 때문이다.

그 일은 장정 십여 명이 힘을 합친다 해도 허리가 끊어질 만큼 고되고 힘든 일이었다. 바알 신전은 그 성읍에서 가장 크고 위협

적인 건축물이었으리라. ■

　기드온은 급히 종들을 불러모았다. 그들은 기드온 집안에 고용된 이들로 가장 믿을 만한 사람들이었다.

　하지만 비전을 가진 십자군이라기보다는 보수를 받고 싸우는 용병일 뿐이었다. 기드온의 사명은 결코 쉽지 않은 일이었다. 종들은 조직적으로 움직여야 했다. 그들 가운데는 그 계획을 요아스에게 일러바칠 배신자가 있을 수도 있고, 최악의 경우에는 어둠 속에서 슬쩍 빠져나가 마을 사람들을 불러모을 모사꾼이 있을 수도 있다. 신전에서 큰 싸움이 벌어질지도 모를 일이었다. 신전 파괴자들은 깊은 침묵 아래 일을 해야 했다.

　아마 종 두 명에게는 황소를 잡는 일이 맡겨졌을 테고, 그들은 서둘러 일을 마치고 그 높은 곳까지 고깃덩이를 지고 왔을 것이다. 기드온은 다른 종들을 이끌고 발소리를 죽인 채 잠든 마을을 빠져나와 어둠에서 어둠으로 이동했다.

　일단 안전하게 신전에 들어온 다음에는 정말로 힘든 일이 남아 있었다. 그들은 긴 세월에 씻겨 버석거리기 시작한 진흙에 붙은 돌들을 떼어내 하나씩 어두운 동굴 깊은 곳에 버렸을 것이다. 그

■ "므깃도에서 발견된 바알 제단은 가로가 8미터, 높이가 1.3미터에 이른다. 다량의 돌을 진흙으로 단단히 붙인 그 제단을 파괴하여 없애려면 상당한 노역이 필요했을 것이다." Leon Wood, *Distressing Days of the Judges*, Abingdon, p. 231

리고 아세라 상을 파내어 마을 사람들을 깨울 염려가 없는 깊숙한 곳으로 옮겨 마구 찍어 쪼갰을 것이다.

그 다음에는 새로 베어온 나무를 날라왔다. 그것은 여호와를 위한 작은 규모의 제단을 세우는 데 안성맞춤이었다. 그들은 흔들거리는 신상에서 미라가 된 인간의 머리들을 조심스럽게 제거했다. 그 다음 진흙으로 만들어진 바알의 형체를 발로 자근자근 밟아 조각을 내며 그동안 그 진흙덩이에 바쳤던 모든 경외감과 자제심을 바람에 날려보냈다.

그리고 사방에 그 바싹 마른 가루들을 뿌렸다. 의도적으로 바알을 모독하는 그들에게 은밀한 기쁨의 물결 같은 것이 조용히 훑고 지나갔다.

그들은 세심한 주의를 기울여 기드온의 지시를 따랐으며, 여호와의 제단을 세우는 데 바알 제단의 재료들을 재활용했다. 막 새벽 미명이 저 멀리 지평선을 밝히기 시작했을 때 그들은 깔끔하게 쌓아둔 나무 위에 아직도 그 온기와 핏기가 남아 있는 고깃덩어리들을 올려놓았다. 마침내 불이 피워지고, 신전은 나무와 고기가 타면서 나는 연기와 냄새로 가득했다. 그때, 마을이 잠에서 깨어날 무렵 지친 그들은 신전에서 내려와 흩어졌다. 이 모든 일을 마치는 데 걸린 시간은 얼마 되지 않았다.

어쩌면 그 무서운 광경을 처음 발견한 사람은 마을 장로들 중

한 사람이었을 것이다. 그는 소 외양간을 지나면서 뭔가 아주 잘못됐다는 것을 알아차렸다.

늠름하던 수소는 곧 있을 축제를 위해 남겨두었던 것인데, 전날까지만 해도 두 마리가 있었던 우리에 지금은 한 마리밖에 보이지 않았다. 일곱 살 먹은 둘째 녀석은 어디로 간 것일까? 무슨 일이 있었던 것인가? 한밤에 몰래 들어와 달랑 가축 한 마리만 훔쳐가는 것은 미디안 사람들의 방식이 아니었다. 그들은 환한 대낮의 침략을 즐겼다.

몇 분이 지나 신전 입구에 멈춰선 그는 그만 숨이 딱 멎었다. 도저히 믿기 어려운 장면이 눈앞에 적나라하게 펼쳐져 있었다. 끊임없이 입 밖으로 튀어나오는 온갖 욕설들이 벽에 부딪혀 울렸다. 바로 어제까지만 해도 제단의 돌들이 있었던, 하지만 지금은 텅 비어버린 허망한 자리를 그는 넋놓고 쳐다보았다. 새로 판 흙의 냄새와 매캐한 연기가 힘없이 겨우 숨만 쉬고 있는 그의 코끝을 간질였다.

바닥에는 수천 개는 될 법한 진흙 조각들이 어지럽게 널렸고, 그 사이사이에는 산산조각 난 향로 조각들이 뒤섞여 뒹굴고 있었다. 그 신성한 상은 어디로 간 것일까? 사악한 자들이 자신들이 벌인 행악의 밤을 기념하기 위해 파내가버린 것일까? 그는 까맣게 탄 짐승의 사체를 발로 걷어차고는 그 옆에 뒹구는 타다 만 기다란 나무 막대 하나를 집어 들었다. 아직도 남아 있는 열기를 느끼며 그것을 얼굴 가까이에 가져간 순간, 그는 공포에 질렸다. 아세라 상은 이 허락받지 않은 제물을 드리는 데 쓰인 것이다! 그는 다시 욕을 내뱉으며 그 나무 막대를 거칠게 숯더미에 내던졌다.

재가 사방으로 튀었다. 마른기침을 연신 해대면서도 그의 입에서는 저주를 담은 욕설이 끊이지 않고 쏟아져나왔다. 그리고 그 길로 달려가 성읍 사람들에게 이 기막힌 소식을 전했다.

한 시간이 채 못 되어 성난 군중이 모여들었다. 보이지 않는 마귀들이 치어리더의 역할을 담당할 때면, 종교는 이렇듯 힘 안 들이고 광신적인 보복을 하고 싶어하는 군중을 동원하는 이유가 된다. 거리에는 비난의 소리가 끓어 넘쳤고, 군중의 질서는 무너지기 시작했다. 성읍 지도자들이 황급히 모여 그 충격적인 범죄의 현장을 직접 보기 위해 함께 신전으로 갔다. 그리고 공식적인 조사회를 열었다.

모든 일을 마치고 집에 돌아와 마지막으로 있는 힘껏 현관문을 닫았을 때 기드온이 느꼈을 고뇌를 누가 알 수 있으랴? 거리에는 성난 고함소리가 들끓었고, 급하고 혼란스러운 목소리는 피를 뿌릴 것을 요구하고 있었다. 그들은 범인을 색출하여 가장 참혹한 벌을 받게 할 작정이었다.

기드온은 조용히 그 군중 사이를 지나 장로들에게 가서 스스로 자신이 범인이라는 사실을 밝혀야 할까? 흔들리는 목소리를 삼키고 평정심을 유지하도록 애쓰며 하나님을 모독하는 이들에게 자신을 내주어야 할까? 이것이 이땅에서 그가 하나님에게 제사를 드린 첫 날이자 마지막 날이 될 것인가?

하나님이 그가 죽지 않고 살 것이라고 선포하셨을 때, 그것은 하나님 자신이 그를 죽이지는 않을 것이라는 약속이었을까, 아니면 저 으르렁거리는 군중들 속에서도 하나님이 보호해주시겠다는 말인가?

의문은 계속되었다. 많은 사람들이 공개적으로 심문을 받았으며, 마침내 군중은 요아스와 그의 아들 기드온이 살고 있는 그 낡은 집을 향해 움직였다. 그 범죄의 증거가 있는 곳을 누가 알고 있는가? 어떤 작가들은 기드온이 그 포도주 틀 사건 이전에도 수년 동안 여호와를 외롭게 증거했다고 믿으며, 그가 바알에게 사로잡힌 마을에서 사람들의 마음을 찌르는 선지자적인 역할을 했기에 자연히 의심의 화살이 그에게 돌아갔을 것이라고 말한다. 또 작은 마을에서 열 명의 사람들이 알고 있는 비밀이란 그다지 오래 지켜질 수 없는 것이기에 마침내 기드온이 지목되었을 것이라고 생각하는 사람들도 있다.

그러나 피고의 이름이 불리고 죄의 판결이 내려진 것은 기드온이 가까이 다가오는 고함소리와 다가오는 폭도들의 불길한 행진의 발걸음을 듣기 직전이었다.

따뜻한 가슴으로 복음을 전하라

이런 표현이 어떨지 모르겠지만, 어떤 의미에서는 기드온의 인생을 얽히게 하신 분은 바로 하나님이라고 보인다. 포도주 틀 사건이 있기 전 기드온의 인생은 분명 보잘것없었다. 아무것도 성취하지 못한 삶이었다. 하지만 그는 적어도 상당히 안전하게 살고 있었다. 그러나 이제 하나님을 마주한 지 겨우 몇 시간이 지난 지금, 기드온은 아버지와 가족 그리고 같은 마을 사람들의 잠재적 목표물이 되었다. 물론 또 몇 시간 뒤면 미디안 사람들의 표적이 되기도 할 것이다.

그러므로 하나님이 기드온을 편안한 삶으로 부르셨다고는 생각하지 말자. "화평이 아니요 검을 주러"(마 10:34) 오신 아들을 가지신 하나님이 이제 밖으로 나와 적에게 당당하게 대응하여 그 악한 문화의 얼굴에 침을 뱉는 일에 그를 초청하신 것이다. 오늘날 우리 교회도 분명한 신앙의 자세를 용기있게 회복하고 가슴에는 따뜻한 자비심을 품고 복음을 전파하라는 이 신선한 도전을 들을 필요가 있다.

나는 내 삶을 지나는 모든 사람들과 그리스도를 나누고자 씨름하고 있다. 수백 명 혹은 수천 명의 사람들에게 하나님에 대한 설교를 하는 것만으로는 충분하지 않다. 나는 지금도 내가 사는 마을의 기드온이 되려는 의지가 있는지 점검하기 위해 끊임없이 내 삶을 살핀다.

회심했던 초기에 나는 전도에 관한 한 그 누구에게도 뒤지지 않는 뜨거운 열망을 가지고 있었다. 그 사명 의식만은 분명하고 확실했지만, 세련되지 못한 태도로 다가가는 바람에 사람들에게 상당한 당혹감을 주기도 했다.

나는 동네 기독교 서점에서 선물로 받은 커다란 기독교 배지를 달고 다녔는데, 그 배지는 내가 만나는 모든 사람들에게 무시무시한 메시지를 소리치고 있었다. "안녕하십니까? 당신은 지옥에 갈 것입니다!" 나는 사람들과 대화를 할 때마다 예수님이라는 주제로 화제를 옮겼다. 모든 대화를 뒤틀어버렸던 것이다.

"안녕, 제프. 치즈샌드위치 먹을래?"

"아뇨, 됐습니다." (살짝 웃으며 손가락으로 하늘을 가리키고는) "저에게는 생명의 빵이 있습니다." 늘 이런 식이었다.

나는 현명하지 못했고, 예민했으며, 숨도 쉬지 않고 가능하면 하나님에 대해 많은 것을 전하고자 집중했다. 모든 만남을 전도의 기회로 삼으려 했다. 나는 많은 사람들과 그리스도를 나누었고, 놀랍게도 그 결과 몇몇 사람들을 믿음으로 인도하기도 했다.

그런데 언제부턴가 나는 좀더 성숙해져야 할 필요성을 느꼈다. 순진하고 투박하기만 했던 전도 방법을 버리고 이제는 방향을 완전히 바꾸기로 했다. 대립적인 접근에서 멀찌감치 떨어져서 좀더 편안한 우정을 바탕으로 하는 전도 방법을 받아들였다. 더 이상 다른 사람을 괴롭히기는 싫었다. 예수님에 관한 직접적인 말은 한 마디 하지 않아도 친절한 행동 하나가 상대방의 마음에 씨앗을 뿌려 그 씨앗의 주인이 바로 하나님이시라는 사실을 깨닫게 되기를 바랐다.

또 한 번 획기적인 전환점이 생기지 않는 한, 전도는 자연스럽게 관계를 맺은 곳에서 가장 잘 이루어진다는 내 믿음은 변하지 않을 것이다. 전도는 하나의 과정이라는 것을 깨달을 필요가 있다. 우리는 반드시 말과 행동과 기적으로 복음을 전파해야 한다. 하나님에 관한 정보를 소리치는 것만으로는 충분하지 않다.

하지만 나는 그래도 궁금했다. 나는 정말 빛이 되어 살고 있는가? 작고한 존 윔버(John Wimber)의 말을 상기해본다. "나는 적어도 스물다섯 살이 되기 전에는 그리스도인을 만나지 못했다. 혹시 만났다 하더라도 그는 아마 자신의 정체를 숨기고 있었음에 틀림없다 … "

혹 우리가 영원과 구원의 세계에 대한 관점을 놓치고, 그 구원의 의미가 전하고 있는 절박함을 잊어버린 것은 아닐까? 바로 지금 이곳이 하나님나라임을 강조하면서 유토피아 이론에 대항하는 데 몰두한 나머지 우리에게는 삶과 죽음보다 더 큰 메시지가 있다는 사실을 뒷전으로 미루고 있는 것은 아닐까? 맛을 잃어버린 소금을 무엇에 쓴단 말인가.

기드온은 포도주 틀을 뛰쳐나가 매우 커다란 도끼로 바알의 제단을 찍어내야 했다. 만약 하나님의 사자인 교회가 침묵한다면 하나님의 나라에 누가 오기나 하겠는가? '교회'라는 팻말을 읽을 수도 없다면 부흥이 있기나 하겠는가? 어쩌면 우리는 전도자 하나님이 우리 인생을 다시금 '엉망으로 만드시도록' 허용해드릴 필요가 있을지 모른다.

선교는 '그리스도인'의 정체성을 보여주는 뿌리

기드온이 도끼를 집어들고 제단에 내리치는 순간, 그 일은 그가 태어난 목적이기도 했다. 그는 이스라엘 민족의 일원으로 하나님의 샬롬 가운데 선지적인 삶을 살도록 부름받았고, 그 이스라엘은 다른 민족들이 하나님의 성품을 볼 수 있는 창문이 되어야 할 소명을 가진 민족이었다.

그는 이미 '베어 넘어뜨리는 자' 라는 뜻의 이름을 갖고 있었으며, 바알 신전에 거친 도끼를 휘두르는 파괴자의 일은 그 이름에 걸맞은 것이었다. 그는 절대로 숨어 살도록 창조되지 않았다. 그런 존재는 그에게 부자연스러웠다. 그는 위험천만한 하나님과의 모험에 나서도록 태어났다.

예수님을 따르도록 부름받은 우리가 복음의 좋은 소식 전하는 일을 그만둔다면 그것은 그리스도인으로서의 정체성을 잃어버린 것이다. 복음 그 자체가 강한 선교 명령을 담고 있으며, 진정으로 복음을 '믿는다' 면 우리는 그 복음을 나누어야 한다. 사람들이 하나님의 사랑으로부터 영원히 분리되어 고통받을 것을 알면서 그들이 그 끔찍한 지옥에 가는 것에 관해 관심이 없다면 우리는 게으른 그리스도인 그 이하임이 분명하다. 우리는 분명 가슴이 없는 괴물들이다.

전도에 낮은 우선순위를 두는 교회들이 열정없는 종교 단체가 되고 마는 이유가 바로 여기에 있다. 우리는 주일 아침이 되면 세상을 변화시키는 일에 열성으로 응원을 보내지만, 월요일이 시작되자마자 주일 아침의 그 믿음 체계를 한낱 먼지처럼 여긴다. 거기에는 물론 천국과 지옥에 대한 메시지도 포함된다. 심판의 불로 갈 운명에 처한 사람들과 어깨를 비비고 살면서도 우리가 믿는 바를 그들에게 한 마디도 언급하지 못한다면, 우리는 일종의 정신분열증을 겪으며 살아가는 것이나 마찬가지다. 그 점에서 나는 우리 그리스도인들이 대부분 지옥을 진심으로 믿지 않는다고 생각한다.

신약 시대에 믿음의 진실성은 언제나 그 행위와 열매로 평가되었으며, 그것은 믿음에 대한 당연한 반응으로 여겨졌다. 요한은 하나님을 사랑한다고 하면서 여전히 그 형제를 미워하는 자들을 꾸짖는다. 그의 말은 거침이 없었다. 그런 사람은 거짓말쟁이에 지나지 않는다고 한 마디로 잘라 말한다.

"우리가 진심으로 믿음을 가지고 있는지는 우리의 삶에서 드러난다. 그 나머지는 모두 종교적 거품이다"라는 말이 있다. 정통 복음주의인가, 그렇지 않은가 하는 것은 교리에 대한 막연한 이해와 동의만으로는 측정하기 어렵다. 그리스도는 우리에게 그분의 생각으로 우리의 머리를 채우라고 하실 뿐만 아니라, 우리 삶을 근본적으로 재조정하여 그 진리에 응답할 것을 요구하신다.

선교는 선택 사항이 아니다. 열성주의자들을 위한 대의도 아니다. 그것은 예수 안에서 우리가 새롭게 발견하는, 그리스도인이라는 정체성의 중요한 일부다.

복음을 들고 광장으로 나가라

기드온은 여호와가 주 하나님이심을 광장에서 증거하도록 부름받았다(삿 6:26). 남의 눈에 띄지 않는 안전한 장소에 쌓은 제단으로는 하나님에게 충분하지 않다. 하나님은 참된 믿음의 자녀들이 좀더 공개된 장소에서 거침없이 증거하기를 원하신다. 그런 도전은 아마도 우리의 안락한 생활을 엉망으로 만들 것이다. 우리를 주변부 인물로, 기껏해야 비웃음을 사는 사람 취급을 받게 만들 것이며, 심한 모욕과 박해로 우리를 끊임없이 괴롭힐지도 모른다.

하지만 이 모든 것을 감수하고 우리가 다시 일어설 때 이 시대 문화에 침투한 마귀의 세력이 무너져 산산이 부서지는 날을 보게 될 것이다. 세상과 다른 박자로 진군해가는 사람들로, 그리고 또 다른 나라의 시민으로 인정받고 싶다면 우리 역시 떨치고 나아가 우뚝 서야 한다.

초기 교회는 정말 흥분되는 모델이다. 그들은 벽이 없는 진정한 교회였다. 사도행전의 이야기는 자신들의 안식처에서 문을 닫아걸고 하나님을 즐거워하는 것이 아니라, 성령에 의해 크고 악한 세상으로 부름받아 나간 사람들의 역동적인 이야기들이다. 오순절에 내려오신 성령은 떨고 있는 사도들을 능력으로 옷 입혀주셨다. 몇 분도 채 지나지 않아 새로운 담력을 얻은 베드로는 다락방의 문을 활짝 열고 밖으로 나가 군중 가운데 섰다. 그리고 이것은 하나님의 움직임이며 술 취한 사람들의 잔치가 아니라는 것을 설명하면서 지금은 술집들이 아직 문을 열기도 전인 아침 시간이라는 사실을 상기시켰다.

그날 3,000명의 사람들이 그리스도를 알았으며 세례를 받았다. 교회는 정확하게 광장에 도끼를 놓았다.

베드로와 요한은 기도하기 위해 성전으로 향했다. 하지만 하나님은 그분의 역사와 능력이 성전 벽에 갇히기를 원치 않으시기에, 기적은 그 문 앞에서 일어났다! 사도행전 3장 마지막에 보면 교회는 성전의 바깥뜰을 에워싸고 있는 장소인 솔로몬의 행각이라는 곳에서 모이고 있다. 교회의 탄생이었다.

며칠 후 도시는 성전 문에서 동전 몇 푼을 구걸하던 한 거지가 나사렛 예수의 이름으로 못 쓰던 다리를 고침 받아 걷고 뛴 이야기로 술렁거렸다. 그리스도인들에 대한 박해는 갈수록 심각해졌지만, 교회의 영향력은 버섯처럼 일어나고 있었다. 병든 자들이 거리에 나와 고침 받는 기적이 계속되었다.

폭도로 돌변한 군중들이 스데반을 돌로 쳐서 죽이면서 박해의 소리는 더욱 거칠고 높아졌다. 하지만 이 끔찍한 사건마저도 교회가 더 앞으로 나가는 계기가 되었다. 스데반의 죽음으로 제자

5장 분명한 신앙의 자세를 회복하다

들이 이곳저곳으로 흩어지자, 예루살렘이 중심이었던 운동은 유대와 사마리아로 기세 좋게 번져나갔다. 그들이 가는 곳마다 복음을 전파함으로써 부흥은 계속해서 일어났다.

그런데도 박해가 계속되자 앞장서서 그리스도인을 박해했던 사울이 대회심을 하기에 이르렀다. 마침내 이방인의 사도가 되었던 것이다. 이로써 또 하나의 장애물이 강력한 복음의 압박 아래 무너졌다. 초대 교회는 사적인 당파 짓기를 거부했다. 예수님은 문자 그대로 모든 민족에게 가서 그들이 가야 할 길을 선포하라고 말씀하셨다(마 28:19). 사도들은 예수님의 명령을 진지하게 받아들였고, 백성들을 향해 끊임없이 생명의 말씀을 전했다. 그로 인해 그들은 예루살렘을 자신들의 교리로 가득하게 한다는 비난을 들어야 했다(행 5:28).

그렇다면 오늘날 교회가 그 아름다운 건물과 특별한 활동에 갇혀 있는 이유는 무엇인가? 윌리엄 템플 주교(Bishop William Temple)는 교회를 가리켜 "비회원들의 이익을 위해 존재하는 유일한 조직"이라고 설명했다. 이 말은 거의 모든 선교와 전도대회에서 참가한 사람들에게 던져지는 인용문이기는 하지만, 현실적으로는 거의 증명되지 않는 이론이 되었다. 지금 교회는 대부분 오직 그 회원들만의 이익을 위해 존재한다.

미국에서 '성공적'이라고 말하는 교회를 생각해보자. 미국 인구의 60퍼센트가 한 달에 한 번 이상 교회의 예배에 참가한다고 한다. 전국 어디에나 놀랄 정도로 아름답고 호화로운 교회 건물들이 있다. 표면적으로 교회는 강해 보인다.

한때 오클라호마에 있을 때 나는 "영국은 영적으로 황무지다. 우리는 여기서 아주 잘하고 있다. 당신 같은 영국인들이 여기서 무얼 하는가? 가서 당신의 조국이나 돌보는 게 어떤가?"라는, 그다지 정중하지 않은 이야기를 들은 적이 있다.

그건 일리있는 질문이었다. 그에 대해 나는 미국의 기독교는 종교적 영향력이 큰 것이 사실이지만, 그럼에도 불구하고 여전히 미국이라는 나라 자체는 상당한 선교 지역을 가지고 있다고 답했다. 생명이 없는 교회들은 살아계신 하나님에 대한 신학을 가지고 있으면서도 주일 예배에서는 부활이 없는 주님의 죽음만을 광고하고 있다.

멋진 스테인드글라스로 장식된 미려한 건물들에는 매주 혹은 매달 자신의 몸을 주차시키려는 사람들로 붐비지만, 사회는 여전히 경각심을 가질 만한 속도로 얽혀가고 있다. 학생은 교사를 살해하고, 정치인들은 으레 거짓말쟁이라고 여겨지며, 교회는 여전히 단단한 벽에 둘러싸여 있는 것처럼 보인다.

복음주의 그리스도인들의 95퍼센트가 한 번도 다른 사람을 주님에게 인도해보지 못했다. 미국에서 상당히 선교 중심적인 교파

중 하나인 하나님의 성회는 북미에만 1만 개의 교회가 있을 만큼 규모가 큰 편에 속한다. 하지만 최근 총회 보고서에 따르면 하나님의 성회 교인들 가운데 3분의 1은 그 해에 새 신자를 한 명도 보지 못했다고 한다. 영국에서도 사정은 비슷하다.

게다가 많은 그리스도인들이 비그리스도인들과 의미있는 우정을 나누지 못하고 있다.

사도행전에서 시작한 그 역동적인 교회가 지금 이렇게 벽 속에 갇히게 된 이유는 무엇일까? 그 문제는 부분적으로는 1,700여 년 전, 서기 360년과 370년 사이 열렸던 한 회의까지 거슬러올라간다. 라오디게아에서 열렸던 이 종교회의 혹은 교회 위원회에서 취해진 대격변과도 같은 결정들은 오늘날까지도 여전히 부정적인 영향력을 남기고 있다.

여기서 소위 '성직자'와 '평신도'라고 불리는 공식적인 벽이 세워졌으며, 장로직이라는 개념은 사제직으로 대체되었다. 라오디게아 회의 이전까지 지도자들의 과업은 에베소서 4장에 기술된 사역을 감당할 수 있도록 성인들을 준비시키는 것이었다.

하지만 라오디게아 회의 이후 그 '사역'은 급여를 받는 전문인들의 배타적인 영역이 되었다. 엄청난 군대가 소실되고 주변화된 것이다.

유카리스트(Eucharist), 즉 성만찬의 의식이 사적인 가정에서

행해지는 것을 금하는 명령이 발효된 것도 이때였다. 대신 집회에 관한 공식적인 규칙과 자리 배치가 발전했다. 이제는 엄청난 벽이 교회와 공동체 사이에 둘러쳐진 것이다. 더 이상 옆집에서 모이던 교회는 열리지 않았으며, '가서 전하라'에서 '가서'라는 말은 사라졌다. 이제 당신은 복음을 듣기 위해 '교회'라고 부르는 특별히 '신성한' 건물로 가야 한다.

라오디게아에서 벽은 남자와 여자 사이에도 세워졌다. 그 회의는 실제로 최악의 사태였다. 그 회의 위원회는 여성 장로를 금했으며, 하루 아침에 여성에게서 교회의 지도권을 앗아가버렸다.

주님의 만찬은 더 이상 의미있는 관계를 맺으며 온기를 나누는 식사가 아니었다. 그것은 의식과 형식으로 성역화되었다. 교회는 가정에서 '하나님의 집'으로 이사를 했다. 지도자들은 단지 형제자매가 아니었으며, 사제들은 서로 갈라졌다. 그리고 원래 형태의 교회는 불법으로 선포되었다.

2,000년이 지난 지금 우리는 수백만 권의 기독교 서적과 하루에 24시간 동안 정보를 가득 담아 복음을 쏟아내는 기독교 TV와 라디오, 수십억 달러에 달하는 특별한 건물들을 가지고 있지만, '하나님의 일'이라고 불리는 것은 내부의 신성한 담장 안으로 들어가고, 복음이 실제로 선한 역할을 할 수 있는 광장에서는 외쳐지지 않고 있다.

우리는 세상과 분리됨을 정당화하기 위해 광범한 이론을 발전시키기까지 했다. 심지어 종종 고린도후서 6장 17절에 나오는 "그러므로 너희는 그들 중에서 나와서 따로 있고 부정한 것을 만지지 말라 내가 너희를 영접하여"라는 바울의 말을 인용하여 신자의 거룩함을 고립된 교리로 이어놓았다. 이는 마치 우리가 멋진 건물에 앉아서 저 나쁜 세상과는 멀리 떨어져 지내는 것이 마땅하다고 정당화하는 소리로 들린다.

다시 생각해보자. 하나님은 도덕적으로 구별된 예수님의 방식으로 우리를 부르신다. 예수님은 그 당시 문화와는 근본적으로 다른 모습을 보여주셨으며, 그분이 가지신 것은 도둑들과 창녀들과 어깨를 부딪칠 만큼 탄력적인 거룩함이었다. 예수님은 그렇게 그들과 삶을 나누셨다.

'하나님의 집' 혹은 '성소'라고 언급할 때 우리는 건물에 대해 유대적인 교리를 가지고 있다. 물론 하나님이 수백, 수천 년 동안 높임을 받으셨던 아름다운 고대의 건물에서 그분의 분위기를 느낄 수 있다는 것을 부정하지는 않는다. 하지만 건물을 하나님의 집이라고 부른다면 그곳이 하나님이 대부분의 일을 하시는 곳이라는 의미를 내포한다. 그 건물은 구원을 받은 자가 일주일에 한 번 세상에서 벗어나는 거룩한 장소가 아니라, 역동적으로 움직이는 군대의 본부와 같다.

이 '담장 안의 교회'식 접근은 절대로 힘을 발휘하지 못한다. 100명의 회심자 중 단 한 명만이 어떤 특별한 운동의 결과로 교회에 온 사람이다. 또 방문 전도를 통하거나 개인적인 위기를 당해 교회에 도움을 요청한 이들이 회심한 경우도 같은 수치다.

회심한 100명 중 세 명이 교회 건물로 들어가 메시지를 듣고 반응하며, 또 같은 수가 특별한 행사에 참석한다. 5퍼센트는 주일학교 사역의 결과며, 6퍼센트는 교회 지도자들의 활동 결과다. 그렇다면 나머지는 어디서 온 것일까? 회심자의 80퍼센트는 다름 아닌 우정의 결과다.

가슴을 칠 일은 대부분의 그리스도인들은 기도 모임이나 교회 생활과 관련된 각종 행사에 참석하느라 너무 바빠서 정작 광장에 나가 믿음으로 살아갈 시간이 없다는 것이다. 그들은 포도주 틀에서 하나님을 섬기는 일에만 경건하게 집중하고 있다. 그것은 마치 강둑에 값비싼 그물을 펼쳐두고 고기가 물 밖으로 뛰어 올라와 잡히기를 기다리고 있는 어부와 같은 꼴이다.

기드온은 그곳에서 나와야 했고, 우리 역시 마찬가지다.

믿음의 물꼬를 트고 싶다면
사랑으로 전하라

기드온은 겁에 질린 두 눈을 크게 뜨고 방 맞은편에 있는 아버지를 바라보았다. 요아스는 무릎에 손을 포개고는 전혀 꼼짝도 하지 않은 채 앉아 있었다. 그는 집 밖에서 막 벌어지고 있는 소동에 대해서는 하나도 모르는 것처럼 보였다. 군중은 이제 마귀 같은 소리를 지르며 집 앞에 당도했고, 금방이라도 저 두껍고 무거운 문을 부수고 들어올 태세였다. 문짝을 발로 걷어차고 주먹을 휘두르면서 자신들의 요구를 거칠게 내뱉었다.

기드온은 이제 밖으로 불려나가야 했다. 그는 신전을 파괴한 죄인이었다. 그것에 대한 처벌은 그 사악한 죄상에 걸맞게 즉각적으로 이루어질 것이며 결국은 피비린내 나는 응징으로 이어질 것이다.

어쩌면 거기에 그렇게 아무 말 없이 앉아 있는 요아스는 뭔가 지금까지와는 다른 생소한 생각을 하고 있었는지도 모르겠다. 밖에서 벌어지고 있는 상황은 놀랄 만큼 격렬했다. 군중은 요아스가 마을의 지도자라는 사실조차 완전히 잊어버린 것 같았다. 사실 그들의 생활은 그에게 거의 의존하다시피 했다. 그 모든 것을 깡그리 잊었단 말인가? 불같이 들고 일어서는 바알에 대한 그들의 충성심은 바알 신전의 지킴이도 놀랄 정도였다. 집 밖에 떼로 몰려 있는 사람들은 히브리인들이 아니라 마치 가나안 사람들 같았다. 바알에 대한 맹목적인 충성심은 지금까지 그들 삶에 면면히 이어내려온 공동체 의식이나 종족 의식을 한순간에 파괴해버렸다.

아마 그 때문에 요아스는 아들이 그 신전 사건을 고백했을 때도 평소와 달리 폭력적인 분노를 터뜨리지 않았는지 모른다. 처음에 기드온은 아버지 손에 맞아 죽을지도 모른다는 두려움을 가졌을 것이다.

성난 군중의 손에 넘겨지기도 전에 아버지의 손이 자신의 목을 틀어쥘 것이라고 생각했다. 하지만 아들의 자백을 듣고도 요아스는 분노를 폭발시키지 않았을 뿐만 아니라, 수년 동안 자신 속에 잠자고 있던 어떤 것이 여호와의 제단이 다시 세워진 장면에서 깨어 일어난 것 같았다. 마음은 침착해졌고, 어떤 수치감마저 들었다.

요아스는 서두름없이 천천히 자리에서 일어나 커다란 문을 향해 걸어갔다. 그리고 투박한 손잡이를 돌려 문을 활짝 열었다. 갑자기 열린 문 안으로 두세 사람이 쏟아져 들어왔다. 금방이라도 밀고 들어올 기세로 문에 힘을 싣고 있던 그들은 균형을 잃고 넘어진 바닥에서 욕지거리와 비명을 함께 내뱉었다.

하지만 요아스의 얼굴을 올려다본 순간, 그 거친 소리들은 목구멍으로 다시 기어들어갔다. 정신나간 상태에서 용감해질 수는 있으나 위대한 인물의 눈을 똑바로 쳐다보며 요구하는 바를 말하기란 쉽지 않은 법이다. 어색한 침묵이 전체 군중들 사이에 흘렀다. 요아스는 전혀 서두르지 않은 채 의미심장한 침묵을 만들었다. 팽팽한 긴장감이 감돌았다.

마침내 요아스는 문지방을 넘어 군중들 앞으로 나갔다. 그들은 당황해서 한 걸음 뒤로 물러섰고, 요아스는 곧 군중에 둘러싸였다. 그는 목소리를 한 번 고른 다음 전혀 떨림이 없는 목소리로 말했다.

"여러분들은 바알을 위해 이러는 것인가? 바알을 구하고자 하는 것인가?"

그는 잠시 멈추고 주변을 돌아보았고, 그 눈은 사람들의 눈을 꿰뚫는 듯했다. 그의 말은 논리 정연했다. 만약 바알이 살아 있다면 바알에게 그 자신의 전쟁을 하도록 두라. 바알이 신이라면 자신을 위해 행동해줄 어느 누구도 필요치 않다. 폭도들의 수긍하는 낯빛을 살핀 요아스는 곧이어 말을 덧붙였다. 이제 그 목소리는 마치 천둥 소리 같았다. "누구든지 바알을 위해 싸운다면 아침에 죽음을 당하리라! 만약 바알이 진정 신이라면, 그는 누군가 자신의 제단을 훼파할 때 스스로 방어할 수 있었을 것이다."

군중은 그 논리에 완전히 압도당했다. 만약 바알이 살아 있는 것이 확실하다면 그는 스스로 복수할 것이다. 만약 그가 죽었거나, 신이 아닌 사기꾼이라면 그 모든 것은 헛된 일임에 분명하다. 그렇다면 그런 미신에서 그들을 구원해준 기드온은 오히려 칭찬받아야 마땅했다.

　조용해진 군중들은 조금 전까지만 해도 난폭한 폭력을 불러올 것만 같았던 분노를 잊고 그대로 서 있었다. 요아스는 자신의 모든 권위를 담아 말했으며, 감히 자신을 넘으려는 자는 사형에 처할 것이라고 위협했다. 집 안에 있던 기드온은 더없이 넓은 아버지의 어깨를 바라보며 놀라움을 감출 수 없었다.

　이제 새로운 사명을 받은 기드온과 그의 용사들에게 가장 먼저 떨어진 명령은 파괴의 행위였지만, 여호와에 대한 진정한 제단을 쌓으라는 명령 또한 함께 받았다는 점을 주목해야 한다. 그들의 사명은 먼저 파괴하고 그 다음에 건설하는 것이었다. 주석가들은 요아스가 적대적인 군중들을 마주했을 때 그의 마음에 일어났던 변화에 재빨리 주목한다.

　어떤 이들은 그가 아들의 용기를 부끄러워했다고도 하지만, 그 원인이 무엇이든지 간에 충성스러웠던 이 바알 지킴이는 자신의 어두운 종교적 신념을 희석시킨 놀라운 연설을 했다.

　그것으로 요아스는 참되신 하나님을 향해 얼마간의 발자국을 옮긴 것으로 보인다.

기드온의 행위는 단지 이교주의에 맞선 행위, 그 이상의 의미를 담고 있다. 거기에는 진리의 회복이 담겨 있다. 그의 사명은 그저 끌어내려 무너뜨리는 것만이 아니라 새로운 질서와 일을 행하는 새로운 방법을 건설하고 확립하는 것이었다.

최근 어느 술집에서 벌어진 싸움에서 목숨을 잃은 한 젊은 동성애자에 관한 이야기를 들었다. 그 지역 '그리스도인들'의 한 무리는 장례식에 피켓을 들고 시위를 하기로 했다. 피해 청년 가족들의 간청에도 불구하고 그 '믿는 자들'이란 작자들은 묘지 밖에서 "하나님은 동성애자를 증오하신다" "게이는 지옥에서 불타리라" 따위의 포스터를 여봐란듯이 들고 있었다. 이것이 복음이라고? 이것이 좋은 소식이란 말인가? 나는 동정심이라고는 눈곱만큼도 없는 그런 비열한 행위에 관해 들을 때마다 그리스도인이란 이름을 달고 다니는 것조차 부끄럽다.

기드온의 행위는 긍정적이었으며, 굳을 대로 굳은 요아스의 마음도 그로 인해 다소 감동을 받은 것이 분명하다. 우리가 전하는 그리스도가 듣는 사람들에게 좋은 소식이 되려면 먼저 그들을 하나님의 눈으로, 하나님이 사랑하시는 존재로 바라봐야 한다. 사람들은 자신이 적대시 되는 대상으로 여겨지기를 원하지 않으며, 우리의 좋은 목표와 과제가 되기를 원한다. 내가 '우정 전도'라는 말에 다소 힘이 빠지는 이유가 거기 있다.

이것은, 사람들이 그리스도인이 되거나 되지 않거나 상관없이 사랑 그 자체를 받을 자격이 있음에도 불구하고, 그리스도인들은 사랑을 수단으로 세상을 전도하기 위해 비열한 작전을 짜고 있다는 말로 들린다.

하지만 그런 가운데도 그들에게 복음이 좋은 소식으로 들린다면, 그들은 그리스도를 위해 살겠다는 결심을 하기도 한다.

♣♣♣

지난 17년 동안 나는 아버지를 그리스도인으로 만들기 위해 갖은 노력을 다했다. 안 해본 일이 없을 정도다. "아버지, 저는 그리스도인이 되었는데 아버지는 슬프게도 그리스도인이 아니에요. 아버지는 지옥에 가실 거예요"라는 식으로 접근해보기도 했다. 하지만 웬일인지 아버지는 그런 종말론적인 공격에는 전혀 반응하지 않으셨다.

나는 아버지와 논쟁도 해보았고, 종종 아버지의 반격을 격퇴시키는 데 상당히 성공하기도 했다. 그 주장들은 내가 성령의 검을 빼들고 자동소총처럼 성경 구절들을 쏘아댈 때마다 먼지가 되어 무너졌다. 나는 논쟁에서는 승리했는지 모르지만 아버지를 얻지는 못했다.

내가 그 당시 미처 깨닫지 못했던 것은 아버지는 2차 세계 대전 중에 4년 동안이나 전쟁 포로로 잡혀 수많은 고초를 겪었기에 사랑이 많으신 하나님을 믿을 능력을 상실했다는 사실이다. 아버지는 때때로 교회에 나오셔서 내 설교를 인내하며 듣기도 하고, 끝도 없는 토론과 논쟁으로 나와 겨루기도 했지만 결국에는 하나님을 향한 어떤 움직임도 거부하셨다.

거기에 돌파구가 생긴 것은 내가 미국에 있을 때였다. 나는 한국인으로서 세계에서 가장 큰 교회를 이끌고 있는 조용기 목사가 설교를 하던 컨퍼런스에 참석하고 있었다.

그날 그는 설교에서 기도로 하나님을 신뢰하도록 권면했으며, 특히 가족들과 친구들을 전도하기 위해 기도할 것을 권했다. 그는 설교를 마칠 즈음 건물의 문을 모두 닫고, 그 자리에 있던 수백 명의 지도자들에게 아직 그리스도를 모르는 사람들을 위해 무릎을 꿇고 기도하라고 했다. 그때 우리 부모님은 처음으로 미국을 방문하시기로 되어 있었으며, 어머니는 이미 그리스도인이 되어 있던 터라 나는 아버지를 놓고 집중적으로 기도하기 시작했다.

몇 분이 지나지 않아 내 마음속에 그림이 하나 떠올랐다. 아버지가 손에 성경을 펼쳐 들고 계셨다. 처음에는 그 환상이 나의 소망에서 나온 생각이라고 무시해버리려 했지만, 결국 그것을 믿음으로 받기로 했다. 계속해서 기도하자 마음에서 아버지가 곧 그리스도에게로 돌아올 것이라는 확신이 들었다.

부모님은 4주 후에 남부 오레곤에 있는 작은 소도시의 공항에 도착하셨다. 많은 친구들이 우리 가족을 마중하러 공항으로 나왔다. 나는 친구들이 미국 국기를 흔들며, "미국에 오신 것을 환영합니다. 우리는 당신을 사랑합니다"라고 쓰인 포스터를 들고 있는 것을 보고 놀랍기도 하고 다소 당황스럽기도 했다.

아버지는 기뻐하셨다. 한 달 내내 아버지는 평소 즐겨하시던 농담을 섞어가며 이것저것 얘기해주셨다. 친구들은 들으면서 고개를 끄덕이고 미소를 지었지만 나는 그들이 실제로는 강한 런던 악센트 때문에 대부분 무슨 이야기인지 이해하지 못한다는 것을 알고 있었다. 하지만 그것만으로도 그들의 관심과 사랑은 아버지 가슴에 충분히 전해졌다. 그들은 매우 겸손하게 사랑을 표현했다.

미국에 머무신 마지막 주일, 아버지는 마침내 그리스도인이 되셨다! 그는 주일 아침 예배가 끝나갈 무렵 눈물을 터트리셨다. 나는 아버지가 우는 모습을 그날 처음 봤다. 우리는 미국의 관습에 따라 함께 제단으로 걸어갔고, 아버지는 자신의 인생을 하나님에게 드렸다. 다음 날 저녁, 축하하기 위해 함께 식사하러 간 자리에서 아내와 나는 아버지에게 앞면에 아버지의 이름을 새겨넣은 성경책을 선물했다.

성경을 펴시던 아버지의 얼굴에서 눈물이 흘러내렸다. 내가 환상 중에 보았던 바로 그 모습이었다 … .

아버지는 이태 전에 돌아가셨다. 나는 장례식 설교를 부탁받았고, 그 설교는 내가 지금까지 했던 것 가운데 가장 어려운 설교였다. 나는 아버지의 성경책으로 설교 준비를 하기로 했고 아버지가 혹시 그 사이사이에 어떤 메모를 적어두지 않으셨을까 하는 궁금한 마음에 성경책을 펼쳤다.

그때 그 사이에서 작은 책자 한 권이 떨어졌다. 그것은 「당신이 그리스도인이라는 것을 아는 방법」이라는 책이었다. 전도용으로 누군가 전해주었을 소책자였다. 아버지가 살아 계실 때는 그것을 읽으시는 것을 본 적이 없었다.

거기에는 몇 가지 질문에 아버지가 써넣으신 답이 있었다. 그 질문 중 하나는 "당신이 그리스도인이 되도록 결심하게 만든 것은 무엇이었나요?"였다. 그 밑에 아버지가 급히 써내려가신 글씨를 읽는 순간, 나는 숨을 크게 들이마셔야 했다. 17년이라는 세월 동안 성경적인 여러 도전과 그다지 좋은 소식이 아닌 것들로도 공략을 해봤지만 마침내 아버지의 마음에 믿음의 물꼬를 트게 한 것은 사랑이었다. 아버지는 그저 간단히 이렇게 적어놓으셨. '우리 가족과 친구들의 사랑'.

♣♣♣

기드온은 도저히 믿을 수가 없었다. 무서운 폭도는 이제는 다시 평범한 군중으로 바뀌어 있었다. 물론 그들 중 일부는 여전히 피를 보겠다고 살기 등등했지만, 그렇다 해도 몇 분 전의 그런 미친 듯한 상태는 분명 아니었다. 그들은 이제 그 문제를 그냥 덮어 버리려 하는 것 같았다. 다른 사람도 아닌 바로 아버지의 입에서 나온 지혜의 말이 승리하리라고는 전혀 생각하지 못했다.

그때 군중 가운데 한 사람이 앞으로 나와 마치 그 불편한 합의에 도전이라도 하려는 듯 잠시 주변을 살피더니 말을 뱉었다.

"내가 제안을 하나 하겠소!" 그의 말에 기드온은 얼굴 근육을 단단히 조이고 두려움을 들키지 않으려고 사력을 다했다. "지금부터 이 사람을 여룹바알이라 불러야겠소. 그가 바알과 대결을 벌였으니, 이제 바알이 이 사람의 뒤를 쫓을 것인지 봅시다. 저가 바알의 제단을 없애버렸으니 앞으로 어떻게 될지 두고 봅시다!"

만약 그것이 기드온에게 저주를 내리려는 간계였다면, 그의 의도는 완전히 빗나갔다. '바알과 싸우는 자'라는 뜻의 새 이름은 기드온을 일약 유명인사로 바꾸어놓았기 때문이다.

군중 속에서는 즉각 동의하는 뜻이 웅성거렸다. 그리고 얼마 후 이제 만족한 얼굴로 군중들이 각자 집으로 돌아갔다. 문이 닫히자, 불과 몇 분 전까지만 해도 죽은 목숨이나 다름없었던 기드

5장 분명한 신앙의 자세를 회복하다

온은 편안히 침실로 돌아갔다.

  그는 문을 닫아걸고 웃음을 터트리기 시작했다. 용솟음치는 기쁨을 감당하지 못하는 사람처럼 온몸을 뒤흔들며 웃어댔다. 새 이름 따위는 전혀 개의치 않았다. 바알은 그 두려움으로 익히 명성이 높았지만, 기드온은 이미 막대기로 불을 쏘고 화평을 말하던 목소리의 주인공을 알고 있었다. 바알에게 '그분'과 다투게 하라.

06 하나님의 옷

기드온은 자신이 활약할 무대 위로 처음부터 당당하게 걸어 가지는 않았다. 그는 사사로서의 은사를 점진적으로 드러내어 먼저는 자신의 지역에서, 그리고 그 다음에 다른 지방으로 넓혀갔다. 진정 의미있는 섬김을 열망한다면 우리도 먼저 인생의 작고, 또 언뜻 보기에 무의미해 보이는 사소한 것들에서부터 신실해야 한다. 그에 앞서 모든 사역은 영광을 누리는 것이 아닌, 섬김에 대한 부름이라는 사실에 대한 시각 또한 절대 잃어서는 안 된다. 현재 나는 해마다 여러 곳을 여행하며 수만 명의 사람들에게 설교하고 가르치는 특혜를 입고 있지만, 그런 일이 하룻밤 사이에 이루어진 것은 아니다. 청년 지도자였던 나는 하나님의 영향력을 내가 이끄는 작은 교회가 아닌 더 넓은 곳에서 더 많이 행사하지 못하는 것에 크게 좌절감을 겪었던 적도 있다.

> 여호와의 영이 기드온에게 임하시니
> 기드온이 나팔을 불매 … (삿 6:34).

흥분과 두려움이 뒤섞인 오브라는 소란스러웠다. 집집마다 대화의 주제는 같았다. 침략자들이 오고 있었다. 입소문이 먼저 마을에 당도하여 악몽을 확인시켜주었다. 미디안 사람들이 사탄적인 동맹군과 더불어 다시 이 지역에 들이닥치려 하고 있었다. 추수기마다 강탈당하는 비극이 벌써 8년째 계속되온 것이다. 이번에도 소문은 사실이었다.

적은 이미 요단 강을 건넜으며, 이제 에스드라엘론의 동쪽 끝에 있는 이스르엘 계곡에서 대규모 진을 치고 있었다. 그곳은 미디안에게는 보급과 전략의 요충지였다. 이스르엘은 "하나님이 씨 뿌리시다"라는 뜻을 가진 매우 비옥한 지역으로, 이스라엘을 울음바다로 만들 침략 전쟁을 위한 이상적인 기지가 되어주었다.

하지만 이번에는 달랐다. 이런 급박한 상황에 감도는 긴장감 속에서도 그들은 감출 수 없는 흥분으로 들떠 있었다. 아직 드보라를 기억하는 연장자들의 눈에 새로운 빛이 돌았다. 이 여룹바알은 그녀와 같은 길을 갈 것인가? 분명 여호와를 위해 새로 쌓은 제단이 그 마을에 엄청난 변화를 예고하고 있었다. 이제 사람들은 다시 여호와에 대해 이야기했다. 그것도 존경과 경배의 심정으로.

더 이상 바알을 믿을 수 없었다. 바알이 그렇게 강하다면, 왜 아직도 복수에 나서지 않고 지금까지 여룹바알을 그대로 살려두고 있는가?

이날은 그들에게 새로운 역사를 시작하는 날이 될 것인가?

미디안 사람들과 그 친구들에게는 여느 해와 다름없는 수확의 날이었다. 지난 7년 동안 맞았던 추수기와 똑같았다. 사실 그들은 모든 것이 달라졌다는 것을 모르고 있었다.

이스라엘의 한 남자가 하나님을 만나 그 힘을 맛보고 하나님이 주신 소명을 발견했다. 그에게 인상적인 과거의 행적은 없지만,

그리고 여전히 최근까지도 마을 외부에는 그다지 알려지지 않았지만 이제 그의 이름은 귓속말을 통해 멀리멀리 퍼지고 있었다. 그것은 새로운 바알 투사의 영웅담이었다. 아직까지 이스라엘에서 미디안에 대항한 군대는 없었다.

그들에게는 상당한 무기 저장고도 없었으며, 계획이나 전략을 짤 만한 장군도 없었다. 그저 단 한 사람, 그리고 하나님만이 있었다. 그러나 실로 모든 것은 달라져 있었다.

일을 해낼 능력을 주시는 성령

그 일이 벌어졌을 때, 그러니까 하나님의 영이 임할 때 기드온은 어디 있었을까? 집에 혼자 앉아 눈앞에 놓인 임무를 생각하며 걱정스럽게 손가락만 만지작거리고 있었을까? 아니면 들판으로 나가 이제 더없이 친밀하게 느껴지는 하나님과 활발하게 대화하고 걸으며 꿈을 꾸고 있었을까?

아니면 군중들의 가장자리에 서서 그들의 농담과 추측하는 말들을 들으면서 자신의 내면에서 믿음과 두려움의 감정이 서로 싸우도록 그냥 두었을까?

우리는 기드온이 실제로 성령이 왔을 때 무엇을 '느꼈는지'에 대해서는 아무런 정보도 없다. 그는 심장 박동이 갑자기 빨라지는 것으로 그런 경험을 시작했을까, 아니면 어떤 뜨거운 것이 머리부터 시작해 어깨 그리고 가슴까지 흘러내리는 것 같았을까? 그것은 충격적인 힘이 몰려와 순식간에 천국에서 쏘아내린 에너지파 같은 것이었을까?

어쩌면 그의 마음 깊은 곳에서 자라기 시작한 평화의 꽃이 소리없이 피었는지도 모른다. 그것이 내는 활기가 그의 내면을 단단하게 만들어주어 그 누구도 볼 수 없고 오직 자신만이 느낄 수 있는 두터운 갑옷을 입은 것은 아니었을까?

성경은 그 사건을 간략하게 요약하고 있다. "여호와의 영이 기드온에게 임하시니." 그런데 표준새번역에서는 "주의 영이 … 사로잡으니"라고 번역하여 마치 삼손(삿 14:6)과 사울(삼상 11:6)이 경험했던 것과 같은 어떤 격렬한 만남이 있었던 것처럼 오해할 만한 여지를 둔다. 대신 히브리어는 매우 특이한 경험을 제시하는데, 모든 주석가들은 이 말이 '특별한 종류의 성육신'을 암시한다고 말한다. 그것은 하나님의 영이 마치 옷을 입듯 기드온의 인격을 입으신 것이다.

이는 기드온이 하나님이라는 옷을 입은 것이 아니라, 하나님이 기드온이라는 옷을 입으신 것을 말한다. 그분이 기드온의 내면 깊은 곳으로 들어가셔서 그의 중심을 함께하시는 성령으로 가득 채우신 것이다.

데이비드 잭맨(David Jackman) 이렇게 쓰고 있다.

"우리는 성령이 마치 한 벌 옷을 입듯 기드온을 입었다는 이야기를 듣는다. 그것은 우리가 결혼식과 같은 특별한 행사를 위해 정장을 입거나 혹은 차 밑으로 기어들어가기 위해 긴 작업복을 입는 것과 같다. 기드온은 하나님이 나타나실 의상이며, 하나님이 사용하실 도구다 …." ■

오직 성경의 다른 두 인물들만이 그와 같은 경험을 했다. 아마새(대상 12:18)는 다윗 왕의 장군 중 하나로 성령의 옷을 입었으며, 그 결과 다윗을 향한 충성을 토로하게 된다. 또 불행했던 선지자 스가랴는 성령을 만나(대하 24: 20) 단 한 번 심판의 메시지를 예언했다가 성전 뜰에서 돌에 맞아 죽는 변을 당했다. 이 두 경우 모두 비상한 힘을 갖게 되거나 갑작스럽게 어떤 힘이 용솟음치는 일을 겪기보다는 하나님에 관한 지혜로 행동할 능력을 얻게 되었다.

기드온이 군사를 모집하여 전투에 나설 때 그는 자신 속에 계신 하나님의 영에 의해 인도를 받고 있었다. 여기서도 잭맨의 유추가 도움이 된다. 잭맨은 성령의 옷을 입는 목적을 제시하며 신

■ David Jackman, *Mastering the Old Testament-Judges*, Ruth, Word, 1993

약에서 사용된 그리스어 'dunamis'의 뜻의 뿌리는 '일을 해낼 수 있는 능력'이라고 지적한다. 어떤 번역에서는 그 단어를 '능력있게 하는 것'이라고 하기도 한다. 이는 특별히 사도행전에서 유아 단계에 있는 교회가 오순절에 내려왔던 성령과 같은 성령으로 채워졌다는 사실을 떠올릴 때 우리에게 절대적으로 중요한 점을 시사한다.

그들이 사명을 이루어갈 출발점에 서자 성령이 내려와 그들에게 부인할 수 없는 경험을 허락하신 것이다. 경험을 위한 경험이 아니라 그들이 예루살렘과 유대, 사마리아와 땅끝까지 가서 그 일을 해내도록 도와주기 위한 경험이었다. 그 성령이 기드온에게도 능력을 주셨다. 성령은 신약 시대의 교회를 능력있게 하셨다. 아마 우리가 우선순위를 조절하여 다시 선교 중심으로 돌아설 때, 주어진 사명을 감당할 능력을 주시기 위해 오시는 그 성령을 더 잘 알게 될 것이다.

기드온의 정신을 어지럽히던 안개가 순식간에 걷혔다. 그 역시 미디안 사람들이 힘을 모으고 있다는 소식을 들었다. 이번에는 이스르엘에서 대규모의 군대를 모아 진을 치고 있으며 그 수는 수십만이 넘는다는 소문이었다.

하지만 이전 같으면 두려움으로 영혼까지 얼어붙었을 그의 마음은 이제는 소망의 온기가 피어오르는 것 같았다. 그것은 하나님이 그에게 다른 어떤 것을 '말씀' 하셨기 때문이 아니라, 저 멀리 계시는 것 같던 하나님이 놀랍게도 이제는 '그의 속에' 계시기 때문이었다.

모든 것이 변했다. 다음 단계로 어떤 행동을 취해야 하는지는 아주 분명해졌다. 그는 그보다 앞선 인물이었던 에훗(삿 3:27)이 그랬던 것처럼 군대를 소집할 것이다. 양의 뿔로 만든 나팔을 입술에 대고 폐에 공기를 잔뜩 채워 힘껏 불 것이다. 그 높고 날카로운 소리는 저 멀리서도 들릴 것이다. 그는 어디서부터 시작했을까? 누구를 불러모았을까? 그는 재빨리 모든 상황을 파악할 수 있었다. 어두운 신전에서 했던 그대로 하면 되었다. 집에서부터 시작해야 했다.

받은 은사를 제대로 사용하라

높아진 명성에도 불구하고 기드온은 여전히 만만치 않은 도전을 맞고 있었다. 자신의 민족에게 적과 맞서 싸워야 한다는 것을 어떻게 설득할 것인가? 그들은 이미 7년 동안이나 무력하게 타민족에게 짓밟혀왔으며 그것을 삶의 일부로 받아들이고 있었다. 그 세월은 그들의 자신감과 정체성을 깔아뭉개고 산산이 부서뜨렸다. 기드온이 자기가 사는 작은 마을에서 여호와의 제단을 재건한 용감한 걸음을 내디딘 것과 한 민족을 전쟁터에 세우는 일은 차원이 다른 문제였다. 무명인의 자리에서 어떻게 영향력을 가진 자로 발돋움할 것인가?

하나님을 섬기며 살기를 열망해본 사람이라면 누구나 같은 도전을 느껴봤을 것이다. 성령의 감동을 받아 머릿속에는 온갖 선한 꿈들이 가득하여 하나님과 그 나라를 위해 뭔가 이루겠다는 것을 열정적으로 원하게 된다. 하지만 현재 우리가 있는 곳에서 하나님이 원하신다고 느끼는 곳으로 옮겨가려면 어떻게 해야 하는가?

나는 설교하고 가르치기를 진정으로 원하는 사람들을 여러 번 만나봤다. 어떤 이들은 설교자가 사역하는 것을 지켜보면서 가는 곳마다 군중을 몰고 다니는 그들의 능력에 주목하고, 여러 나라를 여행하고 돌아다니면서 사역을 펼치는 '매력'에 흥분하기도 한다. 하지만 대부분은 열심과 진정으로 하나님의 얼굴을 구하여 이것이 하나님이 부르신 소명이라는 확신을 갖게 된 사람들이었다. 하지만 어디로 가야 하는가? 지역 교회 혹은 그 너머에 사역을 발전시킬 모델이 있을까?

이것은 중대한 문제다. 나는 '사역을 하는 사람들'에 의해 갈가리 찢긴 교회들에서도 설교를 해봤다. 그러는 가운데 사람들에게 은사를 개발하여 적절하게 사용하는 방법을 가르치지 않은 채 '은사를 개발하는 법'만 말하는 것이 얼마나 무책임한 일인지 깨달았다. 예컨대 정기적으로 성령의 은사를 사용하여 일상 대화에서도 "하나님이 나에게 말씀하셨다"라는 말을 닳아빠지도록 자주 사용하는 교회를 생각해보자.

교회에서 종교적 열정의 기운이 높아짐에 따라 갑자기 여기저기서 열렬한 열심을 품은 목소리로 "하나님이 그들에게 사역을 주셨다"고 말하는 사람들이 튀어나오기 시작한다. 어떤 사람은 막 구원에 관한 컨퍼런스에서 돌아와 그들이 그 지역 교회를 위해 하나님이 지명하신 마녀색출단 대장이라고 단정한다. 그들은 모든 것에 다 간섭하고 교회를 헤집고 다니며 마귀를 잡는다고 하는 통에 가는 곳마다 무고한 사람들에게 상처를 준다. 또 다른 사람은 한밤에 꿈을 꾸었는데, 꿈 속에서 명확하진 않지만 인상적인 한 천사가 나타나 어느 특정한 찬송가로 예배를 인도하라고 했다고 말한다. 그러면 우리는 성령을 실망시킬 것을 두려워하여 다음 주일에 그 한 곡만을 계속 부르다가 결국은 어떤 성령 체험도 하지 못한 채 지쳐서 그만두고 만다.

한번은 미국의 다음 대통령이 되라는 운명을 받았다는 한 남자를 만난 적이 있다. 그는 생업으로 목재를 파는 사람이었기에 정치 경험이나 지식 따위는 전무했다. 게다가 그는 정치 세계로는 한 걸음도 내디딜 시도도 하지 않았다. 아마 숲에서 백악관으로 직행하려고 했던 모양이다. 하나님이 그에게 그렇게 말씀하셨다니까 ….

영역주의(Territorialism)가 사역에 깊이 침투할 수도 있다. 나는 피아니스트가 건반 주위에 가시달린 철조망을 치고 아무도 들어오지 못하게 한 채 혼자 연주에 심취한 듯한 교회에도 많이 가보았다. 피아노 연주는 그들만의 사역이었다. 자신의 은사 영역을 조금만 간섭하거나 건드려도 그들은 우리 코를 부러뜨려놓을 것이다. 누군가 다음 주일에 다른 곡을 연주하자는 제안을 한다면 제3차 세계대전이 일어날지도 모를 일이다.

나를 믿어도 좋다. 잘못 인도된 열심과 맥락에 맞지 않는 은사 인식은 수습할 수 없을 정도로 교회를 손상시킬 수 있다. 그렇다면 사역의 발전을 위한 적절한 모범은 어디 있을까? 기드온이 우리를 도와줄 것이다.

사소한 것부터 신실하게 행하라

기드온의 이야기를 주의 깊게 읽어보라. 그러면 사람들을 개발하시는 하나님을 발견하게 될 것이다. 온유하고 은혜롭게 그리고 인자하심과 확신을 주시면서, 때로는 적절하지 않은 기도에 응답하시면서까지 하나님은 기드온을 사용할 수 있도록 양육하신다. 기드온을 부르신 것은 한때의 사건일 뿐 아니라 하나의 과정이며 여행이었다.

기드온이 이스라엘의 사사이자 구원자로 공적인 사역을 시작할 때도 그러셨다. 기드온이 소집을 알리는 나팔을 입술에 대고 전투를 준비할 때, 세 단계에 걸쳐 그를 개발하시려는 하나님의 계획은 분명히 나타났다.

먼저, 기드온의 영향력과 사역은 점진적으로 드러났다. 그는 하룻밤 사이에 거인이 뜀뛰듯 갑자기 포도주 틀에서 온 민족에게 영향을 미치는 영웅이 된 것은 아니었다. 그의 영향력은 처음에는 바알 제단을 공격하는 데서 나타났다.

그 사건은 기드온의 믿음을 발전시키기 위한 연습장이 되었다. 그리고 그는 전투의 나팔을 자신의 친족에게만 불었다. 그 온몸을 전율시키는 곡조는 처음에 기드온의 친족인 '아비에셀' 지파가 들었다. 바알 싸움꾼이라는 그의 새 명성은 그 친족 일원들에게 잘 알려졌기 때문이다. 그 나팔소리를 들은 이들은 과연 그 전투의 초청에 응할 것인가?

그들은 응했으며, 그에 크게 고무된 기드온은 다시 나팔을 들어 나머지 므낫세 지파를 불렀고, 그들 또한 기꺼이 그의 곡조에 맞춰 춤추고자 했다. 용기백배한 그는 아마 아세르와 스불론, 납달리 지파에까지 전령을 보내 추가 모집을 알렸을 것이다. 기드온이 소집했던 이 네 지파는 모두 에스드라엘론 평원에서 왔으므로 그들 대부분은 미디안 침략의 피해자였다. 그들은 전투의 요청에 망설이지 않고 응했다.

기드온은 자신이 활약할 무대 위로 처음부터 당당하게 걸어가지는 않았다. 그는 사사로서의 은사를 점진적으로 드러내어 먼저는 자신의 지역에서, 그리고 그 다음에 다른 지방으로 넓혀갔다. 진정 의미있는 섬김을 열망한다면 우리도 먼저 인생의 작고, 또 언뜻 보기에 무의미해 보이는 사소한 것들에서부터 신실해야 한다. 그에 앞서 모든 사역은 영광을 누리는 것이 아닌, 섬김에 대한 부름이라는 사실에 대한 시각 또한 절대 잃어서는 안 된다. 현재 나는 해마다 여러 곳을 여행하며 수만 명의 사람들에게 설교하고 가르치는 특혜를 입고 있지만, 그런 일이 하룻밤 사이에 이루어진 것은 아니다.

청년 지도자였던 나는 하나님의 영향력을 내가 이끄는 작은 교회가 아닌 더 넓은 곳에서 더 많이 행사하지 못하는 것에 크게 좌절감을 겪었던 적도 있다. 어느 날은 해변을 걸으면서 내 사역의 제한된 영역에 대해 하나님께 불평했다. 하나님은 그날 한 가지 질문을 속삭이셨고 그것은 곧 응답과도 같았다. 내 불평은 곧 멈추었다. 그분은 그저 이렇게 말씀하셨을 뿐이다. "너는 내가 너를 위해 세우지 않은 단이라도 그 위로 정녕 걸어가고 싶으냐?"

당신의 은사를 단계적으로 드러나도록 하라. 그러면서 당신의 부담감과 열정을 지도자들에게 말하고 은사를 개발할 기회를 찾으라. 설교의 소명을 받았다고 느낀 이들은 설교를 할 필요가 있다. 하지만 지도력을 부여하는 것은 하나님이 그에 걸맞는 은사를 나중에 내려주실 것이라는 기대로 어떤 직함을 얻는 것이 아니라, 하나님이 그에게 이미 지도력의 은사를 주셨다고 인정받는 것이다.

그것이 바로 기드온에게 일어난 일이었다. 먼저 그의 가족과 친구들, 그리고 그 다음 그의 지파와 다른 사람들이 속속 도착했다. 그들은 기드온의 인생에 임하신 하나님의 손을 보고 느꼈기에 그의 은사를 '인정'했던 것이다. 너무 간단하게 들리긴 하지만, 기드온은 사람들이 그를 지도자로 따르고자 했기에 지도자가 된 것이다. 심지어 그들보다 엄청나게 수가 많고 월등한 무기를 갖춘 적을 상대할 전투에서도 그랬다.

지도자들은 자신이 사람들을 인도하도록 하나님의 부르심을 받았다고 주장할 수는 있지만, 만약 그 주변 사람들이 아무도 그를 인정하지 않고 따르려 하지 않는다면, 그들은 크게 곤란한 상황에 처하게 된다!

하나님이 지도력의 은사를 주시지 않았다면, 아무리 훈련을 하고, 안수를 받고, 또 굉장한 신임장이나 직함을 가져도 실제로 지도력을 발휘할 수는 없다. 수백, 그리고 수천의 사람들이 모이기 시작하자 기드온은 실제 전투가 눈앞에 다가왔음을 실감했다. 이제 사태는 자신의 통제를 벗어나 달리고 있었다.

기드온은 성령으로 가득 차 자신의 소명과 은사를 확실하게 확인시켜주는 군대에 둘러싸여 있었다. 그러나 또 다른 위기는 초읽기에 들어가 있었다.

여전히 의심 많은 우리를 받아주시는 분

아마 그런 생각이 든 것은 잠이 달아나고 죽음의 기운만이 어두컴컴한 방 주변을 맴돌았을 시간, 잠 못 드는 한밤이었을 것이다. 그 진땀나는 밤은 사람들 앞에 나서서 승리를 확신하며 얼싸안고, 다가올 전투에 대해 크게 떠들어대며 다소 과장된 몸짓을 보였던 한낮이 지난 다음 찾아왔다.

확신에 찬 미소와 자신만만한 연설 뒤에는 여전히 주저하는 마음이 그를 괴롭혔다. 앞에 놓인 도전의 규모는 엄청났다. 모인 군대도 상당했지만 전투에서는 4대 1로 열세였다. 그들에게 무기라고 할 만한 것은 거의 없었다. 작년에 적들이 침입했을 때 그나마 가지고 있던 비장의 무기들조차 전부 동나고 말았을 것이다. 사기가 떨어져 있는 건 당연했다. 군중들은 소집에 응하긴 했지만 진짜 용기있는 사람들은 얼마 되지 않았다. 닥쳐올 운명에 대한 생각으로 공기는 우울하고 무겁기만 했다.

날이 지날수록 포도주 틀에서 경험한 불과 화평의 목소리에 대한 기억은 아득해졌다. 그의 마음을 파고드는 차가운 피가 묻은 묻은 칼의 위협은 이제 더욱 생생해졌다. 지금 우리는 소파에 편히 앉아 그가 이룬 위대한 승리를 머릿속에 그려볼 수 있다. 하지만 전투를 알리는 나팔이 울릴 때, 그리고 그 환상이 현실이 될 때 용기는 쉽사리 흔들린다.

그래서 이제 그 유명한 양털 이야기가 나오게 된다. 전투의 날이 급박해짐에 따라 기드온은 더 큰 확신을 얻고자 어떤 증표에 집착했던 것 같다. 그는 하나님에게 또 다른 시험을 제안한다. 일부 주석가들은 그것을 그저 어떤 묘기 이상으로 여기지 않는다. 그것은 "만약 이러저러한 일이 생기면, 그것은 이러저러한 뜻이다"처럼 간단한 것이었다. 기드온은 양털 한 장을 모두 펼쳐서 타작마당에 놓을 것이었다.

만약 아침에 그 털에만 이슬이 묻고 땅은 말라 있다면, 이것은 하나님이 진정으로 기드온과 함께하신다는 뜻으로 해석하여 전투를 시작할 수 있다. 하나님은 게슴츠레한 눈을 한 기드온에게 마지못해 그 양털에서 한 대야나 되는 물을 짜내게 하셨다. 이제 그는 전쟁을 할 때라는 결론을 내리지 않을 수 없었다.

그러나 기드온은 또 다른 생각을 짜낸다. 더 확실한 답을 얻기 위해 이번에는 반대로 양털은 마르고 땅은 젖게 하실 것을 요청한다. 생각해보라. 이것은 정말 기적이다. 첫 번째는 땅이 먼저 마르고 양털에 물기가 남아 있는 것이 자연스러운 현상이라고 생각할 수 있기에, 여기서도 확신할 수 없다면 이제 땅이 마르기 전에 양털이 먼저 마른다면 … 그것은 확실히 하나님이 주신 증표가 될 것이다.

주석가들은 이슬은 공급하심(창 27:28)이나 축복(창 27:39)의 증표라는 것을 상기시키며, 그 시험에서 이슬의 중요성에 관해 끊임없이 추측한다. 이슬은 안정과 번영 그리고 구원의 증표로 여겨졌다. 간단히 말해 샬롬이었던 것이다. 아마 기드온은 제단에서 있었던, 그러나 이제는 희미해져가는 샬롬의 기억에 대한 증표를 구하고 있었다.

그러나 관심이 가는 진짜 문제는 따로 있다. 기드온에게 그런 요구를 할 권리가 있는가 하는 것이다. 그 당시 어떤 결정을 앞두고 '양털을 놓는' 행위는 상당히 흔한 것이었다. 여기서 다시 학

6장 하나님의 옷

자들의 의견은 충돌한다. 어떤 이들은 양털 사건을 과감하게 '기드온의 죄'로 치부하고, 다른 이들은 좀더 유연하다.

"우리는 그의 유명한 양털 사건을 두고 기드온을 탓하지 말아야 한다 … 여기서 하나님은 평범하고 수줍으며 게다가 자발적이지도 않는 이를 지도자로 세우시기 위해 끈기있는 사랑으로, 하지만 단호하게 그를 이끌어가신다. 그에게는 단계적으로 자기 확신을 세워줄 필요가 있었다." ■

아마 양쪽 의견 모두 맞을 것이다. 양털 놓기는 일반적으로 그다지 좋은 행위는 아니다. 그것은 기드온 자신이 한 말을 봐도 확실하다. 그는 하나님에게 양털 게임을 요구하는 것에 분노하시지 말라고 부탁한다. 그는 이것이 자신에게 절대적인 순간이 될 수 없다는 사실을 스스로에게 알리고 싶었던 것 같다. 그는 하나님이 이미 말씀하시고 불과 화평으로 확인해주셨던 것을 다시 한 번 보여주시기를 요구한다. 그 증표는 이제 눈앞에 있는 문제, 즉 전투하는 문제와는 아무 상관이 없었다. 양털 게임을 하는 기드온은 전투에 관한 진짜 증표인 32,000명의 남자들을 무시하고 자신의 관심을 양털에 돌린다. 첫 번째 결과에 만족하지 않고 그

■ Michael Wilcock, *The Message of Judges-the Bible speaks today series*, Leicester: IVP, 1992

시험을 뒤집어 또 다른 증표를 요구한다.

어떤 이들은 그 타작마당에서 이미 어떤 상서롭지 못한 조짐을 느낀다. 그들은 기드온이 이제 두려움에 항복하여 하나님의 명령과 부르심에 순종하지 않아도 되는 길을 찾으려 한다고 여긴다. "기드온은 실은 하나님의 뜻 자체를 알려고 했던 것이 아니다. 그는 그 뜻이 바뀌기를 바라고 있었다. 단지 문제가 자신이 감당하기에는 너무 버겁다고 느꼈고, 그래서 하나님이 앞서 말씀하신 것이 뭔가 잘못된 것이 틀림없다고 생각했다 … ." ■

이것은 바닥에 웃기지도 않은 양털을 놓고 순종에서 도피하려는 게임에 불과하다. "하나님, 만약 오늘 복권이 당첨된다면 … 사실 제가 복권을 사지도 않지만 … 그때 십일조를 시작하겠습니다 … . 아멘."

어떤 그리스도인들은 이렇게 '만약 이것을 이루어주신다면' 이라는 상황을 만들어낸다.

기드온은 두 번째 시험에서 단순한 확인을 원한 것이 아니라 기적을 요구하고 있었다는 것을 잊지 말자. 우리 가운데 얼마나 많은 사람들이 '만약 다음 신호등이 초록색이라면 나는 선교사

■ Professor Leon Wood, *Distressing Days of the Judges*, Zondervan/ Academic, 1975, p. 213

가 될 거야'라고 말하는지 모른다. 실은 멀리서 초록색 등을 보고는 속도를 늦춰 신호가 빨간색으로 바뀔 때가 되어서야 도착하여 결국은 선교사로의 소명을 폐기해버리려는 게임을 하는 것과 같다. 그런 게임은 바보 같은 짓에 불과하다.

내 결론은 '양털 깔기'는 그다지 좋은 생각은 아니라는 것이다. 하지만 나 또한 하나님을 잘 몰랐던 회심 초기에 그런 양털 깔기를 했으며, 그때 나에게 말씀하신 하나님을 알게 되었기에 그런 단정적인 결론은 무너지게 되었다. 그런 요청 방식에 흠이 있음에도 불구하고 하나님이 기드온에게 그렇게 온유하게 응답을 해주신 이유가 바로 그것이다. 하지만 하나님이 기드온의 요구를 무시하지 않으셨다는 사실이 기드온의 접근 방식을 용인하셨다는 뜻은 아니다.

이 같은 사실은 우리가 섬기는 하나님은 사랑이 많으시며 우리가 연약하고 깨지기 쉬운 존재라는 것을 잘 아시는 자비하신 아버지이시기에, 우리의 흠 많은 기도를 들으시고 우리의 불완전성과 깡통 같은 예배를 받아주시기로 결심하신다는 것을 증명한다. 기드온이 사역자로 드러날 때, 우리는 성령이 충만하면서도 여전히 의심을 가진 한 남자의 놀라운 모습을 본다. 그것은 우리에게는 위안이 되는 장면이다.

우리는 그로 인해 심지어 하나님의 능력도 우리의 인격을 지배하지 않으며 우리의 나약함을 즉각적으로 제거하시지 않음을 배우게 된다. 더 놀라운 것은 타작마당에서 우는 소리를 들으시고, 은혜와 사랑으로 그 걱정 많은 종을 돕기로 결심하신 하나님에 대한 비전이다. 하나님이야말로 우리가 모든 것을 걸고 전투장으로 나설 만한 분이시다. 기드온은 기념품으로 양털 군복을 해 입고, 바로 그 일을 하려 하고 있다.

하지만 아직 하나님은 더 놀랄 일들을 몇 가지 감추어놓고 계셨다.

적을수록 좋다

나는 오늘날 하나님을 섬기는 사람들을 어떻게 통계적으로만 비교할 수 있는지 의아하다. 우리는 가족과 함께하는 주일 식사 시간을 기뻐하며 스테인드글라스로 둘러싸인 온실에서 흥분되는 전장의 노래를 부르기도 하지만, 우리 주님에게 자신의 우선순위를 맞춰야 할 때가 되면 너무 바빠서 전투를 할 수 없다고 말하는 사람들이 대부분인, 거대하기는 하나 방만하기 짝이 없는 군대를 갖고 있는 것은 아닌가? 기드온의 경험을 통해 하나님은 자신을 주님에게 드리려는 의지와 준비가 된 사람들을 사용하신다는 사실을 분명히 알 수 있다. 이사야 선지자의 소명 역시 이 사실을 우리에게 가르쳐준다. 내가 아는 한, 이사야가 "화로다 나여 나는 부정한 사람이요"라고 말했을 때 그곳에는 하나님과 이사야 그리고 몇몇 천사들 외에는 아무도 없었다.

> 여호와께서 기드온에게 이르시되
>
> 너를 따르는 백성이 너무 많은즉(삿 7:2).

태양은 이제야 아침 산을 올라가기 시작했다. 아름다운 하롯 샘 주변에서 스러지는 그림자는 빠른 속도로 쫓기고 있었다. 이제 떠오르기 시작한 옅은 태양빛을 받으며 기드온은 저 아래 평원에 진을 친 미디안 군사들의 엄청난 규모를 살폈다.

이스라엘은 길보아 산의 헐벗은 비탈에 위태하게 진을 치고 있었다. 그는 모래 언덕에 서서 평원을 가로질러 바라보았다. 겨우 서북 방향으로 5킬로미터 거리였다. 서쪽 측면으로도 미디안 군사들이 보였다. 그들의 재빠른 발이 되어줄 수많은 낙타들도 함께 묶여 있었다. 점점 강해지는 빛을 손으로 가린 채 멀리 적진을 바라보던 기드온은 그 규모에 압도당하고 있었다. 다시 메뚜기 떼가 생각난다. 뭉쳐 다니며 굶주림으로 탐욕스러워진 메뚜기들. 정보원으로부터 적군의 수를 듣기는 했지만 실제로 그 엄청난 진용을 보자니 놀라지 않을 수 없었다.

이 엄청난 군사력도 기드온과 그 군대가 하롯(떨고 있는 샘)에 와 있다는 것을 알고 있을 것이다. 어쩌면 그들을 살피는 기드온을 지금 보고 있을지도 모른다. 미디안 사람들은 자신들의 군사력이 거의 4대 1 정도로 우세하다는 것을 벌써 알고 다가올 전투에 그다지 신경쓰지도 않을 것이라는 생각마저 들었다.

이제 그만. 이만하면 됐다. 도전자들의 위용을 보고 있어봐야 사기만 저하될 뿐이다.

그는 재빨리 진지로 돌아가면서 사람들에게 어떻게 이야기하는 것이 좋을지 생각했다. 지금 이스라엘에게 하롯은 그 이름에 딱 맞는 곳이었다. 급조된 이스라엘 군대의 얼굴에는 자신감이나 침착함 따위는 찾아보기 어려웠다. 그들은 겁에 질려 있었다. 아마 하나님이 기드온에게 그들의 두려움을 잠재울 만한 지혜를 허락하시지 않았을까 … .

다시 한 번 더 그 포도주 틀에서 있었던 사건을 이야기해주어야 하지 않을까? 타작마당 위의 이슬에 관해서는 어떤가? 그것이 자신에게는 충분히 하나님의 증표가 되었지만, 입 밖으로 내자니 다소 막연하고 지금 상황과 잘 맞지 않는다는 생각이 들었다. 그에게는 사람들의 사기를 북돋아줄, 그들을 진정시킬 무언가가 필요했다.

저 아래 계곡에서 잠시도 쉬지 않고 움직이는 낙타들의 발굽같이 그의 군사들은 걱정으로 긴장하고 있었다. 몇 시간 사이에 그들 머릿속에는 두려움 섞인 상상이 계속되었다. 상상 속에는 음험한 죽음의 얼굴, 고통으로 울부짖는 격렬한 죽음, 피가 낭자한 전투장에서 무기 하나 없이 미디안 살인자에 의해 희생당하는 어린이들이 있었다.

그때 내면에서 낯익은 목소리가 들려왔다. 하지만 그는 곧 쓴 웃음을 짓고 말았다. 그의 내면은 자신이 신뢰했던 그 목소리마저 왜곡하려 들었다.

이번에는 더 강하고 더 확실한 목소리가 울렸다. 하지만 그 말은 여전히 정신나간, 자살과도 같은 메시지를 전했다. 그의 영혼에 울리는 침묵의 외침은 그에게 반응을 요구하고 있었다. "너에게 군사가 너무 많다."

이해할 수 없는 하나님의 확실한 방법

기드온의 입장이 되어보자. 당신은 무섭고, 지쳤고, 자신이 없다. 그리고 거의 4대 1의 비율로 열세다. 당신의 군대는 쉽게 따라잡힐 것이다. 낙타도 하나 없으니까. 그들은 걸어다니는 목표물이다. 이렇다 할 만한 무기도 없으니까. 그들이 겁에 질린 것은 당연하다. 그들이 '떨고 있는'이라고 부르는 이 장소에 진을 친 것은 제대로 이름값을 하는 것이었다. 당신은 하나님이 지혜를 공급해주시기만을 학수고대한다.

하나님의 응답은 당신의 병력을 급격하게 줄이라는 명령 형태로 온다. 겁먹은 사람들은 누구라도 집으로 돌려보내도록 지시를 받는다. 기드온이 알지 모르겠지만, 이 명령은 율법에서 명령을 내리는 방식이었다. 모세는 심약한 자는 전투가 시작되기 전에 떠나도록 하라고 명령을 내렸다(신 20:8).

그렇지만 기드온은 들어보지 못한 전략이었다. 32,000명의 군사가 모였을 때도 그에게는 확신과 위안이 필요했다. 그런데 그 가운데 22,000명이 불안감을 어쩌지 못하겠다는 말과 함께 집으로 돌아가버렸을 때 그가 얼마나 낙담했겠는가를 상상해보라! 이제 그들은 저주받을 미디안 사람들에 대해 13대 1로 열세다. 22,000명이 두려움이 자신들을 겁쟁이로 만들었다는 말을 침통하게 남긴 채 집을 향해 발걸음을 돌렸을 때 남은 10,000명의 기분이 어땠을지 누가 알겠는가?

기드온은 그 목소리가 다시 "그래도 여전히 수가 너무 많다"라고 말했을 때 자신이 마침내 미쳐버린 건 아닌지 의심하지 않았을까?

이 잠꼬대 같은 망상은 그들 모두를 죽음으로 몰고 가는 것인가, 아니면 그들을 구원할 것인가. 그것이 바로 그 목소리라면.

분명 하나님은 남은 10,000명도 가려내기를 원하셨다. 히브리어로 '가려내다' 라는 말은 금세공업자가 불순물과 순금을 분리해내는 것과 같은 뜻이다. 그런데 가려내기 위한 시험이 괴상했다. 목마른 군사들이 물을 마시기 위해 어떤 방법을 택하는가 하는 것이었다. 마른 목을 축이기 위해 무릎을 꿇는 자들이 있을 것이며 그냥 서서 허리를 굽혀 손으로 물을 떠서 마시는 사람들이 있을 것이다.

하나님의 판결은 간단했다. 무릎을 꿇은 사람은 집으로 보내라! 나는 그 시험에서 떨어진 9,700명의 군사들을 보면서 기드온의 마음에는 어떤 공포가 소용돌이치고 있었는지는 상상할 수가 없다. 그저 손에 항아리와 보급품을 든 망연자실한 300명을 뒤에 남기고 자신의 장막으로 돌아가는 사람들은 다소 홀가분하면서도 그 이상한 시험에 당황했을 것이다. 셈을 해보자. 기드온의 군대는 이제 400대 1이 되어 있었다. 승산은 전혀, 절대적으로 없었다. 그러자 하나님은 미소를 지으신다. 이제 그분에게 일할 여지가 생긴 것이다.

기드온에게는 더없이 비참한 시간이다. 하지만 여기서 잠시 중요한 질문 몇 가지를 던져 우리가 꼭 알아야 할 점들을 짚어보자. 우리는 인생에서 하나님의 승리를 어떻게 알 수 있을까? 하나님은 그분의 군대에서 싸울 사람을 어떻게 구분하실까?

우리의 나약함 가운데 드러나시는 하나님

군사력 감축 전략의 핵심은 하나님이 기드온에게 은혜롭게 해주셨던 설명에서 발견할 수 있다. 하나님은 "이스라엘이 나를 거슬러 스스로 자랑하기를 내 손이 나를 구원하였다 할까"(삿 7:2) 걱정하여 전투장에서 다수의 군사들을 내보내셨던 것이다. 만약 기드온의 군사가 전부 남았다면, 그들이 하나님의 도움으로 전쟁에서 승리한다 해도 '스스로' 영웅이라고 생각하는 유혹에 넘어질 것이다.

자만심이 몰려올 것이 뻔했다. 나중에 밝혀지지만, 이스라엘은 역시 이 기적적인 전투에 하나님이 개입하셨다는 사실을 곧 잊어버린다. 전쟁이 끝난 후 그들은 개선 장군 기드온에게 왕권을 제안하면서 기드온이 그 전투에서 자신들을 구원했다고 선포하며 기드온의 하나님에 관해서는 일언반구도 없다(삿 8:22).

자만심은 타인의 공을 오래 기억하지 못하며, 자신을 높이는 데는 어마어마한 힘을 발휘한다. 4대 1이나 13대 1의 승산으로는 이스라엘이 하나님에게 공을 돌릴 리 없었다. 승산이 400대 1 정도로 불가능해져야만 이스라엘이 확실히 하나님의 도우심을 인정하게 될 것이다! 이 시대에도 선지자적인 목소리들은 하나님 앞에서 겸손할 것을 교회에 요청하고 있다는 사실을 기억하라. 자만심은 전투에서 가장 위험한 적군이다.

세월이 지나 바울이라고 불리는 한 남자는 그 자신의 나약함이 오히려 하나님이 일하시기에 이상적인 영역이 됨을 깨닫는 글을 쓴다. "내가 약할 때 강해진다"라는 그의 단언은 행복에 겨워 외치는 상투어가 아니라, 필요한 것을 스스로 해결하며 독립적으로 살아가는 데 능숙한 사람이 절망과 실망의 깊이를 알게 될 때 나오는 탄식이다. 그는 자신이 약할 때 하나님이 더 잘 드러나시는 경향이 있다는 결론을 내린다. 기드온의 군대는 미디안 사람들과 그 연합군에게 전혀 알려지지 않은 비밀 병기로 전투에 임할 것이다. 그들은 우주의 하나님에게 의지한 것이다.

♣♣♣

"당신에게 드리고 싶은 예언이 있습니다. 하지만 그 말을 오늘 저녁 집회에서 공개적으로 하고자 합니다."

내가 가는 곳마다 하나님으로부터 받았다는 여러 말씀을 듣는다고 이미 말한 바 있다. 하지만 이 말은 제럴드 코테즈(Gerald Coates)가 한 말이었다. 파이오니아 팀의 일부로 제럴드와 함께 일하고 있었기에, 그의 예언 사역이 섬뜩할 정도로 정확하다는 것을 나는 잘 알고 있었다. 나는 흥분된 마음으로 하나님이 제럴드를 통해 나에게 어떤 격려의 말씀을 해주실까 잔뜩 기대하게 되었다.

지난 몇 달 동안 다른 그리스도인들에게 "나는 당신에게 사랑으로 말하고자 합니다"라고 끊임없이 말했던 것만큼 이제는 내 몫에 해당하는 격려가 필요하다는 것을 절감하고 있었다.

나는 평소 유머를 섞어서 말하는 것을 좋아한다. 대부분 사람들은 웃기를 좋아하지만, 일부는 마치 나를 당황하게 만들겠다는 결심이라도 한 듯 좀처럼 웃지 않는다. 그런 사람들에게 몇 번이나 거절당해본 경험이 있는 나는 그때 하나님에게 이렇게 질문을 던지며 불평했다. "하나님, 저를 그리스도를 위한 바보가 되도록 부르셨습니까?"

"그렇다." 대답은 간단하고도 빠르게 울려나왔지만 나를 전혀 기쁘게 하는 종류는 아니었다.

그 대답을 속으로 간직한 채 파이오니아 지도자 컨퍼런스에 참가하던 차였다. 겉으로는 친구들에게 여전히 미소를 보내고 있었지만, 속으로는 바보가 되는 일에 다소 지쳐 있었다.

그날 저녁 제럴드가 설교를 했고, 그는 결론부에서 나를 강대상 앞으로 나오도록 초청했다. 900명이나 되는 지도자들이 몸을 앞으로 바짝 당겨 앉으며 무슨 일일까 궁금해했다. 제럴드는 화려한 색깔에 짤랑거리는 작은 방울들이 달린 우스꽝스런 광대 모자를 꺼내 내 머리에 올려놓았다. 나는 화가 치밀었다. 여기저기서 조심스러운 웃음소리가 터졌다. 사실 내가 봐도 멍청해 보였다. 웃음을 참으려는 사람들의 표정이 역력했다.

그리고 불과 몇 초 안에 그곳은 온통 웃음바다가 되었다. 나는 갈수록 화가 났다. 제럴드는 어떻게 나를 이런 식으로 모욕을 줄 수 있을까? 이 많은 사람들 앞에서 내 머리에 이 괴상망측한 모자를 씌워놓고 놀리다니. 그리고 나서 그는 예언을 시작했다. 곧 웃음소리가 잦아들었고, 내 화도 가라앉았다. 찌푸렸던 눈에는 대신 눈물이 흘렀다.

"당신은 그리스도를 위해 기꺼이 바보가 되려 했습니다."

제럴드는 하나님이 나에게 '바보'의 소명을 말씀하셨다는 것에 대해서는 전혀 모르고 있었다. 이것은 하나님의 말씀이었다!

그는 하나님의 기름부음이 더 강해지는 반면, 비판은 더욱 거세지고 급격해질 내 인생의 새로운 시기에 관해 예언하기 시작했다. 그리고 내가 날마다 예수님을 의지하기를 더욱 배워야 할 것이라고 말했다. 그리고 그 이후 한 주교가 사용하던 지팡이를 나에게 선물했다.

"당신이 어디로 사역을 하러 가든지 언제나 이 지팡이를 가지고 다니십시오. '반드시' 하나님을 의지해야 한다는 뜻을 잊지 않도록."

그 지팡이는 나와 얼마나 많은 곳을 함께 다녔는지 모른다. 초교파 수련회에서 강연을 할 때도, 침례교, 영국 국교회, 오순절파 그리고 신생 교회들에서도 언제나 나를 따라다녔으며, 내가 기억할 수 있는 것보다 더 여러 번 대서양을 건넜다. 해외여행을 다닐 때면 그 지팡이는 짐 찾는 곳에서 없어지기 일쑤였고, 마지막까지 남아 공항에서 찾아줄 때까지 기다려야 하는 경우가 다반사였다. 지팡이는 크기도 크고 귀찮은 물건이었다. 한번은 기차를 타고 회의장으로 이동한 적이 있는데, 그 지팡이를 잘못 휘둘러 다른 승객의 귀를 치고 말았다.

나는 장황하게 사과를 했으나 그는 내가 정신과 치료를 받는 것이 좋겠다는 시선으로 나를 쳐다봤다. 나는 뭐라 말해야 할지 몰랐다. "미안합니다. 하지만 이건 예언을 받은 물건이라서 … ."

나는 그 지팡이를 강의실에도 들고 다녔다. 어떤 친구는 그 짐스러운 물건을 매번 들고 다니는 내가 안쓰러웠는지 그것 대신 접어서 들고 다니는 접이식 지팡이를 사고 이 지팡이는 버리는 것이 어떻겠냐고 말하기도 했다. 나는 웃음으로 답하고는 이렇게 말했다.

"내가 이 크고 불편한 물건을 가지고 다니는 이유는 간단하네. 나에게는 내 생활을 어지럽혀놓을 만큼 충분히 큰 물건이 필요하거든. 그래서 나의 바쁜 걸음을 지체시키고 날마다 일상생활에서 예수님을 온전히 의지할 필요가 있다는 것을 잊지 않도록 내 길을 막아서는 그런 물건이 필요해."

그런데 슬프게도 그만 한 항공사에서 지팡이를 잘 보관한다고 두었다가 영영 찾지 못하는 일이 벌어지고 말았다. 기드온의 이야기에서 자만심의 잘못된 힘을 생각할 때, 그리고 우리가 자신만을 의지하기가 얼마나 쉬운 존재인지 깨달을 때 나의 미래를 위해 또 다른 나무 기념품을 하나 장만해야 할지도 모르겠다.

태도가 관건이다

감축 전략은 거만의 잠재적인 뿌리에 치명적인 한 방을 먹인 것이다. 처음 22,000명의 군사들을 보낸 것은 전술적인 이유였다. 하나님은 우리와 장난하시지 않는다. 비정상적으로 보이는 것에도 언제나 하나님의 법칙이 있다. 율법이 그것을 이렇게 정리해준다. "마음이 허약한 자가 있느냐 그는 집으로 돌아갈지니 그의 형제들의 마음도 그의 마음과 같이 낙심될까 하노라"(신 20:8). 군사 전술가들도 군대에는 무엇보다 사기가 중요하다는 사실을 인정할 것이다. 전략적 기술과 기술적 우위가 어떠하든지 사기가 떨어진 군대는 패배할 수밖에 없는 운명에 놓인다. 두려움과 부정적인 마음은 전염성이 매우 높다.

그러므로 긍정적인 태도를 가진 자들만 남아 전투에 임해야 했다. 이것은 중요한 문제였다. 이스라엘 백성들이 그 땅을 살피고 돌아온 정탐꾼 중 열 명이 내놓은 부정적인 보고를 믿기로 선택했기 때문에 약속의 땅은 광야를 떠돌아다니는 무리들의 지난한 목적지가 되었다. 그들은 여호와의 분노를 샀고, 무기도 없이 싸움에서 졌다. 한순간 전염된 비관주의가 그들의 발목을 잡아 스스로 무기력하게 되고 말았다(민 13, 14장).

왜 교회 생활을 늘 부정적으로 하는 사람들이 있는 것일까? 그들은 시비와 대립을 즐겨하고, 모든 사안을 물고 늘어져 일이 진척되지 못하도록 방해하면서 언제나 다른 전쟁을 치를 준비를 하고 있다.

그들에게는 사안들이 사람들보다 중요하다. 이런 부류의 사람들 주변에서 시간을 보내면 그만큼 맥이 빠지고 힘들다. 그들은 결국 가장 가까운 친구들조차도 소외시킨다. 지도자들은 그들을 보기만 해도 두려워한다. 어쩌면 그 22,000명을 집으로 돌려보낸 전술은 겉으로 보기에는 어처구니없었지만, 실은 축복의 감원이었다. 그들은 전투장에서 짐이 될 것이고 결국 그들의 부정적인 태도는 적의 손에 무기를 들려주는 형국이 될 것이다.

기꺼이 준비된 사람

처음 모인 군대의 3분의 2는 부정적인 태도를 이유로 해산되었고, 그 나머지 97퍼센트는 물을 마시는 시험에서 실패하여 각자의 장막으로 돌아가야 했다. 이것은 단순히 추가 감축을 위한 수단이었을까, 아니면 그 절차 뒤에 어떤 논리가 있었던 것일까? 주석가들은 이 구절을 이해하기 위해 온갖 종류의 곡예를 벌였다. 어떤 이들은 물 속에 세균이 있을지 모르는 가능성 때문에 손에 물을 떠서 마신 사람들을 좀더 현명하다고 여겼을 것이라는 이론을 제시한다. 또 다른 이들은 기드온은 그저 소규모의 특수부대만을 사용할 의도였기에 물을 마시는 시험은 담대하고 의지가 강한 전사들의 마음을 상하게 하지 않으면서 숫자를 줄이려는 기발한 발상이었다고 말한다.

하지만 그 문제의 핵심은 이것이다. 하나님이 여전히 수가 너무 많다고 선언하셨다는 것이다. 그 이상한 시험을 주도하신 분은 하나님이셨다. "나는 그들을 가려낼 것이다".

하나님은 자신의 팀을 뽑는 코치였던 것이다. "만약 내가 이 사람을 가라고 하면 그는 가야 하고, 만약 내가 가지 말라고 하면 가지 말아야 한다."

그 시험이 군사들의 특성을 시험해보려는 의도였다는 설명은 가능하다. 강둑에서 무릎을 꿇고 게걸스럽게 물을 마시는 이들은 공습에 자신을 노출시키는 꼴이며, 전투를 앞둔 군사로서 한 시도 소홀히 해서는 안 될 조심성과 경계심은 개인의 필요를 채우기 위해 일시적으로 흐트러질 수밖에 없었다. 선 채로 손바닥을 말아 쥐고 적은 양의 물을 떠서 마신 사람들은 물을 마시면서도 여전히 주변을 살피고 준비 태세를 취할 수 있다.

만약 그 시험에 어떤 뜻이 있었다면, 하나님은 자신의 안락에 정신이 팔려 있는 사람들보다 언제나 경계하며 준비된 이들을 찾고 계셨다고 말할 수 있다. 그런데 그것이 나쁜 소식이 된 이유는? 무려 9,700명이나 시험에 불합격했다는 사실이다.

나는 오늘날 하나님을 섬기는 사람들을 어떻게 통계적으로만 비교할 수 있는지 의아하다. 우리는 가족과 함께하는 주일 식사 시간을 기뻐하며 스테인드글라스로 둘러싸인 온실에서 흥분되는 전장의 노래를 부르기도 하지만, 우리 주님에게 자신의 우선순위를 맞춰야 할 때가 되면 너무 바빠서 전투를 할 수 없다고 말하는 사람들이 대부분인, 거대하기는 하나 방만하기 짝이 없는 군대를 갖고 있는 것은 아닌가?

기드온의 경험을 통해 하나님은 자신을 주님에게 드리려는 의지와 준비가 된 사람들을 사용하신다는 사실을 분명히 알 수 있다. 이사야 선지자의 소명 역시 이 사실을 우리에게 가르쳐준다. 내가 아는 한, 이사야가 "화로다 나여 나는 부정한 사람이요"라고 말했을 때 그곳에는 하나님과 이사야 그리고 몇몇 천사들 외에는 아무도 없었다. 좋으신 주님은 천사를 보내 뜨거운 숯을 이사야의 입술에 대게 하셔서 그가 용서를 받았다는 표시를 하셨다. 그때 하나님은 상황으로 보아 단지 겉치레뿐인 것 같은 질문을 던지신다. "내가 누구를 보낼까? 누가 우리를 위하여 갈꼬?" 여기서 잠깐 멈추어보자.

그 그림에는 이사야만 있다. 하나님은 분명 자원자를 모집하고 계신다. 하나님이 뻔한 답을 원하신다는 것에 큰 힌트를 얻은 이사야는 이렇게 응답한다.

"제가 여기 있습니다. 주여, 나를 보내소서."

당신도 힌트를 얻었는가?

♣♣♣

뒤로 물러난 형제들에게 잘 가라는 인사를 하던 그 300명의 기분은 어땠을까? 시험을 통과했으나 오히려 운이 없었다고, 혹은 실패했다고 생각한 사람들도 있지 않았을까? 그렇게 여러 날 동안 딸의 복수를 기다린 사람들, 피땀어린 농작물을 매번 망쳐버린 놈들에게 목숨으로 앙갚음을 할 순간을 기대하며 살았던 사람들, 그 미디안의 피를 보고자 했던 사람들이었기에 집으로 돌아가라는 명령에 울분을 품은 이들도 있지 않았을까? 그들이 다시 돌아가기 위해 여기까지 와서 그렇게 매서운 추위에서 떨었단 말인가? 한편 남겨진 이들 중에는 재빨리 돌아서 걸어가는 사람들과 자리를 바꾸고 싶어하는 사람들도 있지 않았을까? 돌아서는 사람들과 인사를 하며 그들에게서 남은 식량과 나팔을 받아 챙길 때, 눈앞에 놓인 말도 안 되는 전투를 생각하며 마치 영원히 작별을 고하는 것 같지 않았을까?

  135,000명과 300명이 싸우는 전투였다.

  이스라엘 한 사람 당 400명의 미디안 사람들이 붙는 셈이다.

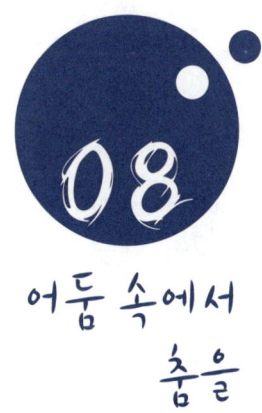

08
어둠 속에서 춤을

기드온의 군대는 서로를 신뢰했다. 이런 이상한 전략을 따르면서 그들은 자기 삶을 서로의 손에 맡겼다. 각자 맡은 역할을 다하면서 서로를 따라 물 흐르듯 움직이며 동시에 함께 소리를 질러야 했다. 여기에 전체 계획의 성패가 달려 있었다. 또한 시간을 맞추는 일도 중요했다. 공격의 순간은 자정 무렵, 적진에 불침번이 시작될 즈음이었다. 미디안 사람들은 그저 자기 차례가 왔기 때문에 잠자리에서 억지로 일어날 것이고, 여전히 졸음에 겨운 눈을 비비는 그들은 어둠 속에서 아직 시야도 완전히 확보하지 못할 때였다. 이런 유추는 당연해 보이지만 아주 중요하다. 교회가 승리를 알기 위해서는 믿을 만한 사람들이 필요하기 때문이다. 자기 기분이 내킬 때만 섬기는 경솔하고 믿을 수 없는 사람들을 가지고는 결코 전투에서 싸워 이길 수 없다.

> 긴 인내 없이 이루어지는 위업은 없다.
>
> −시에나의 캐서린(Catherine of Sienna)

　이제 기드온이 느끼는 것은 단순한 두려움이 아니었다. 그는 몹시 두려워 떨었다. 계곡 아래 대규모 병력을 내려다보고 자신에게 남은 잡다한 300명의 군사들을 돌아보는 것만으로도 두려워졌다. 기드온의 심정을 헤아리신 하나님이 다시 그 온유하심으로 기드온을 찾아오신 것은 아마 늦은 밤이었을 것이다.

　보름달 빛이 부라의 얼굴에 떨어졌다. 그의 눈은 기드온이 하나님으로부터 들은 말씀을 다시 숙고하고 있는 동안 더욱 커졌다. 이제 전투장으로 갈 시간이다. 하나님은 적의 진영을 기드온의 손에 넘겨주실 것이다.

그러나 그 전에 하나 남은 일이 있다. 하나님은 기드온을 위해 예사롭지 않은 사건을 한 가지 준비해두고 계셨다. 그것은 직접적인 명령이라기보다는 초청이었다. 기드온에게 아직도 좀더 분명한 확인이 필요하다면, 그는 미디안 초소로 내려가 아주 기이한 소식통을 통해 크나큰 격려를 얻게 될 것이다. 보초병들 사이에서 널리 퍼진 대화가 그것이었다. 하나님은 기드온이 두려움에 못 이겨 하나님이 붙이시는 전쟁을 포기하든지, 아니면 그 두려움을 극복하고 그분의 인도하심을 받아들일지 직접 결정할 기회를 허락하신 것이다.

기드온과 부라는 최대한 소리를 죽이며 험하게 경사진 비탈을 기어 내려갔다. 몸을 숙이며 한 걸음씩 내디딜 때마다 미디안의 진영은 더욱 어마어마해 보였고, 마침내 계곡 아래로 내려가자 그 진영은 마치 지평선을 다 뒤덮은 형국이었다. 기드온은 자신의 두려움과 맞대면하고 있었다. 초소에는 대개 미디안 군대에서 주된 전력이 배치되었다.

그들은 침입과 약탈 후 기지로 돌아가는 특공대원들이었다. 이 엘리트 그룹은 다른 군사들보다 훈련이 더 잘 되어 있으며 무장도 더 철저했다. 그들은 대개 진지를 최대한 방어하고 지키기 위해 진영의 가장자리를 둘러 배치되었다.

 기드온과 그의 종 부라는 한 발짝씩 아래로 아래로 내리막길을 걸어갔다. 그때 부드러운 바람을 타고 어떤 목소리가 들려왔다. 그들은 곧 몸을 땅에 찰싹 밀착시킨 채 멈춰 섰다. 서서히, 그리고 조용하게 … 경사면의 돌 하나도 건드리지 않도록. 자신들이 내쉬는 숨소리조차 우레같이 크게 들렸다. 바짝 마른 입술에 침을 바르고, 숨 쉬는 소리에조차 신경을 곤두세우며, 가슴팍에서 울리고 있는 망치 소리를 아무도 듣지 못하기를 바라며 기도했다 … 저 멀리서 한데 섞여 중얼거리던 말소리가 점차 분명해지고, 이제는 그 몇 마디로 전체 대화 내용을 짜 맞출 수 있게 되었다.

 미디안 사람의 입에서 어떤 말이 나왔기에 기드온과 그의 종은 격려를 받게 되었을까? 하나님은 기드온에게 가서 듣게 될 말을 통해 격려를 얻을 것이라고만 말씀하셨다. 그밖에 다른 얘기는 전혀 없으셨다.

 보초병들이 대화를 나누던 중에 그 결정적인 말이 튀어나온 것은 사방이 쥐죽은 듯 조용한 한밤이었다. 피곤이 그 혀를 늘어지게 하고, 개인적인 생각들이 별 경계심 없이 입술을 넘나들기 쉬운 시간이었다.

 그 가운데 한 사람이 아무리 생각해도 알쏭달쏭하고 무섭기만 한 꿈을 꾸었던 것이 분명했는데, 그 내용이 그를 긴장하게 했던 모양이다. 착 가라앉은 목소리로 그는 미디안 장막에 벌어진 이상한 환상에 대해 이야기했다. 아마도 그것은 미디안 대장의 장막이었을 것이다. 그 장막이 굴러온 거대한 보리빵 한 덩어리에 의해 그만 납작해져버리고 만 것이다. 확실히 괴상한 환상이었다. 고대에는 꿈을 꾼 사람이 지위나 권세가 있는 사람이라면 그 꿈에 대단한 의미를 두었다. 그리고 그것은 해석을 기대할 만한 꿈으로 여겨졌다.

동료의 꿈 이야기가 끝나자 다른 한 보초병이 그 자리에서 어렵지 않게 그 수수께끼를 풀었다. 그 보리빵은 잘 알려진 이스라엘의 상징이었다. 그 상징은 사실 다른 민족 사이에서는 경멸의 의미로 사용되었다. 보리빵은 가난한 계층에서만 먹던 것으로, 당시 이스라엘은 미디안 사람들에게 경제적인 착취를 당하며 그들의 채찍에 휘둘리는 노예 국가였다.

그런데 그 가난의 상징인 보리빵이 미디안의 장막으로 거침없이 굴러왔다! 유목민에게 장막은 생활 자체였다. 유목민들은 정착민들을 혐오하며 무시했으며 그들에게 장막은 모든 것의 중심이었다. 이제 자신들의 생활 방식인 그 장막이 무너져서 가난하고 불쌍한 히브리인들의 소요에 의해 납작해지려 하고 있었. '떠는 곳'에서 기다리고 있는 이들이 겨우 몇 백 명에 불과하다는 것을 알기만 했더라도 그들은 전혀 동요하지 않았을 것이다.

8장 어둠 속에서 춤을

하지만 그들은 지금 안절부절못하고 있다. 하나님이 그들 진영에 두려움을 심어놓으셨기 때문이다.

이 꿈 사건은 아주 정교한 장치였다. 하나님은 기드온에게 조심스럽게 초소의 오른편으로 가도록 하시고 때마침 졸리는 보초들의 정신에 악몽을 떨어뜨리셨으며, 그 다음에는 그들이 막 그 꿈을 나누려는 찰나에 기드온과 그의 종이 그곳에 당도하게 하여 그 해석을 듣게 하셨다. 다름 아닌 그 미디안 군사들이 하나님의 전능하신 손 아래서 예언자 역할을 한 것이다.

하나님은 이를 통해 다시 한 번 더 예언적 약속을 확인해주셨다. 기드온은 미디안 사람들이 일종의 공황 상태에 빠져 있다는 소식을 자신의 군대에 전할 수 있었다. 하나님이 이 모든 것을 짜셨다. 기드온은 싸움에 앞서 먼저 용기가 필요했기 때문이다. 다른 번역본에 의하면, "그의 손이 강해졌다". 하나님은 어둠 속에서 두려워 떠는 기드온을 세우기 위해 다소 장황한 노력을 기울이셨다.

어둠 속에서 춤추기는 쉽지 않다. 일이 힘들고 전투가 격심할 때 우리 모두는 우리를 지켜줄 힘의 원천이 필요하다. 사실 기드온에게 격려는 그 예언적 꿈을 엿듣기 전부터 시작되었다. 하나님은 신실한 종이며 무기 드는 자인 부라를 그 정탐 작전에 데리고 갈 것을 구체적으로 지시하셨다.

그들이 초소에서 발각될 경우 그를 보호하기 위해서였지만, 어쩌면 거기에는 다른 의도적인 이유가 있었다. 하나님의 계시는 언제나 그가 혼자 있을 때 왔다. 하나님이 불로 나타나셨을 때도 그랬고, 내면에 울리는 그 목소리로 기드온이 행할 바를 촉구하셨을 때도 그랬다. 이제 마지막 위안과 확신이 증거자를 앞에 두고 계시된 것은 좋은 일이었다.

기드온은 머리를 흔들며 그것이 밤에 온 환상이 아닐까 염려할 필요가 없었다. 부라도 거기 있었기 때문이다. 그는 들었고, 보았으며, 기억할 것이다.

하나님은 우리가 어둠 속을 혼자 걸어가게 하지 않으신다. 여러 해 전에 우리는 "나는 그분만 있으면 된다네. 내게는 오직 그분만이 필요하네. 예수가 내 모든 것"이라는 경쾌한 노래를 불렀다. 경쾌한 곡이기는 하지만 신학적으로 볼 때 이는 다소 적절하지 않은 표현이다. 예수님은 나를 꼭 예수님만 필요한 존재로 창조하지는 않으셨기 때문이다. 나는 친구들만이 줄 수 있는 온기와 우정, 그리고 사랑과 웃음이 필요하다.

그것이 하나님이 우리에게 교회를 주신 기본적인 이유 가운데 하나다. 우리는 그저 매주 같은 방향으로 앉아 공동 의식을 치르는 데 그치는 것이 아니라, 어려운 시절을 함께 걸어가며, 우는 자와 함께 울고, 웃음과 눈물을 공유하는 선지적인 공동체다. 놀랍게도 하나님은 우정을 통해 격려의 순간을 '기획' 하셨다.

　아버지가 돌아가실 때 어머니와 나는 함께 그 옆에 있었다. 의사로부터 임종이 얼마 남지 않았다는 말을 이미 들었음에도 불구하고 아버지가 마지막 숨을 내쉬셨을 때는 쉽게 그 상황을 받아들이기 어려웠다. 나는 여전히 아버지의 손을 잡고 있었다. 그렇게 떠나신 후 10초 정도 지났을까? 병원 침대 옆에 놓인 전화기 벨이 울렸다. 나는 싸늘하게 식어가는 아버지의 손을 잡은 채로 힘없이 수화기를 귀에 갖다 댔다.

　내 친구 크리스였다. 그는 우리 가족의 주치의로 오레곤에 살고 있었다. 그때 그는 캐나다에서 운전을 하고 있었는데 바로 그 순간 나에게 전화를 하라는 성령의 강력한 요청을 느꼈다고 했다. 내가 지난 며칠 간 계속해서 병원에서 지내는 것을 알고 있던 그는 병원으로 직접 전화를 해서 나와 통화하기를 바란 것이다. 그는 주님이 그 순간 전화를 걸라는 감동을 주신 이유를 알 만큼 영적으로 민감했다. 나는 방금 전에 아버지가 어떻게 세상을 떠나셨는지 나누었고, 그는 수만 킬로미터나 떨어져 있음에도 불구하고 자기 가족의 사랑과 기도가 그 어두운 순간에도 우리와 함께할 것이라는 확신을 내게 주었다.

　수화기를 내려놓으면서 나는 그토록 세밀하게 격려를 기획하신 하나님의 온유하심에 놀랄 수밖에 없었다.

이제 기드온은 자신을 괴롭히던 의심을 물리치고 승리를 확신하게 되었다. 전투장에서 하나님에게 예배드리며 그분의 자비하심을 마음껏 누리는 그의 마음속에는 감사와 감동이 솟아났다. 그는 지나친 자신감이나 열성을 삼가기 위해 당장 전투장으로 달려가는 것을 자제했다. 그 대신 먼저 하나님께 감사드리며 하나님을 기념하고, 또 곰곰이 생각하며 즐거움을 나누기 위한 순간을 가졌다. 전투할 시간은 충분했다. 감사가 더 중요했다.

상식을 넘어서는 신뢰

눈에서 잠을 씻어내던 300명의 전사들은 화급한 기드온의 목소리에 이제 완전히 잠이 깼다. 장막에서 장막으로 뛰어다니며 한껏 그들의 기운을 북돋우는 기드온은 매우 흥분되어 있었다. 하나님이 반드시 약속을 이루실 것이며, 승리가 이미 그들의 것임을 전적으로 확신한 이 남자는 이제 완전히 살아났다. 군사들은 100명씩 급히 세 무리로 나뉘어 각자 '무기'를 분배받았다. 무기라고 해봐야 별로 대단한 것은 못됐다. 항아리와 횃불, 그리고 나팔이 전부였다.

그들의 이 비밀 병기는 돌아간 동료들이 남기고 간 것들이다.

그 무기들이 비정상적이라고 한다면 전투를 맞는 전략은 도저히 믿을 수 없는 것이었다. 그들은 진영의 가장자리를 지키고 있었다. 기드온의 신호가 떨어지면, 그들은 나팔을 불고 고함을 지르며 항아리를 깰 것이다. 그리고 횃불을 흔들며 또 소리를 지르기로 했다. 그게 다였다. 계획은 그것뿐이었다.

항아리를 깨면 그 속에 있는 횃불이 드러날 것이며 그렇게 되면 그들의 위치가 보초들 눈에 금방 띌 것이라는 사실은 신경쓰지 말라. 한 손에는 나팔을 들고 다른 한 손에는 항아리를 든 채 "하나님과 기드온을 위한 칼이다!"라고 소리를 지르라는 명령은 개의치 말라. 그들이 실제로 칼을 가졌는지도 확실히 알 수 없는 일이다.

생각해보라. 미디안의 진영은 너무나 방대해서 성경에서 제시하는 대로 그 둘레를 에워싸서 대열을 만들려고 한다면 300명 가지고는 어림도 없었다. 그대로라면 옆 자리에 선 다른 동료와의 거리는 아마도 몇 십 킬로미터 혹은 몇 백 킬로미터는 족히 되었을 것이다.

그들은 마치 혼자인 듯 외롭게 서서 한밤에 거대한 적진을 비추는 달빛을 동료 삼아야 했을지 모른다. 만약 그 계획이 실패로 끝나면 어쩌나? 그 순간의 긴장을 견디지 못하고 겁이 나 도망쳐 버리는 사람도 생기지 않을까? 하지만 항아리 속에 깊이 손을 넣어 타고 있는 횃불을 감춘 채 말이 떨어지기만을 기다리며 침착하게 서 있는 저 남자를 보라. 기드온의 군대가 어둠 속에서 춤을 출 때 신뢰가 거둔 승리를 보라.

그들은 자신의 지도자를 신뢰했다. 기드온이 정말 하나님의 말씀을 들었다는 것을 믿기로 작정했다. 사교가 가져온 비극적인 사건들이 자주 뉴스거리가 되고 있는 요즘, 강한 힘을 휘두르며 사람들을 교묘하게 속이는 지도자들은 추종자들을 이용하고 학대한다.

슬픈 일이지만, 일부 '정통' 교회도 마찬가지다. 나 또한 일부 교회에 존재하는 노골적인 불신의 기운이 두렵다. 어쩌면 겉으로는 거룩함에 대해 설교하면서 스스로는 불륜을 저질러 그 가족들과 교회의 신뢰를 저버리는 일부 설교자들에 의해 지도력이라는 전체 개념이 훼손당하고 있다.

지도력에 대한 불신은 참으로 슬픈 일이다. 이스라엘의 자녀들은 모세가 홍해의 물을 가른 기적이 단지 자신들을 광야로 끌어내 죽이려는 수작이었다고 불평했다(민 16:13). 만약 그렇다면 그것이야말로 얼마나 정교한 계획이 필요한 일인가! 지도자들은 반드시 신뢰를 얻어야 한다. 물론 그 신뢰를 남용하는 이들은 매서운 질타와 징계를 받을 만하지만, 교회가 하나님 밑에서 전투를 준비하는 군대가 되려면 신뢰는 기본이다.

기드온의 군대는 서로를 신뢰했다. 이런 이상한 전략을 따르면서 그들은 자기 삶을 서로의 손에 맡겼다. 각자 맡은 역할을 다하면서 서로를 따라 물 흐르듯 움직이며 동시에 함께 소리를 질러야 했다. 여기에 전체 계획의 성패가 달려 있었다. 또한 시간을 맞추는 일도 중요했다. 공격 순간은 자정 무렵, 적진에 불침번이 시작될 즈음이었다. 미디안 사람들은 그저 자기 차례가 왔기 때문에 잠자리에서 억지로 일어날 것이고, 여전히 졸음에 겨운 눈을 비비는 그들은 어둠 속에서 아직 시야도 완전히 확보하지 못할 때였다.

이런 유추는 당연해 보이지만 아주 중요하다. 교회가 승리를 알기 위해서는 믿을 만한 사람들이 필요하기 때문이다. 자기 기분이 내킬 때만 섬기는 경솔하고 믿을 수 없는 사람들을 가지고는 결코 전투에서 싸워 이길 수 없다.

기드온의 군대는 어둠 속 그곳에 서서 하나님을 신뢰했다. 거대한 적의 진영은 달빛 아래 더욱 크게 보였을 것이다. 하지만 그들은 스스로에게 하나님이 자신들의 손에 이 대규모 진지를 넘겨주실 것이라고 말했다. 무기라고도 할 수 없는 항아리와 횃불, 그리고 나팔을 들고 전장에 나갈 준비를 하는 순간에는 혼란이 그들을 삼키려고 위협했을 것이다.

그 어둠을 뚫어지게 바라보고 있을 때 마음속을 짓누르는 의문들이 얼마나 많았을지는 상상하고도 남는다. 하지만 그들은 굳건히 서서 여전히 신뢰를 잃지 않았다.

교회 복음 속에 있는 우리는 신비와 좀더 가까운 친구가 될 필요가 있지 않을까? 우리는 인생에 대해 문답식으로 모든 해답을 가지고 있는 것처럼 보일 때가 있다.

이를테면 이런 식이다. 누군가 병이 낫지 않은 사람이 있는가? 그렇다면 그것은 반드시 a, b, 아니면 c라는 이유 때문이다. 예수님이 정말 돌아오실까? 궁금하면 이 책을 읽고 여기 이 도표를 보라. 하지만 인생에는 정답이 없는 질문이 있을 때도 있으며, 당신이 할 수 있는 일이라고는 그저 자기 자리를 지키고 서 있는 것밖에 없을 때도 있다. 아무리 어둡고 깜깜한 밤이라 하더라도.

신뢰하기로 결단하는 믿음

존과 체리 폴스는 콜로라도 주에 위치한 콜로라도 스프링스에 살고 있는 내 친구 부부다. 그들은 그 시에서 성장하고 있는 교회의 지도자들이었으며, 우리는 서로 가족들과 함께 여러 해 동안 가까운 친구로 지내왔다.

그 가정은 내가 미국에서 이곳저곳으로 잦은 여행을 다닐 때 언제나 사랑과 웃음을 나눠주는 장소가 되어주었다. 그들의 세 자녀, 저스틴과 조리 그리고 체닐은 언제나 맑은 웃음으로 나를 맞아주었다. 조리는 특별히 아무렇지도 않은 듯 던지는 통찰력 있는 위트로 내 웃음보를 터트리곤 했다. 그는 선교사가 되라는 소명을 느끼고 있던 예지 있는 청년 예배자였다.

언젠가 청년 모임에서 설교를 하기 위해 교회에 들어서는데 조리가 내게 다가왔다. 나는 청년들에게 보다 친밀하게 다가가기 위해 나로서는 최대한 유행을 맞춘 캐주얼 차림을 하고 있었다. 조리는 내 의도를 알아차리고는 얼굴 가득 미소를 지으며 말했다. "아주 좋은 시도예요, 제프."

그런데 어느 날 아침, 미국에서 이메일이 하나 도착했다. 그 이메일은 차마 믿기 어려운 소식을 담담하고 세세하게 전하고 있었다. 조리가 형과 함께 일하기 위해 들로 나갔다가 선글라스와 껌을 가지러 집으로 되돌아갔었다는 것과, 미끄러운 도로를 건너 돌아오는 길에 자신을 향해 달려드는 트럭을 보지 못했으며, 그 자리에서 즉사했다는 것이다.

다행히 아내와 나는 조리의 장례식에 참석하기 위해 곧 비행기를 탈 수 있었다. 모두 1,000명이 넘는 사람들이 모여 함께 울고 웃었던 그 장례식은 내가 지금까지 참석했던 그 어떤 모임보다 더 값졌다. 사실 비행기를 타고 가면서 나는 두려웠다. 그렇게 끔찍한 비극을 당한 친구에게 무슨 말을 할 것인가? 하지만 나는 두려워할 필요가 없었다. 대답은 불필요했으며, 오히려 인생에서 분명한 답을 구하려는 시도가 오히려 욕이 될 뻔했다.

우리는 조리의 특별함을 기억하며, 그가 겪었을 고통을 느끼며, 그가 가졌던 미소를 기념하며 그리고 이제는 하나님과 얼굴을 마주하고 있을 행복한 모습을 생각하며 하루를 꼬박 함께 울고 웃었다.

존과 체리, 저스틴과 체닐은 장례식 동안 내내 눈물을 흘리면서도 미소를 지었으며, 여전히 하나님을 향해 손을 들고 있었다. 내가 본 것은 분노나 의심이 아니라 진심으로 결단한 신뢰였으며, 하나님도 그들을 위해 울고 웃게 만들 광경이었다. 그분의 백성인 그들은 신뢰를 통해 어둠 속에서도 춤을 추기로 결단한 것이다.

하나님 외에는 아무도 없었다

눈 깜짝할 사이에 300명의 나팔소리와 함께 그 밤의 정적은 깨졌다. 그것은 적진의 가장자리에서 울려퍼진 경고의 소리였다. 갑자기 수많은 항아리들이 깨지면서 그 밤의 적막한 공기는 소름끼치는 소리로 가득 찼다. 횃불이 높이 들리고 어둠은 그 불꽃에 찢겼고, 그들의 목에서는 격렬한 외침이 터져나왔다.

"하나님을 위해, 기드온을 위해 … . 하나님과 기드온을 위한 칼이다!" 그들은 무참히 희생당한 자녀들을 기억하며 외쳤다. 견디기 어려웠던 기근의 해들을 생각하며 외쳤다. 자신들의 존엄과 희망이 그토록 무자비하게 짓밟힌 날들을 고통스럽게 떠올리며 소리를 질렀다.

귀청이 떨어질 것 같은 소음과 현란하게 흔들리는 불빛이 뒤섞인 그 혼란스러운 광경은 산기슭 300군데에서 동시에 쏟아졌다. 미디안 사람들은 급히 잠에서 깨나 장막 밖으로 뛰쳐나갔지만, 아직 어둠에 익지 않은 눈은 그 강한 불빛들 때문에 앞을 분간할 수가 없었다. 그들은 곧 공포에 사로잡혔다. 아마 그 소리에 겁을 먹은 낙타들은 발을 구르며 혼란의 강도를 가중시켰을 것이다. 분명 횃불을 든 자들 뒤에는 대규모 군대가 있을 것이며, 어둠 속에서 다가오는 그 누군가가 바로 자신의 적일 것이라고 판단한 그들은 공포에 질려 서로를 찌르고 갈랐다.

그 밤은 죽어가는 비명소리로 가득했다. 광란의 도살이 계속되었고, 친구의 칼이 남긴 피가 낭자했다. 그들은 잡히는 것은 무엇이든 들고 계곡 아래 동쪽으로 요단 강을 향해 내달렸다. 서둘러 도망가기에 바빴던 그들은 아직도 잠이 덜 깬 상태였다. 예상하지 못한 이 혼란과 비극이 실제 상황이 아니길 바랐을지도 모른 다. 그들은 무엇 때문에 그토록 두려움에 떨며 우왕좌왕했는가. 그 횃불을 든 자들 뒤에는 짜맞춘 군대도, 지원군도, 그 아무것도 없었는데!

하나님 외에는 정말 아무도 없었다.

♣♣♣

기드온은 아직 불타고 있는 횃불을 높이 들고 한동안 말없이 서 있었다. 계획이 들어맞았다. 소망 없고 무력했던 날들은 이제 끝났다. 그 저주받을 탐식자요, 맹수들이 눈앞에서 달아나고 있었다. 그들은 되는 대로 낙타를 집어타고, 장막은 버려둔 채 황급히 도망갔다.

기드온은 다음 행보를 고민하고 있었다. 도망가는 저 미디안 사람들을 마무리하기 위해서는 가능하면 많은 도움이 필요할 것이다. 그는 에브라임 산지로 전령을 급파했다. 에브라임 부족에게 저지대로 내려와 요단 근처에서 미디안의 도피길을 함께 차단하자고 했다. 대대적인 감축에 포함되었던 납달리와 아세르, 므낫세 출신의 32,000명의 군사 중 상당수는 이제 '쓸어내기' 작전에 새로 투입되었다.

기드온의 군대와 그를 따르는 친위대는 약 120,000명의 적군을 도륙할 것이다. 미디안 진영을 무너뜨린 300명의 전사들은 함께 모여 휴식을 취했고, 전령과 사자들이 파견되는 동안 다음 추격을 준비하며 기다렸다.

　마지막 공격은 에브라임에서 온 사람들과 연합하여 치러질 것이다. 다음 며칠 동안 용맹과 승리가 가득한 영광스러운 이야기들이 펼쳐질 것이며, 그것은 앞으로 수없이 경험하게 될 승리의 날들 앞에 놓인 시작일 뿐이었다. 드디어 격변은 시작되었다.

09
뜻밖의 비판

비판은 여러 가지 방식으로 우리에게 다가온다. 그것은 종종 성공에 도취되어 있는 우리를 치기도 하며, 우리가 다시 겸손해지도록 도와주기도 한다. 하지만 때로 비판은 진정한 감사가 있어야 할 귀한 순간을 망치기도 해서 한순간에 우리에게서 기쁨을 앗아가는 강도가 된다. 진정한 지도자라면 비판을 피하기 어렵다. 지도력의 본성은 변화를 가져오는 것이며, 그 변화는 완고하게 현상 유지를 옹호하는 사람들에게 도전하기 때문이다. 하지만 우리는 모든 비판을 무조건 폄하해서는 안 된다. 그것은 우리에게 주는 하나님의 선물일 수도 있다. 물론 달갑지는 않지만 비판은 우리가 보지 못하는 곳을 드러내기도 한다. 그것은 때로 우리를 진심으로 아끼고 사랑하는 친구가 우리의 실수를 그냥 두고 볼 수 없어서 어렵사리 꺼내는 날카로운 말일 수도 있다. 우리가 고통을 감수하고 비판을 올바른 태도로 바라볼 때 그것은 우리에게 진정한 계시의 원천이 된다.

요란스럽고 다채로운 축하의 순간이 될 수 있었다. 한바탕 크게 웃으며 서로를 얼싸안고 전투의 승리를 되새기며 기뻐할 수 있었다. 두 민족은 서로 나눌 것이 많았다. 기드온의 영광스런 '소수'는 횃불과 고함으로 막강 전력을 자랑하는 미디안을 제압한 것으로 역사에서 그 위치를 확고히 했고, 에브라임 사람들 역시 적의 도주를 차단하여 대단한 승리를 거두었다. 기쁨이 넘치는 감사를 드리며 함께 웃을 수 있는 순간이었다.

하지만 일은 그렇게 돌아가지 않았다. 마침내 두 군대가 한자리에 모였을 때 에브라임 사람들의 얼굴은 침울했고 눈빛은 차가웠다. 원통함이 이글거리며 급작스런 분노로 표출되었다. 날카로운 말들로 비난하는 목소리가 여기저기서 터져나왔으며 감정은 격해졌다.

앞서 기드온이 보낸 전령이 도착해서 300명이 거둔 승리의 소식을 숨가쁘게 전했을 때, 에브라임 사람들은 흥분을 감출 수 없었다. 하지만 그 기쁨 뒤에 곧 분노가 터져나왔다. 그들은 숙적인 미디안 사람들에게 복수할 그날을 손꼽아 기다려왔다. 그런데 오브라의 한 사내가 자신들에게는 상의도 없이 전쟁을 치렀으며 또 전쟁의 첫 순간부터 연합하자는 초청도 없었다는 사실에 화가 치밀었다.

그들은 왜 이스르엘에 자신들을 소집하지 않았을까? 에브라임 사람들에게는 왜 횃불을 높이 드는 특권을 주지 않았는가? 에브라임은 자부심이 강한 지파였다. 여호수아 장군이 그들의 선조였으며, 그들의 성읍인 실로는 성막이 있는 곳이었다. 게다가 기드온은 자신이 속한 므낫세 지파가 요셉이 죽음을 맞이하는 침상에서 에브라임보다 열등한 대우를 받았다는 사실을 잊었단 말인가? 그들은 모든 중요한 문제에 참가할 권리가 있었다. 아니, 그렇게 자부하고 있었다.

그들은 몹시 화가 났다. 하지만 이것은 나중에 다룰 수 있는 문제였다. 지금은 적들의 피를 뿌려야 할 때다.

그들은 요단 서쪽으로 추적하여 벧 바라 강까지 가서 기다렸다. 곧 도망하는 미디안 사람들의 무리가 나타나는가 싶더니 뒤이어 황급하게 놀라 도망하는 엄청난 군대가 뒤따랐다. 그들은 모두 고향으로 돌아가기에 정신이 없어 보였다. 사사기의 작가는 에브라임 사람들의 전투 전략에 관해서는 자세히 알려주지 않는다. 다만, 그들이 중요한 포로 두 명을 잡았다고만 말한다.

하지만 성경의 다른 곳을 통해 에브라임이 참가했던 전투에 대량 살육이 있었음을 알 수 있다. 시편 기자는 그 두 죄수, 오렙과 스엡의 죽음을 기뻐하고 있다. 그들은 미디안의 장수들이었으나 그날은 "바람에 날리는 지푸라기"(시 83:11-13) 같았다고 한다. 이사야는 오렙의 바위 전투(그 전쟁을 따서 이름 지음)를 홍해에서 애굽 사람들이 몰살당한 사건에 비교한다. 히브리 사람들에게 출애굽 사건이 얼마나 중요한지를 기억한다면 그것은 가장 값진 비유가 될 것이다.

두 사람은 자신들의 목숨이 얼마 남지 않았음을 알았다. 그들은 젊은 시절부터 손에 피를 묻혔다. 그들에게 죽음은 낯설지 않았다. 단지 끈질기게 등 뒤에서 기다리고 있는 어두운 동반자였을 뿐이다. 그리고 이제 그 동반자가 바로 전면에 모습을 드러냈다. 자신들의 차례가 됐다.

그들의 이름이 '갈가마귀'와 '늑대'였던 것과 그 종말이 많은 이스라엘 노래의 주제가 되었던 것으로 보아 두 사람은 용맹스럽고도 잔인한 전사들이었음에 틀림없다. 하지만 무수한 미디안 사람들의 허둥대는 뒷걸음질은 그들에게 정의가 신속하게 이행되었음을 보여주었다.

늑대와 갈가마귀는 마치 미친 사람처럼 허공에 웃음을 날렸다. 두 명의 에브라임 장수들은 지체없이 무거운 칼을 휘둘렀고, 그 매서운 칼끝은 그들의 머리를 베어 사악한 피를 땅에 뿌렸다. 에브라임을 위하여.

성공에 도취한 에브라임 사람들은 기드온을 만나기 위해 요단 동쪽으로 향했다. 피가 뚝뚝 떨어지는 오렙과 스엡의 머리를 기드온에게 바칠 생각을 했던 것은 무슨 이유 때문이었을까? 승리자 기드온에게 진정으로 존경을 표하려는 것이었을까? 아니면 속 보이는 메시지를 전하기 위해 그 괴기스런 기념품을 그에게 내보이는 것일까?

여기를 보라, 므낫세 사람아. 우리 에브라임은 성공적인 작전을 벌였다. 가장 악명 높은 미디안 장수 둘을 오늘 우리 손으로 처단했다…. 다음에 따르는 그 뜨거운 비판을 보면 이런 해석이 가능해 보인다.

비판이 주는 유익과 상처

"왜 당신들은 미디안과 싸우러 갈 때 우리를 부르지 않았소?" 에브라임 사람들의 얼굴은 분노로 일그러졌다. 그 목소리는 떨렸으며, 말은 사망의 독을 품고 있었다.

이스르엘에서 거둔 승리의 환희가 아직 채 가라앉기도 전에 맞닥뜨린 이런 종류의 항의는 기드온에게 마치 뺨을 얻어맞는 것 같은 기분을 느끼게 했을 것이다.

비판은 여러 가지 방식으로 우리에게 다가온다. 그것은 종종 성공에 도취되어 있는 우리를 치기도 하며, 우리가 다시 겸손해지도록 도와주기도 한다. 하지만 때로 비판은 진정한 감사가 있어야 할 귀한 순간을 망치기도 해서 한순간에 우리에게서 기쁨을 앗아가는 강도가 된다. 진정한 지도자라면 비판을 피하기 어렵다. 지도력의 본성은 변화를 가져오는 것이며, 그 변화는 완고하게 현상 유지를 옹호하는 사람들에게 도전하기 때문이다. 하지만 우리는 모든 비판을 무조건 폄하해서는 안 된다. 그것은 우리에게 주는 하나님의 선물일 수도 있다.

물론 달갑지는 않지만 비판은 우리가 보지 못하는 곳을 드러내기도 한다. 그것은 때로 우리를 진심으로 아끼고 사랑하는 친구가 우리의 실수를 그냥 두고 볼 수 없어서 어렵사리 꺼내는 날카로운 말일 수도 있다. 우리가 고통을 감수하고 비판을 올바른 태도로 바라볼 때 그것은 우리에게 진정한 계시의 원천이 된다. 우리가 원하는 것이 언제나 우리에게 필요한 것은 아니기 때문이다.

때로 우리는 하나님이 주신 비전이 너무 강해 그것에 눈멀기도 하고, 그 비전을 따르려는 결심이 너무 고집스러운 나머지, 적의 공격을 막아줄 친구의 건설적인 비판을 거부하기도 한다.

하지만 때로는 마음껏 축하해야 할 순간이 에브라임과 같은 비판자들의 분노에 의해 갑자기 산산조각이 날 때도 있다.

♣♣♣

에브라임 사람들은 비판적인 성향이 다분했다. 그들의 태도는 시종일관 비판적이었다. 이후 역사에서 입다가 유명한 사사가 되었을 때도 그들은 그에게 불평을 토했으며 이때도 역시 전쟁에서 전략적으로 위기를 맞은 순간이었다(삿 12:1-6). 에브라임 사람들은 다시 그들이 전투에 참가하도록 초청받지 못한 것에 항의했다. 비판적인 사람들은 때로 아주 사소한 문제를 가지고 화내는 것을 되풀이하며 언제나 반대의 목소리를 낸다.

그들은 요단 강을 건너 입다의 고향인 미스바를 향해 들이닥쳤으나, 입다는 자기 고향이 전쟁터가 되는 것을 피하기 위해 사본에서 그들을 맞았다. 거친 논쟁이 벌어졌다. 입다는 자신이 초청했으나 그들이 응하지 않았음을 주장하며 분노로 대응했다.

사태의 경위를 확실하게 밝혔지만 그래도 불평하는 사람들은 만족하지 못했다. 이상하게 진리조차도 만족시키지 못하는 비판도 있다. 그래서 그들은 자신들이 행동하는 근거가 옳든지 그르든지 상관없이 그저 문제를 일으키기로 작정한다. 때로 비판자들이 제시하는 문제는 실제로 그들이 걱정할 만한 진짜 문제가 아닐 수도 있다. 그 문제를 해결해도 평화가 오지 않는 이유는 그 때문이다. 문제의 표면 아래를 보면 언제나 더 많은 무엇이 있음을 발견할 수 있다.

때로 사람들은 자신에 대한 깊은 불만 때문에, 그리고 그 불만을 해소하기 위해 남의 잘못을 찾는 일로 비판을 시작한다. 비판의 발사대에서는 자신이 더 우월하게 느껴진다. 잠시 동안이지만 그들은 자신을 기만한다. "비판은 매력적인 대안이다 … 비판은 '그렇지 않았다면' 우리가 일을 훨씬 더 잘 할 수 있었을 것이라는 주장을 말없이 전달한다. 우리가 정말 할 수 있는지 증명해 보일 필요도 없이 말이다." ■

그래서 자만심은 자신이 하나님으로부터 다른 사람들의 잘못을 바로잡도록 사명을 받았다고 여기는 자칭 '감시자'들을 떠나

■ Tom Marshall, *Understanding Leadership*, Sovereign World, 1997, p. 94

지 않는다. 건설적인 제안이나 도움 없이 단지 문제를 진단하기만 하는 데는 그다지 큰 기술이 필요없다.

비판적인 에브라임 사람들은 머리가 굳고 자존심이 강하며, 그러기에 자신의 중요성을 실제보다 부풀려 느끼는 자들이었음에 분명하다.

비판자는 자신의 주장을 장황하게 늘어놓는다. 입다와 논쟁을 벌이기 위해 에브라임은 대군을 동원해 요단 강을 건넜고, 지파 간의 전쟁도 마다하지 않았다. 겸손이라는 고귀한 지혜를 택하여 연합된 승리를 향해 나가는 것이 훨씬 더 쉬웠으리라. 하지만 내부 논쟁을 진정시키기 위해 작전은 일시적으로 중단되었고, 결국 에브라임 군대는 42,000명 규모의 비극적인 손실을 입고 말았다.

유순한 대답이 전쟁을 피하다

기드온은 300명의 지친 얼굴들을 돌아보았다. 그 얼굴에 드리운 실망은 마치 파리한 수의처럼 그들을 감싸고 있었다. 무장한 형제들의 모습을 멀리서 보았을 때 그들의 마음은 얼마나 하늘 높이 솟구쳤는가.

그런데 이제는 그 머리 위에 쏟아지는 거절과 비난의 말들이 그들을 절망으로 내몰았다. 기쁨은 한순간 날아가버렸다. 대중들을 휘몰아 순식간에 폭도로 돌변하게 만들 법한 광기가 에브라임 사람들의 눈 속에서 이글거리고 있었다. 불평은 집단 소요로 번졌고, 남자들은 힘있게 어깨를 펴고 자만심에서 온 분노로 고개를 빳빳이 쳐들고 있었다.

긴장이 공기 중에 팽팽하게 걸렸고 형제들은 한순간 적이 되고 말았다. 그들은 내전이 터질 것만 같은 일촉즉발의 상황에서 뒤꿈치를 세우고 서 있었다. 위대한 승리는 간 곳 없고, 이스라엘은 망각의 강 위를 선회했다. 아마 기드온은 공중에 두 팔을 올리고 잠잠하라는 신호를 보내 자신이 말할 기회를 얻고자 했을 것이다. 300명의 병사들은 긴장한 채 모든 신경을 곤두세웠으며, 아드레날린이 온몸의 신경세포를 타고 근육으로 쏟아지던 참이었다.

기드온은 얼굴 가득 미소를 지으며, 팔을 벌려 포옹의 자세를 취했다. "내가 당신들에 비해 한 것이 무엇입니까? 에브라임의 포도가 아비에셀의 수확기에 다 자란 포도보다 좋지 않습니까?"

몇 초 동안 흐른 침묵은 실제보다 훨씬 더 길게 느껴졌다. 사람들은 친구의 눈빛을 살피기 시작했고, 어떤 신호를 찾아 집단의 마음을 읽고 있었다. 그러자 차가웠던 눈 속에 아주 서서히 온기가 퍼지며, 얼굴에는 미소가 피어올랐다.

기드온은 겸손한 태도로 자신의 승리를 낮추었던 것이다. 자신의 집안인 아비에셀의 포도 수확을 에브라임의 포도 수확, 즉 오렙과 스엡에게서 거둔 승리에 비교했다.

잠언은 "유순한 대답은 분노를 쉬게 하여도"(잠 15:1)라고 선언한다. 기드온은 사려 깊고 점잖은 답변으로 지도력의 큰 시험을 통과했다. 날카롭게 반응하여 방어 자세를 취하거나 "내가 누구인 줄 알기나 해? 내가 어떤 일을 해냈는지 알아? 어떻게 네가 감히!"라는 생각으로 거만해지려는 뿌리치기 어려운 유혹에 저항하며, 자칫하면 전쟁으로 발전할 수도 있었던 상황을 재빨리 수습했다. 유순한 한 마디 말이 전쟁의 비극을 피하게 했다.

기드온은 적어도 이 상황에서는 자신에게 퍼붓는 분노에 대해 똑같은 분노로 맞대응하는 것을 거부했다. 오히려 역으로 비난을 은혜로, 적대감을 온유함으로 맞아들여 상황을 바꾸어놓았다. 지금은 고인이 된 톰 마샬(Tom Marshall)은 비난을 받았을 때 그 비난에 그대로 반응하기보다는 평화롭게 대응하고자 애쓰는 사람들을 위해 다음과 같은 지혜로운 말을 남겼다.

비난이 다툼에 의한 것이라면, 평화로 응대하라.
그것이 악의에 의한 것이라면, 사랑으로 응대하라.
그것이 비열함에 의한 것이라면, 관대함으로 응대하라.
그것이 자존심에 의한 것이라면, 겸손으로 응대하라.

그것이 교만에 의한 것이라면,
가르침을 받겠다는 마음으로 응대하라.
그것이 기만에 의한 것이라면, 진리로 응대하라.
그것이 불신에 의한 것이라면, 신실로 응대하라. ■

지나친 소신이나 격렬한 감정 혹은 거만함이 따라오는 열성을 조심하라. 때로는 거룩한 사람에게도 그런 감정이 따라붙을 수 있다. 잘못된 부분을 바로잡을 것을 제안할 때 우리는 언제나 성령의 열매인 온유함으로 해야 한다. "형제들아 사람이 만일 무슨 범죄한 일이 드러나거든 신령한 너희는 온유한 심령으로 그러한 자를 바로잡고"(갈 6:1).

또한 지도자들은 비판의 태도가 잘못되었다고 해서 비판을 거부하는 방어적인 태도를 피해야 한다. 때로 사람들은 올바른 일을 잘못된 방법으로 말하기도 하며, 우리가 오류에 빠질 경우에 메시지를 주는 사람의 태도 때문에 그 메시지 자체를 거부하기도 한다. 에브라임 사람들의 비난은 '날카로웠으나', 기드온은 그래도 그들의 말을 들어주었다.

우선순위가 높은 순서대로 기도하기를 멈추지 말라. 나는 종종

■ Tom Marshall, *Understanding Leadership*, Sovereign World, 1991, p. 98

현대의 '에브라임 사람들'이 실제로 진정한 통찰력과 하나님으로부터 오는 지각력을 가진 자들이 아닌가, 하나님이 열어주신 안목을 가진 것이 아닌가 생각할 때가 있다. 하지만 그 은사는 그들이 알게 된 것에 적절히 대응하기를 거부할 때 부패한다. 나약한 이들을 위해 기도하는 대신 그들은 회초리를 집어들고 치기에 바쁘다.

'그분의' 교회를 세우시는 주님과 중보하는 대신 마치 교회가 자신에게 속한 것처럼 분개하며 행동한다. 지각력과 선지적 통찰력이 기도와 중보를 위한 연료로 사용되지 않지 않는다면 오히려 갈등과 반목만 초래할 뿐이다. 이를 좀더 간단히 표현한 어느 작가의 말을 빌자면 "우리가 서로를 위해 기도(pray)하지 않는다면 우리는 서로에게 먹이(prey)가 된다."

비판을 쉽게 하는 자들 혹은 그것을 취미로 삼는 자들은 유다의 진지한 경고를 귀담아 들어야 한다.

"이는 가만히 들어온 사람 몇이 있음이라 … 우리 주 예수 그리스도를 부인하는 자니라 … 너희의 애찬에 암초요 … 바람에 불려가는 물 없는 구름이요 죽고 또 죽어 뿌리까지 뽑힌 열매 없는 가을 나무요 자기 수치의 거품을 뿜는 바다의 거친 물결이요 영원히 예비된 캄캄한 흑암으로 돌아갈 유리하는 별들이라 … 이 사람들은 원망하는 자며 불만을 토하는 자며 …"(유 4, 12, 13, 16절).

에브라임 사람들은 이제 만족했고, 기드온은 당장 처리해야 할 중요한 사안에 착수할 수 있었다. 미디안을 완전히 꺾어야 했다. 하지만 앞서 이야기한 입다의 전쟁에서도 밝혀진 것처럼, 불행히도 에브라임은 그들의 역사에서 일어난 부정적인 사건에서 아무것도 배우지 못했다. 우리 역시 그들과 마찬가지일 때가 얼마나 많은가.

기드온은 이제 아주 중요한 시험에 통과했다. 하지만 오늘의 성공이 내일을 보장해주지는 못한다. 며칠 안에 그는 더욱 심한 비판을 받을 것이며, 이번에는 그도 정신적, 육체적 그리고 감정적으로 소진되고 말 것이다. 그는 그래도 겸손과 은혜로 실망과 상처에 대응할 수 있을까?

부당한 비판은 뒤로 하고 계속 전진하라

자기 지역으로 돌아간 미디안 사람들 대부분은 안도감과 비탄에 빠진 심정이 뒤섞여 허둥대고 있었다. 이스라엘 대군의 뒤를 받쳐주던 그 신비한 힘에서 빠져나온 것만 해도 감사했으며, 또 한편으로는 무참하게 당한 120,000명의 동지들을 애도하느라 정신이 없었다. 한때는 엄청난 규모를 자랑하는 군대였건만 이제는 겨우

15,000명에 불과했다. 얼마나 거만했던 자들의 각성인가.

그들은 7년이라는 긴 세월 동안 고개 뻣뻣이 들고 정복자로 활보했지만, 그 위대했던 압제자가 이제는 오히려 압제를 피해 도망가기 바쁜 신세가 되었다. 판세는 순식간에 뒤집어졌다. 누가 혹은 어떤 세력이 히브리 겁쟁이들을 전사로 탈바꿈시켰을까?

그들은 갈골의 물이 나오는 샘 옆에서 진을 치고 쉬었다. 깨끗한 물과 이제는 안전하다는 느낌에 만족한 그들은 보초를 세우는 성가신 일도 하지 않았다. 전투는 이제 끝났으며, 지금은 모두가 쉬고 또 눈물을 흘릴 때였다. 그들은 기드온의 집요함을 전혀 생각하지 못했다. 기드온은 지금 그들을 추격 중이었으며, 이번에도 그 신실한 300명의 군사들이 그와 함께했다.

온통 땀으로 뒤범벅이 된 기드온의 얼굴은 달빛 아래 번쩍거렸다. 쉴 새 없이 흘러내리는 소금기 어린 땀방울들은 두 눈을 따갑게 꼬집었고, 끈끈하게 젖은 머리카락은 두텁게 덩어리졌다. 몸의 온 근육은 한꺼번에 불만을 토해내며 최소한의 휴식과 영양 섭취를 요구했다. 기드온과 300명의 용사들은 이제 인내의 한계를 느끼고 있었다. 갈골까지 적을 추격하기 위해서는 메마르고 험난한 산악 지역을 지나 240여 킬로미터가 넘는 먼 길을 행군해야 했다. 미디안을 쫓아가던 그들은 저들이 이미 한참이나 앞서 있다는 것을 알았다. 에브라임이 불평하는 동안 적을 태운 낙타들은 재빨리 내달렸을 것이다. 그러나 그들은 잘 알려진 본문의 표현처럼 "피곤하나 추격"하기를 계속했다. 아마 처음에는 억압받고 좌절에 몸부림쳤던 7년이라는 긴 세월의 힘에 의해 움직였을 것이다.

그리고 성난 에브라임 사람들의 반응에 대한 반발로 그들 자신의 영광을 찾고자 추격을 계속하도록 스스로 충동했을 것이다. 하지만 좌절과 열망이 허기진 배를 채워주지는 않는다. 위대한 최후의 전투를 하기 전에 먼저 식량을 채워야 했다. 아마 다음 언덕에 오르면 지친 병사들에게 먹을 것과 마실 것을 줄 수 있는 성읍이 멀리서나마 눈에 들어올 것이다.

하지만 지금 그들 앞에 보이는 것은 끝도 없이 펼쳐진 모래 바다와 저 멀리 황폐하게 걸쳐 있는 지평선뿐이다. 기드온은 어깨 뒤로 잠깐 부하들을 돌아보았다. 녹초가 된 얼굴은 물기 하나 없이 메말라 있었다. 이제 한 걸음 한 걸음 옮기는 것이 천근만근이었다. 마을이나 오아시스를 찾아야 했다. 그것도 '빨리' 찾아야 했다.

다시 앞으로 몸을 돌린 그는 핏발 선 눈의 초점을 애써 맞추며 벌써 천 번도 더 봤을 저 먼 지평선을 뚫어져라 쳐다보았다. 그

때, 난데없이 그의 뒤에서 환호성이 터져나왔다.

시력 좋은 병사 한 명이 헛것도 아니고 신기루도 아닌 것을 확실히 보았다며 흥분하여 소리쳤다. 그의 시선을 따라가보니 저 멀리서 하얀 연기가 푸른 하늘 위로 길게 꼬리를 늘어뜨리며 올라가고 있었다.

그들은 마치 어린아이같이 소리를 지르며 믿을 수 없는 힘을 내어 달렸다. 멀리 보이던 정착촌의 모습이 점점 분명해졌다. 거기에는 고프다 못해 아픈 배를 채울 음식이 있을 것이며, 마르고 갈라져 모래같이 버석거리는 입술을 적실 시원한 물이 있을 것이다. 그들은 이제 살았다.

숙곳은 요단 동쪽에 있는 작은 정착촌으로 갓 지파와 므낫세 지파의 경계에 있었다. 그 숙곳이라는 이름은 야곱이 에서와 헤어진 후 그곳에서 가족들의 거주지를 세웠기 때문에(창 33:17) '피난처' 혹은 '장막' 이라는 뜻으로 지어진 것이다. 그곳에서 금속 유물들이 발굴되었는데, 솔로몬이 성전을 건축할 때 사용했던 청동이 바로 이 지역의 소산이었다(왕상 7:46).

기드온은 그 마을에서 영웅 대접을 받을 줄로 기대했을 법하다. 미디안의 심장부에서 가장 가까이 살고 있는 숙곳 사람들은 쉽게 미디안의 분노와 압제의 대상이 되었을 것이다. 이제 자유군이, 자유의 전사들이 그곳을 통과하려 한다. 분명 승리자를 위한 훌륭한 음식이 푸짐하게 준비될 것이다.

하지만 예상은 빗나갔다. 자신들이 환영받지 못한다는 끔찍한 사실을 알게 되었을 때 기드온과 그 부하들을 덮쳤을 거대한 실망의 파도를 상상해보라.

숙곳의 지도자들은 옛 미디안 압제자들과 그 이웃들의 눈 밖에 나지 않기 위해 그들에게 손님에 대한 어떤 예우도 갖추기를 거절했다. 자신들의 이익을 보호하기 위해 면피하기에 급급했던 그들은 형제들을 부인했다. 만약 기드온과 이 적은 수의 군대가 미디안에게 패한다면?

그러고 나서 숙곳 사람들이 기드온 군대에 식량을 제공했다는 사실이 발각되기라도 한다면 그들은 그 길로 달려와 끔찍한 복수로 응징할 것이 뻔하다.

그들이 거절한 이유는 아주 현실적이었다. "아직 당신의 손에 세바와 살문나(미디안의 왕들)의 손이 들어 있는 것은 아니지 않소?" 여기서 우리는 정복한 적의 손을 잘라 그것을 전리품으로 가져오는 애굽의 관행을 짐작할 수 있다. 그 뜻이 정확히 무엇이었든, 성읍 관리자의 메시지는 분명했다. 숙곳은 기드온의 지친 특수 부대를 돕지 않을 것이었다.

기드온은 감정이 폭발했고, 그것은 이해할 만한 일이었다. 그는 이스라엘의 숙적을 초자연적으로 패주시키는 일에 앞장서 지휘하고 있었다. 그는 에브라임 사람들이 고마워하기는커녕 비난의 소리로 달려들었을 때만 해도 선한 은혜로 견뎌냈다. 하지만 이제 그는 숙곳의 줏대없는 변절자로 인해 지친 부하들을 다시 사막으로 내몰아야 했다.

기드온의 눈은 분개심으로 불탔으며, 입에서는 거침없는 심판의 말이 폭포수처럼 쏟아져나왔다. "하나님이 세바와 살문나를 내 손에 넘겨주실 때, 나는 너희들의 살을 가시와 찔레로 찢고 말 것이다 … ."

그렇다면 불과 유황을 내뱉으며 비겁하고 도울 줄 모르는 숙곳의 마을 지도자들을 협박한 기드온의 행위는 하나님의 뜻을 벗어난 것인가? 아니면 그는 이스라엘의 정의로운 사사로서 적에게 소극적으로 협조한 그들을 공정하게 벌할 것인가? 이것은 진정한 정의였던가, 아니면 성질에 못 이겨 뿜어낸 한 남자의 폭언인가? 주석가들은 이 문제에서 서로 의견이 격렬하게 갈린다.

어떤 이들은 기드온이 그런 악한 협박으로 대응한 것은 완전히 잘못한 것이라고 한다.

"하나님에 대한 대단한 확신을 가지고 있었던 기드온은 이제 자신의 손으로 일하기 시작했다. 기드온은 위협적인 말로 숙곳을 협박하고는 그들을 과도한 무자비함으로 단죄했다. 여호와의 영이 이 지점에서 기드온을 떠났다는 결론을 내릴 수 있는 대목이다." ■ "기드온이 요단 강변에서 그들을 그렇게 무자비하게 처단한 것은 개인적인 피의 복수였다 … 앞서 그의 동기는 하나님에 대한 순종이었지만, 이제는 개인적 복수로 바뀌었다 … . 그가 얼마나 변했는지 … " ■

또 다른 이들은 이와 상반되는 결론을 내린다. "숙곳의 지도자들에 대한 벌은 옳은 일이었다 … 그것은 개인적인 피의 앙갚음이나 복수이기보다는 사사로서 재판적 판결을 이행한 것이다." ■ "기드온이 내린 벌은 … 모든 면에서 그럴 만한 이유가 있는 것이었으며, 공정하게 집행되었다 … 이스라엘의 구원자요 사사로서 하나님의 부름을 받았기에, 믿음이 없는 성읍을 벌하는 것은 기드온의 의무였다." ■

기드온이 기름부음 받은 대로 집행한 것인지, 아니면 개인적인 권력을 행사한 것인지 누가 진정 알 수 있겠는가? 우리는 단지 그가 전투에서 강력한 공격을 지휘하고 300명의 지친 특수 부대로 15,000명과 싸워 이겼다는 사실을 기억할 뿐이다. 하나님은

■ E. John Hamlin, *Judges, At Risk in the Promised Land*, Handsel Press, 1991, p. 98
■ Michael Wilcock, *The Message of Judges–the Bible speaks today series*, Leicester: IVP, 1992, p. 86
■ David Jackman, *Mastering the Old Testament–Judges*, Ruth, Word, 1993, p. 143
■ Keil and Delitzsc, *Commentary on the Old Testament vol. 2*, Hendrickson, 1989, p. 257

그가 성공하도록 하심으로써 여전히 그와 함께 계셨다. 하지만 우리를 도우시는 하나님이 함께하신다는 사실만 가지고 우리가 하는 모든 일이 다 하나님의 인정을 받는다고 증명할 수는 없다. 은혜란 우리 삶에 비록 부족한 부분이 있을지라도 하나님이 우리를 축복하심을 의미한다. 기드온은 자신의 인생에서 하나님의 명령을 넘어서는 일을 곧 행하기 시작할 것이다. 그 일은 다음 장에서 살펴보게 될 것이다.

진실이 어떻든지, 기드온과 그 부하들은 곧 승리와 함께 복수의 칼을 들고 되돌아와 숙곳을 짓밟겠다고 장담한다. 그리고 이번에는 브니엘의 황금탑에서 따뜻한 식사대접을 받게 되기를 간절히 바라며 동쪽으로 향했다.

다시 모래 위를 헤치며 6킬로미터가 넘는 긴 행군이 시작됐다. 그 마을의 이름에는 '하나님의 얼굴'이라는 뜻이 담겨 있다. 그곳은 야곱이 새벽이 올 때까지 '한 남자'와 씨름을 했던 곳이며, 하나님과 '맞대면'을 한 곳이었다(창 32:30). 그 마을은 멀리서도 잘 보이는 상징과 같은 성, 혹은 탑을 자랑하고 있었다. 멀리 보이는 탑에 지친 눈을 고정하며 걷던 몇몇 군사들이 비틀거렸다.

그러나 그들의 희망은 다시 한 번 잔인하게 깨져버렸.

그들을 기다리고 있는 것은 앞서 당했던 것과 똑같이 냉랭한 답변이었기 때문이다. 소망과 환대의 횃불이 될 줄로 기대했던 그 탑은 이제 거만함과 비겁함 그리고 정치적 이중성의 상징이 되었다. 기드온은 탑의 그늘에 서서 엄숙한 심판을 내린다. "내가 전쟁을 마치고 돌아와서 이 탑을 무너뜨리고 말겠다!"

그렇다면 기드온과 그 부하들은 어디서 그토록 절실하게 필요한 식량을 얻었을까?

우리는 그 점에 대해서는 알 수가 없다. 성경이 숙곳과 브니엘의 비열한 사람들에 관해서만 이야기하고 있는 것은 아마 앞으로 있을 심판 때문이며, 나머지 상세한 내용은 중요하지 않았기 때문일 것이다.

기드온은 부하들을 독려하여 마지막 추적을 강행했다. 브니엘에서 동남쪽으로 40킬로미터 더 떨어진 갈골까지 진행했다. 기드온의 심판이 옳았거나 잘못되었거나 우리는 그가 하나님의 부르심에 신실했다는 것은 인정해야 한다. 그는 전투에서 불가능한 적을 상대했으며, 여전히 나팔을 불며 항아리를 깨뜨릴 것을 명령했다.

그는 에브라임의 불평과 비난을 만났으나 그에 대해 맞대항하기를 거부하고, 소위 형제라고 하는 이들의 '우정어린 불'에 그저 상처받고 데기만 했다. 숙곳과 브니엘은 문을 닫아걸고 그와 그 허기진 부하들에게 등을 돌렸으며, 정복한 영웅을 돕기보다는 정치적 장기 놀음을 선택했다. 하지만 기드온은 단호하고 과감하게 행진을 계속했다. 하나님을 위해 큰 위업을 세우려는 사람이라면 누구나 기드온의 행보를 따라가야 한다. 윌리암 세이무어(William Seymour)를 생각해보자. 그는 1906년 로스앤젤레스의 아주자(Azuza) 거리 대부흥 운동에서 하나님에 의해 쓰임 받았던 한쪽 눈이 먼 흑인 목사였다.

지금은 역사에서 세이무어 목사를 5억 오순절파의 아버지로 존경하고 있지만, 그가 살았던 당시에는 전혀 그렇지 못했다. 그의 인생은 숙곳을 지나 추격을 계속하던 기드온의 이야기와 같았다. 캔사스 주에 있는 토페카의 성경 학교에 참가했을 때, 그는 흑인이라는 이유로 교실에 들어가지 못하고 창문 밖에 앉아 강의를 들어야 했다. 그가 맨 처음 로스앤젤레스의 상점 앞에 위치한 예배당에서 설교를 시작했을 때 회중들은 그가 들어오지 못하도록 교회 문을 잠그기도 했다.

그러니 결코 보장된 시작이라고 할 수 없었다. 아주자 모임이 시작되었을 때는 언론까지 나서서 거센 공격을 퍼부었다. 조롱하는 만화와 세상을 떠들썩하게 만든 헤드라인이 그를 풍자했다. "거룩한 반주류가 정신나간 주연을 베풀다 …." "백인과 흑인이 종교적 열광으로 뒤섞이다 …." 하지만 그런 비판을 하면 할수록 사람들은 더 모여들었고, 그들은 무슨 일이 벌어지고 있는지 직접 보기 위해서라도 아주자 집회에 참석했다.

형제들의 날선 말은 우리에게 가장 깊은 상처를 준다. 특히 오랜 친구나 심지어 멘토가 우리를 등질 때 특별히 더 그렇다.

성경 학교에서 세이무어의 지도 교수였던 찰스 폭스 파햄(Charles Fox Parham)은 유명한 오순절파 개척자로, KKK단의 지지자라는 혐의를 받고 있었다. 그는 세이무어의 가장 신랄한 비판자 중 한 사람이 되었다. 파햄은 아주자 사람들을 "애니미즘과 최면술을 신봉하며 친숙한 영과 주문을 외우는 … " 사람들이라며 비난했다.

파햄은 이렇게 쓰고 있다. "남자와 여자들, 백인과 흑인들이 함께 무릎을 꿇거나 서로에게 걸려 넘어졌다. 가끔은 부유하고 교양있는 백인 여성이 넘어져 흑인의 팔에 안길 수도 있었다."

비록 그의 여행은 숲곳을 지나 지루하고 좁은 길을 가야 했지만, 세이무어는 그만두지 않았다. 믿음의 전당에 오른 히브리인들(히 11장)처럼 세이무어는 하나님의 약속이 지켜지는 것을 보지 못했지만, 그는 생이 다할 때까지 계속해서 밀고 나갔다.

아주자 부흥은 그 결과였으며, 그 유산은 오늘날 많은 사람들이 누리고 있다.

당신은 지금 숲곳을 지나고 있는가? 너무 단순해 보이지만, 나로서는 당신이 무엇을 하건 간에 하나님을 위해 계속 앞으로 나아가라는 권고를 할 수 밖에 없다.

길에서 벗어나다

우리의 역사 만들기가 끝날 때면 이제 선한 사사가 우리의 삶을 달아보시고 우리의 유산이 무엇인지 저울질하실 것이다. 변함없는 신실함의 열매인가 아니면 엉겅퀴의 열매인가? 우리가 순간순간 내리는 일상적 선택이 그 해답을 결정한다. 선한 선택을 하라. 그리고 이제 그만 기드온에게 작별인사를 고하고, 포도주 틀을 부수고 나오라는 부르심을 들으라. 용기있는 행동이 당신의 월요일 아침으로 걸어들어오게 하라. 현대의 바알 제단과 대항하라. 그리고 열매와 가시의 차이점, 즉 힘과 나약함의 차이를 만들어내는 핵심적 진리의 열쇠가 무엇인지를 기억하라. 그것은 바로 하나님이 '당신', 위대한 용사와 함께하신다는 사실이다.

위대한 마지막 전투에 관한 상세한 묘사는 찾아보기 어렵다. 노바와 요새화된 욕브하의 갓 성읍을 지나 기드온과 그의 군대는 카라반들의 루트를 따라 '장막에 거주하는 자들의 길'을 조심스레 나아갔다.

아마 동북 방향에서 미디안 군대에 접근하여 공격을 개시한 듯하다. 미디안 사람들로서는 전혀 예상하지 못한 공격이었다. 그들은 기드온이 얼마나 집요한지 전혀 생각지 못한 채 자기 지역으로 돌아왔다는 것만으로 안전을 확신하고 있었기 때문이다.

너무 많은 전우들을 한순간에 잃은 그들은 심리적으로 이미 전의를 완전히 상실했을 것이다. 그들은 횃불이 켜지고 항아리가 한꺼번에 깨질 때 느꼈던 그 이상하고 신비로운 힘 때문에 겁에 질렸을 것이다. 대규모의 승리는 이미 결론 난 상태였다. 공포에 질린 미디안 사람들은 힘이 다 빠진 군대였다.

두 명의 중요한 죄수들은 바로 이때, 그들이 정신없이 도망가던 장면에서 붙잡히게 된다. 그들은 그 유명한 세바와 살문나였다. 승리는 달콤했다. 숙곳에서 기드온 군대를 비아냥거리는 데 거론된 이름의 주인공들은 이제 기드온의 포로가 되었다 ….

숙곳과 브니엘에 복수의 칼을 꽂다

숙곳에서 온 젊은이는 완전히 겁에 질렸다. 죽음이 다가와 순식간에 자신을 덮치기 위해 뛰어오를 준비를 하고 있었다. 눈은 두려움으로 휘둥그레졌고 그 두려움에 체온을 빼앗긴 차가운 몸은 크게 떨렸다. 기드온은 전략적 정보를 빼내기 위해 그를 고문했을까? 성경은 말이 없다. 아마 세바와 살문나가 등 뒤로 단단히 손목이 묶여 있는 모습을 보고 그의 심장은 더욱 빠르게 뛰었을 것이다.

그 두 왕자들이 아무리 포로 신세가 되기는 했지만 그 기상까지 다 버린 것은 아니었다. 그들의 눈가는 비웃음으로 주름 잡혀 있었다. 이미 죽은 목숨이나 다름없었지만 무엇인가 그들을 재미나게 하는 것이 있었다. 비록 아무도 보지 못했지만 그들은 기분 나쁜 웃음을 흘리고 있었다.

그들이 바로 다볼 산의 암살자였던 것이다. 기드온의 두 형제가 그들의 손에 의해 쓰러졌다. 이 두 암살자는 결국 오브라 출신에게 잡히고 말았다. 물론 당시 기드온은 그들이 자기 형제들을 한낱 미물 취급을 하며 생명의 빛을 앗아간 장본인이라는 것을 몰랐을 수도 있다.

청년은 용기를 내어 자신을 감시하고 있는 사람들을 올려다보았다. 그들의 얼굴과 손은 아직도 붉은 흙이 남아 있었다. 사실 그들은 진이 다 빠진 것처럼 보였으며, 그 손톱에는 피딱지가 갈라진 채 붙어 있었고 팔뚝은 온통 핏자국으로 얼룩져 있었다. 그들은 죽음과 함께 춤을 추었고, 결국 승리자가 되었다. 등 뒤로 쏟아지는 오후의 따뜻한 햇발을 받으며 헤레스를 지나오던 그는 실제로는 그들의 진영으로 들어가 이러저리 돌아보고 있었다. 손가락에 저 엉긴 핏덩어리를 가득 묻히고 있는 사람들에게 생명이 달려 있는 지금, 그는 어떻게 될 것인가?

그 불쌍한 청년은 손을 덜덜 떨며 숙곳의 행정 관료들과 성읍 지도자들의 목록을 적어나갔다. 그는 정신없이 자신의 기억을 더듬었다. 지시는 확고했다. 누구 하나라도 그 목록에서 빠져서는 안 되었다. 77명의 명단이 곧 완성되었다.

목록을 훑어보던 기드온은 만족했다. 심판의 목록에서 자신의 가족 중 한 명 정도를 제외시킨 것 외에 저 아이가 다른 거짓말을 할 이유는 없을 것이다. 사사 기드온이 자신과 부하들을 조롱했던 성읍들을 재방문할 시간이 드디어 왔다.

아마 그 성읍 중앙에서는 급히 소식을 전하는 망지기의 고함소리를 듣고 황급하게 모임이 열렸을 것이다. 기드온과 그의 부하들은 모래 언덕을 넘어 늠름하게 행군하고 있었고, 그들의 귀환은 오직 한 가지만을 의미했다. 그들은 개선 부대였다. 미디안의 위력이 산산조각이 난 후였다.

그 성읍 회의에 앞서 자신들이 했던 행위에 대해 속죄할 방법을 찾으려고 안간힘을 쓰지 않았을까?

그들은 오브라의 개선 장군을 환대하기 위해 평화의 곡물을 준비했을지 모른다. 어떻게 해서라도 승리자들과 한 편이 되어보려고 최후의 절박한 시도를 하지 않았을까? 그들은 급히 환영사와 축하 연설문을 공들여 작성하고, 억지 미소를 지으며 연신 몸을 굽혀가며 그들의 환심을 사려고 애썼을 것이다.

기드온이 살아 있는 전리품을 자랑스럽게 보이기 위해 밧줄로 동여맨 세바와 살문나를 앞세우고 진군하여 들어올 때 아마 온 성읍은 불안과 두려움에 떨었을 것이다.

10장 길에서 벗어나다

마침내 기드온이 그 살인자들을 먼지 속으로 밀어젖히자 그 자리에 모여 있던 군중은 금세 쥐죽은 듯이 조용해졌다. 그때 기드온은 모든 사람이 알아듣도록 목소리를 높였다. "여기 이들이 있다! 세바와 살문나다! 너희들은 '그들의 손이 네 손 안에 있다는 거냐?'라며 나를 조롱하지 않았느냐?"

그러고는 고소장을 읽듯 말을 이었다. "너희들은 '왜 우리가 당신의 지친 군대에게 떡을 주어야 하느냐?'라고 했다."

판결 따위는 필요없었다. 그들은 고소된 그대로 죄를 인정해야 했다. 온 성읍은 수치심으로 눈을 내리깔았다. 그들은 자신의 이웃과 하나님을 배신했다. 그들은 적과 한 편이 되었으나, 이제 그 적들은 자신들 앞에서 먼지 속에 처박힌 채 넘어져 있었다. 왕자가 순식간에 노예로 전락한 것이다. 엄중한 목소리가 꼼꼼하게 작성된 긴 목록을 읽어내려갔다. 호명된 순서대로 한 사람 한 사람 앞으로 나가자 절망에 떠는 그 아내들과 자식들이 자비를 바라여 울부짖는 소리가 울려퍼졌다.

숙곳의 지도자들은 이 미디안 왕자들과 함께 죽을 것인가? 숙곳은 기드온과 그 부하들에게 가장 기본적인 지원과 접대를 거부함으로써 기드온에게 굴욕을 안겨준 땅이 되었다. 숙곳이 뿌린 것을 거두게 하라. 성경에서 황무지와 불임의 상징(사 7:23, 눅 6:44)으로 나오는 들가시와 찔레 채찍이 만들어졌다. 그것은 이

전에는 오만한 관료들에게 수치심을 주기 위해 계산된 행사였다. 가시들은 한 치의 자비심도 없이 그들의 살갗을 파고들어 찢어발기며 찢긴 곳은 더욱 깊게 찔러댔다. 길게 푹 패어진 깊은 상처에서는 피가 고여 흘렀다. 처절한 눈물을 흘리며 아내들은 무섭게 비명을 질러댔다.

갑자기 매질이 그치더니 가시 회초리는 폐기되었고, 피범벅이 된 아버지들은 울먹이는 아이들을 얼싸안았다. 기드온과 그 부하들은 미디안의 왕자들을 끌고 한마디 말 없이 그 성읍을 빠져나갔다. 이번에는 브니엘에 하나님의 진노하신 얼굴을 보여줄 차례였다. 그들을 겸손하게 만들 가장 좋은 방법은 그들의 자부심의 최고 상징인 그 유명한 탑을 허물어버리는 것이었다.

피는 피를 부른다. 브니엘에서는 대량 학살이라 해도 될 만한 끔찍한 전투가 계속되었다. 기드온과 그 부하들은 브니엘에 우뚝 솟았던 자부심의 등뼈를 허물어버렸다.

성읍의 남자들은 성을 방어하기 위해 마지막까지 투쟁했을까? 아니면 그저 소름끼치는 사형대로 조용히 걸어나갔을까? 아내들은 과부가 되고 성읍은 남자들과 심장과 소망을 잃어버렸다. 이때 기드온은 하나님의 명령을 수행한 것일까? 아니면 거부당한 상처로 인해 그의 심장은 피를 보려는 욕망으로 들끓고, 한때는 겁쟁이였던 그는 이제 스스로 통제할 수 없는 폭한이 되어버린 것인가? 세바와 살문나는 죽어가는 수많은 사람들의 비명을 들었지만 그들은 단지 연기 나는 브니엘 성읍 밖으로 또 한 번 등이 떠밀릴 뿐이었다.

그렇게 많은 사람들이 죽음을 당하는 마당에 우리는 왜 아직 죽이지 않고 살려두는 것일까?

복수 뒤, 덫에 발을 들이다

사형은 오브라에서 집행된 것 같다. 그 성읍의 한 소년이 이제는 사사요, 장군이 되어 친구들과 가족들의 열렬한 환영을 받으며 귀환했다. 그 환호성은 긴 행군을 견디느라 누적된 피곤함을 일시에 몰아내는 소리였다. 한때 자신의 목숨을 요구했던 그들의 목소리는 이제 귀환을 환영하는 합창으로 돌변했다. 가족 중에서 가장 미천했던 자가 가장 위대한 자가 되어 돌아왔다. 그들은 그 힘있던 압제자가 땅에 추락하여 포박되어 있는 모습을 보면서 얼마나 기뻤던가.

기드온과 그 얼마 안 되는 군사들은 그 마을의 영웅이 되었지만, 살아 있는 전쟁 귀신으로 통하던 세바와 살문나는 이제 어떻게 될 것인가? 은밀하게 귀에서 귀로 전달된 소문은 어느새 성읍 중심에서 돌고 있었고, 그날 한밤의 잔치 자리에서 드디어 온 세상에 드러났다. 이 두 사람은 이제 요아스의 아들들이자 기드온의 형제들을 다볼 산에서 죽인 책임을 져야 했다. 두 왕자가 다볼에서 그들이 거둔 승리에 관해 속삭일 때 옆에서 누군가 엿들었을까? 아니면 앞뒤 생각 없이 자신들이 그의 형제들을 죽였다고 떠벌려 그들을 조롱했을까? 처음에 소문이 어떻게 시작되었건 간에 이제 소문은 정의를 요구하는 외침이 되어 기드온의 귀에까지 들어갔다.

때가 되었다. 사사와 죄수의 대면을 위한 모든 준비가 마련되었을 것이다. 웅성웅성 속닥거리던 군중들은 기드온이 한 손을 높이 쳐들자 곧 조용해졌고, 기드온은 그 살인자들에게 비난의 손가락질을 날렸다. 비록 그들이 야만적이기는 하나 자존심 하나만은 지킬 것이라고 생각한 기드온은 심문을 시작했다. "너희들이 다볼 산에서 죽인 사람들은 어떻게 생겼느냐?"

침묵. 군중은 숨을 죽인 채 꼼짝하지 못했다. 다음 몇 초 사이에 삶과 죽음이 갈릴 것이다. 왕자들은 기드온을 아래위로 훑어보며 그의 얼굴을 자세히 뜯어본 다음, 자살과도 같은 답변을 했다. "그들은 당신을 닮았소 …. " 그러고는 피할 길 없는 죽음에서 벗어나보려는 마지막 시도였을까. 이렇게 아첨 섞인 말을 한다. "그들은 모두 왕자의 자태를 가지고 있었소."

기드온의 눈이 차갑게 얼었다. 사실이었다. 이놈들, 이 숨 쉬는 전쟁 전리품인 이놈들이 형들을 무참히 죽인 바로 그 살인자들이었다. 그는 무자비하게 희생당한 형들을 위해 얼마나 울었던가.

이 살인자들에게는 어떠한 위엄도 부릴 수 없는 굴욕적인 죽음을 당하게 하는 것이 마땅할 것이다. 이들의 사형 집행을 미디안 진영에서 끊임없이 회자되고 있는 이 새로운 이스라엘 사사의 손으로 직접 할 수는 없다. 안 되지. 그들로 하여금 … 소년의 손에 죽게 하자. 자존심을 모조리 앗아버리도록. 그들의 피를 어린아이의 손으로 흘리게 하여 조롱과 비웃음의 대상이 되게 하리라.

얼굴에 씌워주는 검정 수건 따위는 필요없었다. 선고가 내려질 때 군중들 사이에는 섬뜩한 침묵이 달라붙어 있었다. 기드온의 목소리는 거의 통제되지 않은 분노로 떨렸고, 그의 두 눈은 매섭게 죄인들을 노려봤다. "그들은 내 형들이었으며 내 어머니의 아들들이었다. 하나님이 살아계시듯 너희가 그들을 살려주었더라면 내가 너희를 죽이지는 않았을 것이다."

겨우 몇 초만 지나면 이 세상, 이 땅을 하직해야 한다는 것을 안다면 그 기분이 어떨까? 우리 모두는 우리의 인간 됨을 생각하고, 우리가 마지막으로 들이쉬는 숨이 어떠해야 할지 생각해야 할 것이다. 최후의 암흑이 오기 전에 한 줌 공기라도 더 마시려고 힘에 부친 싸움을 할 것인가? 그렇지 않으면 편안히 잠든 상태에서 완전한 휴식을 느끼며 최후의 숨을 들이쉴 것인가? 우리의 마지막 순간은 이 땅에서 마지막 고뇌의 절규를 하게 되는, 살을 태우고 뼈를 에는 고통의 순간이 될 것인가?

그 두 사람은 기드온의 말을 듣자 이제 시간이 됐다는 것을 알았다. 이제 가능하면 빨리 그 암흑이 오도록 서둘러 끝내는 편이 나을 것이다.

기드온, 우리를 보내달라. 망나니를 놓게 하여 우리로 하여금 어서 잠들게 하라.

그러나 사사 기드온이 사형 집행 방식을 알리자 애써 담담하려 했던 그들의 눈은 심하게 흔들렸다. 고통의 시간을 더할 고문이 남아 있었기 때문이 아니었다. 그런 건 아무것도 아니었다. 소년의 칼에 죽어야 하다니. 저 어린 소년의 손에. 기드온은 자신의 칼을 소년의 떨리는 손에 쥐어주고는 흥분한 고음의 목소리로 명령을 외쳤다. "일어나서, 저들을 죽여라!"

기드온은 아마 장남인 여델을 사형 집행인으로 지목했던 것 같다. 모든 이스라엘의 사사는 가족의 피를 복수하기 위해 자신의 지위를 남용할 수 없었다.

물론 7년이라는 긴 세월 동안 이스라엘의 존엄을 훔친 그 도둑들에게 더할 수 없는 모욕을 주는 방식으로 사형이 집행되기를 바랐던 저의도 크게 작용했을 것이다. 두 사람은 눈을 감고 빛과 생명 그리고 모든 빛깔들에 영원히 작별을 고하며 마지막 일격을 위해 숨을 들이마셨다. 하지만 일은 그렇게 끝나지 않았다. 그들은 멈췄던 숨을 다시 쉬었고 사형 집행은 잠시 연기되었다. 여델은 아직 어렸고, 그 손에 피를 묻혀본 적도 없었다. 그의 손은 칼을 꼭 잡았으나, 칼집에서 뽑아들 용기는 없었다. 겁에 질린 그는 칼을 들고 내리치기를 거부했다.

두 사람의 가슴은 터질 듯했고 폐에 마지막 숨을 가득 품은 그들은 아직도 살아 있었다. 하지만 기드온을 허망하게 바라보는 그들의 눈은 차가웠다. 이제 일이 끝나기를 기다리느라 지친 그들 중 한 명이 조용히 마지막 청을 했다. "당신이 일어나 우리를 죽이시오. 사내라면, 그 정도 용기는 있어야지 … ."

역설적이게도, 그들이 이 땅에서 한 마지막 말들은 불명예를 무릅쓰고 피를 보기를 거부한 어린 여델을 향해 보인 동정심이었다. 아마 그 미디안의 왕자는 사람을 죽이는 힘은 아이가 아닌 남자의 것이라고 말함으로써 여델의 용기 없음을 변호해주는 것 같았다.

그의 입에서 그 말이 떨어지기가 무섭게 기드온은 소년의 손에서 칼을 빼앗아 그들의 생명을 간단하게 끝내버렸다. 그들은 땅에 뒹굴었고, 육신은 죽음의 몸서리로 뒤틀렸으며, 굴러 떨어진 입에서는 피가 분출하여 거품을 내뿜었다. 몸뚱이에서 생명이 빠져나가자 그들의 다리는 버둥거렸다. 이스라엘의 기업을 탐내고 하나님을 조롱하던 자들은 이렇게 최후를 보냈다.

시편 기자는 이들의 종말을 알린다. "그들의 모든 고관들은 세바와 살문나와 같게 하소서 그들이 말하기를 우리가 하나님의 목장을 우리의 소유로 취하자 하였나이다"(시 83:11).

그리고 곧 진실의 순간이 왔다. 그 짧은 순간이 기드온에게는 모든 것이 변한 때였다. 하나님의 목적에서 멀어지는 걸음을 내디디며 그의 긴 여행을 시작한, 그 인생의 중요한 지점이었다. 그는 이제 주검으로 변한 두 왕자들을 잠시 쳐다보다가 주인을 잃은 낙타가 피 냄새를 맡고 발을 구르며 불안해하는 것을 발견했다. 원수의 종말을 통쾌하게 지켜본 사람들이 기드온의 이름을 부르며 환호할 때 햇빛은 낙타의 목을 장식한 금 장신구 위에서 반짝였다. 초승달 모양의 이 장신구들은 아마 이방 신에 대한 충성의 증표였을 것이다.

기드온은 그 금빛 반사광에 정신을 빼앗긴 것일까? 그는 자신의 이름보다 그 미디안 왕자들의 이름을 더 존중했던 두 도시들을 철저하게 처단했다. 그는 그들이 가졌던 권력과 영향력을 부러워했을까? 기드온에게 첩과 보석이 많았던 것으로 보아 그는 이후 왕의 일가와 비슷한 가문을 세웠던 것으로 추측된다. 이 위험한 덫의 유혹이 처음 그의 영혼을 사로잡은 것은 언제였을까?

그는 오브라로 가는 긴 행군 기간 동안 왕자들이 수집해놓은 보석에 탐심어린 시선을 두지 않았을까? 형들을 죽인 살인자들을 그토록 증오하고 혐오하면서, 어떻게 남몰래 그들과 똑같은 욕망을 키우게 되었을까? 그의 가족은 막대한 부와 영향력으로 곧 널리 알려졌다. 오브라에서 그 아버지가 오른 지위와 기드온이 개인적으로 소유한 종들의 규모를 보면 잘 알 수 있다. 기드온은 그 이상 더 소유하고 싶었던 걸까?

아직도 앙칼진 환성이 울려퍼지는 가운데 기드온은 낙타 곁에 다가가 그 목에서 귀한 금속 장식을 들어올렸다. 이 행동을 적에게서 전리품을 탈취하는 행위로 정당화하는 것은 쉬웠다. 하지만 기드온이 금과 은을 손에 들고 환호하는 군중들을 향해 만면에 미소를 지어보일 때 그의 안에 있던 그 어떤 것이 움직였고, 그리고 영원히 변했다.

하나님의 부르심, 그 이상 나서다

그 제안은 아주 매력적이었다. 우리는 그 제안이 언제, 정확히 누구에 의해 언급되었는지는 알지 못한다. 성경은 '이스라엘 백성들'이 기드온에게 왔다고 적고 있는데, 이들은 아마도 열두 지파 모두가 아니라 그 지역의 서쪽 지방에 살던, 미디안의 손에서 더욱 큰 고통을 받았던 북 지파들이었을 것이다. 왕이라는 뜻의 '멜렉'이란 말이 본문에서 정확히 언급되지는 않지만, 그 내포된 의미는 분명하다.

백성들은 기드온이 그들을 다스려주기를 원했다. 그는 마침내 왕이요, 전사가 되어 그의 후손들에게 권력을 승계할 수 있는 세습 체제를 갖추었다. 그와 그의 가족은 가문을 일으켜 세울 수 있었으며, 이는 이제 막 무명에서 벗어난 사람에게는 매우 유혹적인 제안이었다. 그 제안은 영적으로 눈먼 자에게 오는 것으로, 기드온은 자신이 가진 권력의 진정한 원천이 무엇인지를 쉽게 잊고 말았다. "당신이 우리를 미디안의 손에서 구원했습니다." 그들은 이렇게 확신했다.

일찍이 기드온이 부름을 받았을 때 그는 실로 이스라엘의 구원자로 위임을 받긴 했지만, 하나님을 의지하는 믿음을 계속해서 선포함으로써 하나님의 부르심에 진정으로 반응했다. 이스라엘은 기드온의 손에 의해서가 아니라 하나님에 의해 구원될 것이었다. 하나님이 그 힘이시며, 그의 종은 그저 도구일 뿐이었다. 300명의 군사를 선발할 때, 하나님은 기드온의 그 적은 수의 군대를 통해 일하실 당신 자신이 바로 구원의 참된 근원이라는 사실을 확증하셨다(삿 7:7).

그런데 이제 기드온이 유일한 구원자로 승격되고 있었다. 여호와의 머리에서 빼앗은 이스라엘의 왕관이 엉뚱한 자의 대관식에 제공되었다.

신뢰를 잃고 싶지 않았던 기드온은 하나님만이 그 백성을 통치하실 것이라며 그들의 제안을 거절했다. 하지만 사람은 때로 경건한 말로 그 나뉜 마음을 가장하기도 하는 법이다. 우리의 추리는 여기서 끝난다. 기드온의 다음 결정은 분명 재앙이었다. 타협의 순간은 일생의 과업에 파멸을 가져온다. 기드온은 전투에서 거둬들인 탈취품의 상당액을 자신을 위한 헌금으로 요구했다. 기드온이 이처럼 균형 감각을 잃게 된 것이 금의 유혹적인 광채 때문이었는지, 아니면 칭송과 인기라는 분위기 때문이었는지는 알 수 없다.

하지만 그를 서둘러 비난하기에 앞서 사탄은 하나님에게 순종하려는 사람들을 끊임없이 방해하거나 하나님이 요구하시는 그 이상을 넘어가도록 등을 떠민다는 사실을 기억해야 한다. 외투가 땅에 깔리고, 모든 사람들이 의무적으로 앞으로 나와 그 위에 금 귀고리를 던졌다. 그 엄청난 금의 양은 1,700세겔(약 20킬로그램 정도)로 왕의 몸값이 될 만큼 어마어마했다.

한 작가는 기드온이 그날 약 5,000개 정도 혹은 그 이상의 금 귀고리를 거둬들였을 것이라고 추정했다. 이스라엘 사람들은 또

한 초승달 모양의 장신구와 배 모양을 한 귀고리 장식을 엄청나게 수집했다. 거기다 수없이 많은 낙타들의 목에 둘려 있던 목걸이와 한때 왕자의 자존심의 상징이었던 멋진 자주색 옷이 그에게 함께 건네졌다.

그는 왕권은 거부했지만, 이제 왕이 가지는 보화와 왕의 의복을 가지고 있다. 그는 왕의 규방을 만들 것이고, 그의 아들들은 귀한 왕자 대우를 받으며 살 것이다. 그들은 불행히도 자신들의 '왕족' 생활을 지속시킬 욕망을 가슴에 품게 되었다. 그리고 그는 급기야 첩에게서 난 아들 가운데 한 명에게 "내 아버지는 왕이다"라는 뜻을 가진 이름을 지어주었다.

하지만 이것도 아직 최악의 사태는 아니었다. 마지막 타락은 에봇이라는 제사장의 옷을 만들겠다는 기드온의 '멋진' 생각과 더불어 왔다.

♣♣♣

그 에봇은 어떤 학자들이 주장하듯 여호와 혹은 우상을 형상화한 상은 아니었다. 그보다는 대제사장의 어깨에 늘이는 긴 옷이었다. 그것은 수공으로 섬세하게 만들어졌으며, 그 속에는 '우림과 둠밈'을 넣을 수 있었다. 그 돌들은 하나님의 뜻과 마음을 알아내기 위해 제사장이 사용하는 것이었다.

"우림과 둠밈은 두 개의 납작한 물건으로, 각각 한쪽은 '저주하다' 라는 뜻의 '우림' 이라고 써 있고, 다른 한쪽은 '완전하다' 라는 뜻을 가진 '둠밈' 이라고 적혀 있다. 돌 두 개가 모두 '우림' 을 보이면 부정적인 답변으로, '둠밈' 을 보이면 그 답변은 '좋다' 는 의미로 해석했다. 그리고 하나는 우림을, 다른 하나는 둠밈을 보이면 그것은 '답변 없음' 을 의미했다." ■

아마 그 생각이 논리적으로 보였던 것 같다. 사실 가장 극악한 생각들도 어떤 것은 논리적이다.

먼저, 실로의 정통 대제사장은 제대로 그 직분을 다하고 있지 못했다. 기드온의 이야기에는 그가 자신에 대해 어떤 의견을 말했는지 혹은 우림과 둠밈을 어떻게 사용하는지에 대해서는 아무런 언급이 없다.

두 번째로 기드온은 포도주 틀에서 하나님에게 예물을 바친 바 있다. 이것은 제사장들만 할 수 있는 일이었다. 또한 오브라에서는 재건된 여호와의 제단에서 수소를 희생하여 드렸으며, 특별히 전쟁을 앞두고서는 그 당시 제사장들이 그랬던 것처럼 하나님으로부터 직접 그 결과에 대해 들었다는 기록이 충분히 있었다. 문

■ H. H. Rowley, *The Faith of Israel*, quoted in the New Bible Dictionary, Leicester: IVP, p. 1306

제의 에봇은 기드온과 그 가족들에게 어쩌면 '타당한' 것이었다. 그런데 무엇이 잘못된 것일까?

세 가지 문제가 여기서 드러난다. 먼저, 기드온은 자신을 '스스로 제사장으로 성별(聖別)' 하여 하나님에게 부름받은 그 이상을 넘어서 갔다. 금을 헌금으로 걷는 행위는 하나님이 그에게 요청하시지 않은 일이었고, 단지 그의 생각에 좋다고 여겨 그렇게 한 것이다. 하나님은 기드온을 장군이자 사사로 부르셨지, 제사장으로 부르신 것은 아니었다.

모세는 바위를 두 번이나 내리쳐서 자신이 부름받은 그 이상으로 나아갔다(민 20:11). 사도 야고보와 요한은 초자연적인 힘에 취해 사마리아 마을에 불 심판을 내릴 것을 요청하자(눅 9:54), 예수님은 그들을 꾸짖으셨다. 자신의 방식대로 하나님의 계획을 축소하려고 했던 베드로 역시 예수님에게 책망을 들었다(마 16:23).

말 많던 기적의 사나이 윌리암 브랜햄(William Branham)은 성경 교사가 되기를 고대하다가 이단에 매이게 되었다고 한다. 조지 제프리즈(George Jeffreys)는 70년 전 하나님을 위한 길에 불을 밝혔던 웨일즈의 오순절파 개척자다. 그런데 그는 부흥사와 전도자로서 자신의 소명을 넘어서 교단의 개혁자가 되려 했다. 그의 전기를 쓴 작가는 이를 두고 이렇게 한탄한다.

"부흥사로서 그에게 견줄 자는 없었다. 하지만 개혁자로서 그는 재난이었다 ···." ■

둘째, 아마 기드온은 하나님이 한시적으로 계획하셨던 것을 영구화시키려 했기 때문에 이런 결정적인 실수를 범했던 것 같다. 기드온은 사명을 수행하는 기간 동안 제단을 세우고 지시를 듣도록 하나님에게 부름을 '받았었다'.

하나님 영의 감동에서 태동한 주도권과 계획, 활동들 가운데 그 기름부음이나 유용성의 기한이 다 끝난 후에도 제도화되어 길게 이어진 것들이 얼마나 있었던가? 이스라엘 사람들이 오브라에 전시된 그 에봇을 '예배'하도록 선동한 것은 기드온이 차마 버리지 못한 잘못된 향수가 아니었을까? 하나님이 탄생시키신 좋은 것들이 구속의 제도가 되어 하나님의 목적을 이루는 데 장애가 될 때, 그것들은 결국 위장된 우상이 아닐까?

왜 기드온은 하나님의 계시와 인도를 스스로 만든 에봇으로 영속화하려고 했을까? 그가 중독에 가깝게 집착했던 하늘의 증표와 메시지를 못내 잊지 못하는 갈망이 아직 남아 있었던 것일까? 우리가 가진 능력은 너무도 쉽게 약점이 될 수 있다. 기드온은 하

■ Desmond Cartwright, *The Great Evangelists : the Remarkable Lives of George and Stephen Jeffreys*, Marshall Pickering, p. 144

하나님의 말씀을 들을 수 있는 능력이 있었지만, 한편으로 그분의 말씀을 '들어야만 했던' 것은 그에게 약점이었다. 그래서 양털 깔기라는 이상적이지 못한 일을 벌였던 것이다. 하나님은 친절하게 답변하셨지만, 기드온에게는 여전히 계속해서 답을 요구하는 해결되지 못한 불안감을 갖고 있었다.

어떤 이들은 기드온이 예배의 중심을 중앙 성소에서 실로로 고의적으로 옮겼다고 주장한다. 왜냐하면 그 성읍은 에브라임 지역에 있었기 때문이다. 좀더 깊은 정치적 동기에서 비롯된 일이라는 이 주장을 입증할 길은 없지만 오래된 상처는 깊이 남을 수 있다.

에봇을 짓게 된 사연이야 어떻든, 그 결과는 무서웠다. " … 온 이스라엘이 그것을 음란하게 위하므로 … ." 이는 사사기 전체에서 가장 강한 진술 가운데 하나다.

아론 후손의 제사장 권위는 기드온의 행위로 인해 부지불식간에 침탈당했다. 그 에봇은 사람들의 관심을 중앙 성전에서 실로로 끌어내어 그들의 신앙의 핵심을 조각냈고, 결국은 바알 신앙으로 다시 돌아가게 만드는 단초가 되고 말았다.

아버지의 바알 제단을 때려 부수던 때, 그 불타는 눈을 가진 사나이가 이제는 그 옛 바알 제단을 다시 세울 빌미를 제공한 것은 참으로 비극이다.

"하나님은 여러 신전을 허용하시기보다는, 그리고 지역 종교와

신들을 허용하시기보다는 예배의 지리적인 중심을 '회합의 장막'에 맞추기를 원하셨다." ■

하나님과 함께 나아가라

기드온은 오브라에서 부유한 말년을 보내면서 끝이 시작처럼 영광스럽지 않을 수도 있다는 것을 알았을까? 포도주 틀에 있던 그 소심하고 평범한 남자를 통해 정말 많은 일들이 성취되었다. 미디안의 강성한 군대는 파괴되었고 40년이나 지속된 평화기가 시작되었으니, 그가 세운 공적이 결코 없다고는 할 수 없다. 기드온은 이 기간 동안 사사로서 민족에 봉사하며 살았을 것이다. 그들이 그에게 왕권을 제안했다는 사실을 되돌아보면 그가 그저 공적 생활과 관리에서 사라졌을 것이라고는 생각할 수 없다.

그의 존재는 분명 그 민족에게 억제하는 영향력을 끼쳤다. 이스라엘 민족이 바알 신앙으로 집단적으로 돌아간 것은 그가 사망한 시점이었다. 그 비극적인 사실을 되돌아보면, 기드온은 살아

■ David Jackman, *Mastering the Old Testament-Judges*, Ruth, Word, 1993, p. 146

있는 동안 상당히 높은 수준의 긍정적 영향력을 유지했다. 그리고 물질적 번영이 언제나 좋은 것이라고 여긴다면, 기드온은 분명 '좋은' 시절을 보냈다. 그는 수많은 아내와 자식들을 거느리며 영화롭게 살았다. 그의 말년은 아주 '좋았다'.

하지만 드러난 표면, 그 화려함의 이면에는 권력과 명예의 덫이 있었다. 평화가 지속되고, 사사는 오브라에 있다. 그러나 매춘의 씨앗이 조용히 이스라엘의 심장부에 뿌려졌다. 기드온이 죽었을 때 부패가 시작되는 비극이 발생했음이 명백하다.

이스라엘은 그들의 기억에 침을 뱉고, 다시 하나님에게서 돌아서 세겜에 바알브릿 신전을 세우는 데까지 이르렀다. 그리고 그 무렵 기드온은 독재적이고 사악한 야망을 품은 한 아들을 키웠다. "내 아버지는 왕이다"라는 뜻의 이름을 가진 이 아비멜렉은 아버지가 죽기만을 기다렸다가 통치권을 확보하기 위해 유혈 폭동을 일으킨다.

어머니의 충동을 받은 아비멜렉은 자기 형제들 69명을 학살하고 만다. 요담을 제외한 기드온의 모든 아들들이 오브라에서 하루 만에 죽임을 당한다. 그리고 1,000명이나 되는 남자와 여자들이 세겜의 망대에서 타죽었다(삿 9:49).

그러나 결국 아비멜렉 자신도 그가 공격하려던 또 다른 망대에서 죽음을 당할 운명이었다. 그 망대에서 살고 있던 한 여인이 그의 머리 위로 맷돌을 떨어트려 머리를 깨트렸던 것이다. 죽음 그 자체보다 여자 손에 맞아 죽는다는 생각에 더 겁을 먹은 그는 충실하게 자신을 따라다니던 무기 든 자에게 자신을 베라고 명령했다. 미디안 왕자 둘이 기드온에게 자신의 생명을 끝내달라고 애걸했던 것처럼, 스스로 왕이 된 왕자 아비멜렉도 같은 방식으로 무덤에 내려갔다.

기드온은 이 모든 것을 보지 않았다. 그는 오브라에서 평화롭게 죽었으며, 사람들은 그 아버지의 무덤에 장사지내주었다. 그는 일생을 대부분 편안하게 보냈으나 후대에 나쁜 유산을 남겼다. 신실하신 하나님과 함께 언약 가운데 춤을 출 수 있는 그 모든 잠재력, 희망, 기회가 있었음에도 기드온은 다소 황폐한 기업을 남겼다.

그는 하나님과 함께 살면서 오래 지속될 선한 열매를 맺도록 우리를 부르고 계신(요 15:1-5) 그 하나님과 함께 걸으며 위대한 업적을 이루었으나, 이후 잘못된 선택과 결정으로 한 분 하나님에게서 다소 멀어지고 말았다. 그 하나님은 "나를 떠나서는 너희가 아무것도 할 수 없음이라"(요 15:5)고 설명하신다. 기드온은 단순한 진리 하나를 삶으로 직접 보여주었다.

우리가 하나님에게 가까이 있을 때는 풍성하고 감미로운 과일을 자라게 할 수 있으나 하나님에게서 멀어질 때, 그 땅에는 쐐기

풀과 가시덤불이 기어나오기 시작한다는 진리 말이다.

기드온은 숙곳의 지도자들을 가시와 찔레 채찍으로 때렸다. 그리고 이스라엘에게는 그들의 등에 살아 있는 채찍이 된, 형 요담에 의해 '가시덤불' 왕이라는 비난의 예언을 받은 지도자 아비멜렉을 주었다. "이에 모든 나무가 가시나무에게 이르되 너는 와서 우리 위에 왕이 되라 하매 가시나무가 나무들에게 이르되 만일 너희가 참으로 내게 기름을 부어 너희 위에 왕으로 삼겠거든 와서 내 그늘에 피하라 … "(삿 9:14, 15).

우리의 역사 만들기가 끝날 때면 이제 선한 사사가 우리의 삶을 달아보시고 우리의 유산이 무엇인지 저울질하실 것이다. 변함없는 신실함의 열매인가, 아니면 엉겅퀴의 열매인가? 우리가 순간순간 내리는 일상적 선택이 그 해답을 결정한다. 선한 선택을 하라.

그리고 이제 그만 기드온에게 작별인사를 고하고, 포도주 틀을 부수고 나오라는 부르심을 들으라. 용기있는 행동이 당신의 월요일 아침으로 걸어들어오게 하라. 현대의 바알 제단과 대항하라. 그리고 열매와 가시의 차이점, 즉 힘과 나약함의 차이를 만들어내는 핵심적 진리의 열쇠가 무엇인지를 기억하라. 그것은 바로 하나님이 '당신', 위대한 용사와 함께하신다는 사실이다.

o